INTERNATIONAL FINANCIAL REPORTING STANDARDS

IFRS「固定資産」プラクティス・ガイド

PwCあらた有限責任監査法人［編］

中央経済社

■執筆者一覧

矢農　理恵子	：	公認会計士　パートナー グローバル・アカウンティング・コンサルティング・サービス・グループ　メンバー
吉岡　亨	：	公認会計士　ディレクター グローバル・アカウンティング・コンサルティング・サービス・グループ　メンバー
富田　真史	：	公認会計士　シニア・マネージャー
松永　貴志	：	公認会計士　マネージャー

はじめに

　近年,IFRS(国際財務報告基準)は,欧州等の特定の地域の資本市場で利用される会計基準から,140を超える国や地域において利用される会計基準へとその世界的な位置付けを高めている。わが国においても,2013年6月の企業会計審議会による「国際会計基準(IFRS)への対応のあり方に関する当面の方針」の公表以降,IFRSの利用拡大が急速に進んでおり,2018年6月に株式会社東京証券取引所が公表したIFRS任意適用済・適用決定会社の数は193社となっている。2018年7月に金融庁が公表した「会計基準の品質向上に向けた取り組み」の中では,IFRS任意適用済・適用予定の上場企業の時価総額(2018年6月末時点)は,日本の全上場企業の時価総額の3割超を占めていることが示されている。さらに,現在,国際的な事業活動や戦略または中長期の経営計画を踏まえてIFRSの適用に関する検討を実施している企業も相当数存在する。
　また,2018年6月に閣議決定された「未来投資戦略2018」においては,関係機関等と連携し,IFRSへの移行を容易にするためのさらなる取組みを進めることにより,IFRSの任意適用企業の拡大を促進することが,具体的施策の1つに掲げられている。
　わが国の企業を取り巻く経済環境に目を転じると,グローバル化,ボーダレス化がますます進展し,企業間の競争は激しさを増している。厳しい競争環境下で,各企業グループの生き残りをかけたM&A(合併・買収)が増加しており,また,国内市場が成熟する中で,他社の買収を通じて海外市場に活路を見出す企業も数多くみられる。これら組織再編に伴って多額ののれんが計上されるケースも増えており,2016年10月に企業会計基準委員会が公表した「のれん及び減損に関する定量的調査」(日経225株価指数の構成会社のうち日本基準適用会社を対象とした調査)においても,のれんの合計額が2005年から2014年にかけての10年間で209%増加しているという結果が示されている。
　IFRS任意適用企業の拡大,活発なM&Aに伴うのれん計上額の増加といった昨今の傾向を受けて,のれんを含む固定資産に関するIFRSによる会計処理

が重要な論点として浮上している。

こうした背景を踏まえると，IFRSを今後任意適用する予定がある場合であっても，IFRSをすでに任意適用している場合であっても，固定資産に関連する基準における取扱いは，IFRSに基づく財務諸表を作成するための基礎として重要な分野であり，これらの基準を十分に理解し，適切に対応する体制を整えることが重要であると考える。

本書では，PwC（プライスウォーターハウスクーパース）のIFRSマニュアル・オブ・アカウンティングの中で紹介されているIFRSを利用する企業の実務に則して作成されたケーススタディの中から，日本企業の実務に役立つものや基準の指針に対する理解を深めることに資するものを選定し，IFRSの実務的な適用について解説している。

本書が，会計・経理の実務家・専門家のみならず，IFRS全般に興味を持たれ，学習されている方や日本基準の将来の動向に関心を持たれる方にも，IFRSにおける固定資産に関する会計基準に対する理解を深めるハンドブックとして有益であることを願っている。

最後に，本書の出版にあたり多大なご尽力をいただいた株式会社中央経済社の坂部秀治氏およびご協力をいただいたすべての皆様に深く感謝の意を表したい。

2018年12月

PwCあらた有限責任監査法人
代表執行役　木村浩一郎

本書の読み方

1．本書の構成

　本書は，IFRS における固定資産を扱う IAS 第16号「有形固定資産」，IAS 第38号「無形資産」，および減損を扱う IAS 第36号「資産の減損」を中心として，固定資産に関連する他の IFRS 基準も含めて，以下のように第 I 部から第 V 部に分けて解説している。

> 第 I 部　固定資産に関する会計基準の概説
> 第 II 部　有形固定資産
> 第 III 部　無形資産
> 第 IV 部　資産の減損
> 第 V 部　開示

　第 I 部「固定資産に関する会計基準の概説」では，まず第1章において，固定資産に関する IFRS の基準にはどのようなものがあり，どのような勘定科目に対して適用されるのかについて解説している。
　また第2章では，日本における固定資産に関する会計基準の整備状況に加えて，固定資産に関する基準開発の現在の状況について，解説している。

　（章構成）
　　第1章　IFRS における固定資産の会計基準と本書の構成
　　第2章　日本における固定資産会計の基準

　第 II 部「有形固定資産」では，有形固定資産の包括的な会計基準である IAS 第16号に基づき，当初認識時点の取得原価をどのように取り扱うか，再評価などの当初認識後の測定方法，有形固定資産にかかる減価償却の考え方，認識の中止といった点について，どのように会計処理すべきかを解説している。

また，取得原価に含めるべき借入コストについては，IAS 第23号に基づいてどのように会計処理すべきかを解説している。

(章構成)
第1章　IAS 第16号の概略（定義と範囲）
第2章　有形固定資産の当初認識
第3章　借入コストの資産化
第4章　有形固定資産の当初認識後の測定
第5章　有形固定資産の減価償却
第6章　有形固定資産の認識の中止

第Ⅲ部「無形資産」では，主に無形資産の包括的な会計基準である IAS 第38号に基づいて，無形資産の識別や当初認識と測定，当初認識後の測定や減価償却方法，認識の中止にかかる会計処理について，ケーススタディ等を交えながら解説している。

また，無形資産のうち，企業結合によって取得した識別可能な無形資産については，どのような無形資産があるかその特徴や会計処理の留意点なども詳しく解説している。

(章構成)
第1章　IAS 第38号の概略（定義と範囲）
第2章　無形資産の識別
第3章　無形資産の認識と測定
第4章　企業結合により取得した無形資産
第5章　当初認識後の測定
第6章　無形資産の減価償却，減損，認識の中止

第Ⅳ部「資産の減損」では，有形固定資産，無形資産，およびのれんの減損に関する IAS 第36号に従った会計処理について，ケーススタディを交えながら詳細な解説を行っている。

(章構成)
第1章　IAS 第36号の概略
第2章　減損テストの実施時期（兆候の識別）
第3章　減損テストの実施（減損の単位と回収可能価額）

第4章　回収可能価額の測定
第5章　減損損失の認識
第6章　のれんの減損
第7章　減損損失の戻入れ

　第V部「開示」では，まず第1章において，有形固定資産および無形資産に関するIAS第16号および第38号の開示要求を解説し，続く第2章において，資産の減損に関するIAS第36号の開示要求の解説を行っている。
　また具体的な開示イメージをつかんでいただけるように，開示例を示している。
　（章構成）
　　第1章　有形固定資産，無形資産に関する開示
　　第2章　資産の減損に関する開示

2．本書の特徴

　本書は，該当するIFRSの規定を実務でどのように適用するのかを解説するために，以下のような項目を設けている。

● PwC's Eyes

　IFRSで示された原則を実務において適用する際には，一定の解釈や判断が必要となることがある。このような場合に，IFRSにおける適切な会計処理をどのように考えるかについて，PwCガイドに示された見解に基づいた解説を加えている。ここで示される見解は，基準に基づいて会計処理の判断を行うことが実務上難しい案件について，PwC内のIFRSの会計専門家で検討したものである。なお，個別の事象の実態や条件の変更により，適用すべき考え方には相違が生じることに留意いただきたい。

●ケーススタディ

　実務で考えられる特定の会計事象や取引について，IFRSの規定をどのように適用したり，解釈したりすることができるのかをより具体的に解説している。

特に，会計処理について重要な判断が要求されるようなものについて，特定の会計事象や取引をどのように考えたらよいのかを示している。

　　前　提 ：会計事象や取引についての背景を説明している。
　　ポイント ： 前　提 に記述した事象や取引について，会計処理に際して検討すべき主な論点を示している。
　　考え方 ：該当するIFRSの規定を実務上どのように適用するかについて説明している。

● Short Break
本書の内容を理解するうえでの関連する情報や用語の説明等について，補足的な情報を記載している。

CONTENTS

第Ⅰ部　固定資産に関する会計基準の概説

第1章　IFRSにおける固定資産の会計基準と本書の構成 ── 2

1. 固定資産に関連するIFRSの基準 ……………………………………………… 2
2. 本書の対象範囲 ………………………………………………………………… 3
3. 各基準と本書の構成 …………………………………………………………… 4

第2章　日本における固定資産会計の基準 ── 6

1. 日本における固定資産の会計実務と会計基準 ……………………………… 6
2. 固定資産に関する会計基準の検討状況 ……………………………………… 7
   Short Break　無形資産の会計基準策定の検討経緯／8

第Ⅱ部　有形固定資産

第1章　IAS第16号の概略（定義と範囲）── 12

1. 目　的 ………………………………………………………………………… 12
2. 定義と範囲 …………………………………………………………………… 13
   Short Break　果実生成型植物／14

第2章　有形固定資産の当初認識 ── 16

1. 当初認識における認識規準 ………………………………………………… 16
   (1) 認識規準／16

(2)　会計単位／17
　　(3)　資産の構成部分への分解／18
　　　　Short Break　未使用のスペアパーツ（補修用部品）の取扱い／19
　2．初期コストと取得後コスト··19
　　(1)　初期コスト／20
　　　　ケーススタディⅡ-2-1　実行可能性に関する調査コストの資産化／21
　　(2)　取得後コスト／21
　　　　ケーススタディⅡ-2-2　スーパーマーケットの改築にかかる支出の資産化／23
　　(3)　大規模な検査またはオーバーホールのコスト／24
　3．取得原価の構成部分··25
　　(1)　取得原価の構成部分の概略／25
　　　①　直接起因するコスト／25
　　　　ケーススタディⅡ-2-3　どのような「増分」コストを資産化できるか／27
　　　　ケーススタディⅡ-2-4　敷地にかかる開発費を資産化できるか／27
　　　②　直接起因するコストとみなされないもの／28
　　　　ケーススタディⅡ-2-5　直接起因するコストの資産化／29
　　(2)　直接起因するコストの具体例／30
　　　①　開業準備コスト／30
　　　　ケーススタディⅡ-2-6　開業準備期間中に発生した運営コスト／31
　　　②　自家建設資産／31
　　　③　労務費／32
　　　　ケーススタディⅡ-2-7　どのような労務費を資産化すべきか／33
　　　④　専門家報酬／34
　　　⑤　ソフトウェア開発費／34
　　　⑥　その他の増分コスト／34
　　(3)　廃棄コスト／35
　　　①　廃棄コストの測定／35
　　　　Short Break　廃棄義務と原状回復義務／36
　　　②　資産の使用開始後に発生する廃棄コスト／36

ケーススタディⅡ-2-8 廃棄引当金の測定／36
③ 廃棄債務の見積りの変更／37
4．特殊な取引における取得原価の測定 ··38
(1) 支払条件の繰延べ／38
(2) 資産の交換／39
ケーススタディⅡ-2-9 受領した対価が非貨幣性資産と貨幣性資産の組み合わせで構成される場合／39
ケーススタディⅡ-2-10 経済的実質を伴わない資産の交換／41
(3) 政府補助金／42
Short Break 寄付による資産の取得原価／42
5．固定資産の購入にかかる変動対価の取扱い ····································43
Short Break 変動対価のIFRS解釈指針委員会における議論／43
6．日本の実務との差異 ··43
(1) 有形固定資産の取得にかかる税金の取扱い／43
(2) 有形固定資産取得にかかる直接付随費用の範囲／44
(3) 廃棄債務（資産除去債務）にかかる固定資産の見直し／44

第3章　借入コストの資産化 ―― 46

1．借入コストの定義と範囲 ··46
(1) 資産化される借入コスト／46
Short Break 借入コストの資産化に関する初度適用の実務／47
(2) 借入コストと適格資産の定義／48
① 借入コスト／48
② 適格資産／48
PwC's Eyes 相当の期間／48
③ 外貨建借入れの借入コスト／49
ケーススタディⅡ-3-1 外貨建借入れによる為替差損益／50
Short Break 超インフレ経済下での借入コストの資産化／51
(3) 資産化に適格なコストの範囲／51

Short Break　サービス委譲契約の借入コスト／51
２．個別借入れと一般借入れ ……………………………………………………… 52
　（1）個別借入れと一般借入れの区別／52
　（2）個別借入れ／52
　　　ケーススタディⅡ－3－2　個別借入れに係る借入コストの資産化／53
　　　ケーススタディⅡ－3－3　キャッシュ・フロー・ヘッジまたは公正価値ヘッジ関係の借入コストへの影響／54
　　　ケーススタディⅡ－3－4　ヘッジ関係として指定されていないデリバティブ商品に係る利得および損失／55
　（3）一般借入れ／55
　　　ケーススタディⅡ－3－5　適格資産に関する資金の調達に使用した一般借入れ／56
　　　ケーススタディⅡ－3－6　適格資産に関する資金の調達に使用した一般借入れと現金の取扱い／56
　（4）連結グループにおける借入コスト／57
　（5）個別借入れと一般借入れの組み合わせによる資金調達／57
　　　ケーススタディⅡ－3－7　個別借入れと一般借入れがある場合の借入コストの算定／58
３．資産化の期間 …………………………………………………………………… 60
　（1）資産化の開始日／60
　　　ケーススタディⅡ－3－8　資産化の期間／61
　（2）資産が使用可能な状態となる時期／62
　　　ケーススタディⅡ－3－9　経営者の意図に基づく適格資産／62
　　　ケーススタディⅡ－3－10　適格資産の許可／63
　（3）第三者による適格資産の建設／63
　　　ケーススタディⅡ－3－11　第三者による適格資産の建設：前払金に関して資産計上される借入コスト／63
　（4）資産化の中断と終了／64
　（5）段階的に完成する場合の資産化／65
　　　ケーススタディⅡ－3－12　段階的に完成する資産／66

4．日本の実務との差異 ·· 67
　(1)　借入コストの資産化全般／67
　(2)　借入コストの資産化対象の適格資産の特定／68

第4章　有形固定資産の当初認識後の測定 ―――――― 69

1．再評価モデルの概略 ·· 69
2．再評価の対象となる資産 ·· 70
　ケーススタディⅡ－4－1　再評価モデルの適用のための資産クラスの特定／71
3．再評価の頻度 ··· 71
4．再評価にあたってのその他の留意事項 ·· 73
　(1)　鑑定人／73
　(2)　適用する公正価値／73
5．有形固定資産の再評価による帳簿価額の修正 ···································· 73
　(1)　総額法／74
　ケーススタディⅡ－4－2　再評価モデルにおける減価償却累計額控除前の取得原価と減価償却累計額の取扱い／74
　(2)　純額法／75
　ケーススタディⅡ－4－3　資産の再評価時の減価償却累計額の取扱い／75
6．再評価による利得および損失 ·· 75
　(1)　再評価による利得の取扱い／75
　(2)　再評価による損失の取扱い／76
　ケーススタディⅡ－4－4　再評価による減少額の取扱い／77
7．日本の実務との差異 ·· 78
　(1)　固定資産の測定方法／78

第5章　有形固定資産の減価償却 ――――――――――― 79

1．有形固定資産の減価償却の概要 …………………………………………… 79
2．減価償却の定義 ……………………………………………………………… 79
　(1) 償却可能額／79
　(2) 資産の減価償却の省略／80
　　　ケーススタディⅡ－5－1 残存価額が取得原価と同額，もしくは近似する場合の減価償却／80
　　　ケーススタディⅡ－5－2 取替費用が年間の償却費と同額である場合の減価償却／82
　(3) 取得原価に含められる減価償却費／82
　　　ケーススタディⅡ－5－3 他の資産の製造に組み入れられる減価償却費／83
3．重要な構成部分の減価償却 ………………………………………………… 83
　(1) 重要な構成部分と取替え／83
　　　ケーススタディⅡ－5－4 定期的な取替えが必要な資産の減価償却／85
　(2) 構成部分の減価償却／86
4．耐用年数と残存価額 ………………………………………………………… 87
　(1) 耐用年数／87
　　① 定　義／87
　　② 耐用年数の決定／87
　　　PwC's Eyes 賃借物件改良の耐用年数／87
　　　ケーススタディⅡ－5－5 資産が使用可能となった時から認識される減価償却／88
　　　ケーススタディⅡ－5－6 資産が使用に供されてから認識される減価償却費／88
　　③ 土地・建物の場合／89
　(2) 減価償却の停止／89
　(3) 残存価額／90
　　　ケーススタディⅡ－5－7 資産の残存価額の見直し／90
5．減価償却方法 ………………………………………………………………… 92
　(1) 減価償却方法の決定要因／92

CONTENTS　vii

　　　Short Break　収益を基礎とした償却方法決定の廃止／93
　(2)　減価償却方法の種類／94
　　①　定額法／94
　　②　定率法／94
　　③　生産高比例法／95
　　　ケーススタディⅡ－5－8　生産高比例法に基づく減価償却費（稼働時間単位に基づく償却）／95
　　　ケーススタディⅡ－5－9　生産高比例法に基づく減価償却費（生産単位に基づく償却）／95
　　④　級数法／96
　　⑤　年金法／96
　　　ケーススタディⅡ－5－10　適切な減価償却方法の決定／97
6．再評価した資産の減価償却 ……………………………………………………97
7．見積りの変更 ……………………………………………………………………98
　(1)　耐用年数の見積りの変更／98
　　　ケーススタディⅡ－5－11　耐用年数の見積りの変更／98
　　　ケーススタディⅡ－5－12　取得した固定資産の耐用年数の短縮／99
　(2)　残存価額の見積りの変更／99
　(3)　減価償却方法の変更／100
　(4)　減　損／100
8．日本の実務との差異 …………………………………………………………100
　(1)　減価償却単位／100
　(2)　残存価額／101
　(3)　耐用年数／101
　(4)　減価償却方法／101
　(5)　減価償却方法等の見直しの頻度／102

第6章　有形固定資産の認識の中止 ———————————— 103

　1．認識の中止の概要 ……………………………………………………………103

(1)　会計処理／103

　　Short Break　有形固定資産の処分の対価とIFRS第15号における取引価格の算定／104

　(2)　損益計算書上の表示／104

　(3)　その他の開示／105

2．認識の中止の種類 ･･ 105

　(1)　有形固定資産の減損／105

　(2)　有形固定資産の処分／106

　(3)　損失等に対する補塡の処理／106

　　ケーススタディⅡ－6－1　保険対象の資産の取替えによる利得／106

　(4)　取替えによる資産の構成部分の認識の中止／108

3．売却目的保有に分類される有形固定資産の処分 ････････････････････････ 108

　(1)　概　要／108

　(2)　売却目的保有資産の表示／110

第Ⅲ部　無形資産

第1章　IAS第38号の概略（定義と範囲） ──── 112

1．目　　的 ･･･ 113

2．定義と範囲 ･･ 113

　(1)　定　義／113

　(2)　範　囲／114

　　PwC's Eyes　IAS第38号の範囲に含まれる無形資産のリース／115

　(3)　無形資産と金融資産の区別／115

　　ケーススタディⅢ－1－1　サッカー・チームのチケットを販売する権利ではなく，収益の一定割合に対する権利を購入する場合／116

　　ケーススタディⅢ－1－2　知的財産に係るロイヤルティ収入／116

第2章　無形資産の識別 ―――――――――――――――――― 117

1. 範　　囲 …………………………………………………………………………… 117
2. 無形資産の識別 …………………………………………………………………… 118
3. 支配と経済的便益 ………………………………………………………………… 119
   (1) 無形資産に対する支配／119
      ケーススタディⅢ-2-1 新規の従業員に対して支払われる契約金／119
      PwC's Eyes 顧客との関係／120
      ケーススタディⅢ-2-2 自己創設の顧客リストと企業結合により取得した顧客リストに関する信頼性のある測定の要件／120
   (2) 将来の経済的便益／122
4. 物理的実体の欠如 ………………………………………………………………… 122
5. 識別可能性 ………………………………………………………………………… 123
      ケーススタディⅢ-2-3 売却または交換できない配信ネットワークのマップ／124
6. 日本の実務との差異 ……………………………………………………………… 125
   (1) 無形資産の識別／125
   (2) 繰延資産の会計処理／125

第3章　無形資産の認識と測定 ―――――――――――――――― 126

1. 認識規準 …………………………………………………………………………… 126
   (1) 蓋然性規準と信頼性規準／126
      PwC's Eyes 蓋然性規準の定義／127
      PwC's Eyes 経済的便益の可能性の程度の評価と外部の証拠／128
   (2) 無形資産の取得と認識規準／128
2. 各資産への認識規準の適用 ……………………………………………………… 129
   (1) 外部から個別に取得した資産／129
   (2) 企業結合により取得した資産／129
   (3) 交換取引により取得した資産／130

(4) 政府補助金により取得した資産／130
　　(5) 自己創設無形資産／131
　　　ケーススタディⅢ－3－1　特定の製品に配分できない研究開発費／131
3．自己創設無形資産の認識 …………………………………………………… 132
　　(1) 研究開発の概要／132
　　　① 研究局面／133
　　　② 開発局面／134
　　(2) 開発局面の取扱い／134
　　　ケーススタディⅢ－3－2　製品のライフサイクルの各段階における認識規準の適用／136
　　　PwC's Eyes　規制上の要件と無形資産の認識規準／138
　　　PwC's Eyes　新しい製品やシステムの影響／139
　　(3) 自己創設無形資産として資産化できない支出／139
　　　Short Break　欧州連合のREACH規則（化学物質の登録，評価，認可及び制限に関する規則）により発生する費用／140
　　　ケーススタディⅢ－3－3　カスタマー・ロイヤルティ・プログラム／140
　　(4) 企業結合によって取得した自己創設項目で無形資産として認識すべきでないもの／141
　　　PwC's Eyes　広告費支出およびカタログの取扱い／143
　　　Short Break　広告宣伝または販売促進活動のために取得した物品／143
　　(5) 自己創設のれん／144
4．当初測定 …………………………………………………………………………… 144
　　(1) 当初測定の基礎／144
　　(2) 個別に取得した無形資産の測定／145
　　　① 取得原価の構成／145
　　　② 原価の一部とならない支出／146
　　　PwC's Eyes　無形資産の購入に係る変動対価または条件付対価の取扱い／147
　　　③ 支払の繰延べ／148
　　　④ 株式による資産の取得／148

- (3) 非貨幣性資産との交換で取得した無形資産／148
  - ケーススタディⅢ−3−4 特許の交換／149
  - ケーススタディⅢ−3−5 対価が非貨幣性資産と貨幣性資産との組み合わせの場合／149
  - *PwC's Eyes* 研究開発プロジェクトと販売権の交換／150
  - ケーススタディⅢ−3−6 電話免許の交換／151
- (4) 政府補助金により取得した無形資産／152
  - *PwC's Eyes* 寄付された資産の取得原価／152
- (5) 自己創設無形資産／153
  - ① 自己創設無形資産の測定／153
  - ② 自己創設無形資産の取得原価を構成しない原価／154
    - ケーススタディⅢ−3−7 企業のデータベースに係る販売促進費用と営業損失／154
  - ③ 自己創設無形資産を資産化する期間／155
  - ④ ウェブサイトのコスト／155
  - ⑤ 個別にまたは企業結合で取得した研究開発プロジェクトに係る事後的な支出／158
    - ケーススタディⅢ−3−8 個別に取得した研究プロジェクト／158

5．日本の実務との差異 ･･･ 159
- (1) 無形資産の定義および認識規準／159
- (2) 取得対価に含まれる支払利息相当額の費用処理／160
- (3) 交換により取得した無形資産の取得価額／160
- (4) 自己創設無形資産の識別／160
- (5) 特定の研究開発目的にのみ使用される機械装置などの資産の認識／161
- (6) 市場販売目的または自社利用ソフトウェアの資産計上／161
- (7) 広告宣伝および販促活動に係る支出／162
- (8) 無形資産の評価方法／162

第4章　企業結合により取得した無形資産 ── 163

1．企業結合により取得した識別可能な無形資産 163
2．企業結合により取得した識別可能な無形資産の種類と特徴 165
　(1) マーケティング関連無形資産／165
　　① 商標，商号およびその他のマーク／166
　　② ブランド／166
　　③ トレードドレス／166
　　④ 新聞の題字／166
　　⑤ インターネットのドメイン名／166
　　⑥ 非競合契約／167
　(2) 顧客関連無形資産／167
　　① 顧客契約および関連する顧客関係／168
　　　ケーススタディⅢ－4－1 解約可能および解約不能な顧客契約／168
　　　ケーススタディⅢ－4－2 取得日時点で交渉中の潜在的な契約／169
　　　PwC's Eyes 顧客への特典またはカスタマー・ロイヤルティ・プログラム／169
　　　PwC's Eyes 顧客の重複／170
　　② 契約に基づかない顧客関係／170
　　　PwC's Eyes 顧客関係が分離可能である証拠／170
　　③ 顧客リスト／170
　　　PwC's Eyes 顧客基盤／171
　　④ 注文または製品受注残高／171
　　　ケーススタディⅢ－4－3 注文書による顧客関連無形資産の識別／171
　(3) 芸術関連無形資産／172
　(4) 契約に基づく無形資産／173
　　① 金融資産のサービシング契約／173
　　② 雇用契約／174
　　　PwC's Eyes プロスポーツクラブの買収と雇用契約／174
　　　Short Break 集合的な人的資源／175
　　③ 使用権／176
　(5) 技術に基づく無形資産／176

①　特許技術および特許化されていない技術／176
②　取引上の機密／177
③　コンピュータ・ソフトウェアおよびマスク・ワーク／177
④　データベース／177

3．そのほか企業結合で取得した識別可能な無形資産 ································ 178
　(1)　有利および不利な契約／178
　　　ケーススタディⅢ-4-4　有利な購入契約／179
　　　ケーススタディⅢ-4-5　不利な購入契約／180
　　　PwC's Eyes　アット・ザ・マネーの契約／180
　(2)　企業結合で引き受けたリース契約／181
　　①　被取得企業が借手の場合／182
　　②　被取得企業が貸手の場合／182
　　　ケーススタディⅢ-4-6　企業結合によって取得されたリースに関連する認識可能な無形資産および有形資産／183
　(3)　相互補完的な無形資産およびその他の無形資産のグループ化／184

4．日本の実務との差異 ·· 185
　(1)　企業結合により取得した無形資産の識別／185

第5章　当初認識後の測定　――――――――――――――― 186

1．原価モデルと再評価モデル ·· 186
　(1)　概　要／186
　(2)　無形資産のクラス／187

2．無形資産への再評価モデルの適用 ·· 188
　(1)　無形資産の再評価モデル／188
　　　ケーススタディⅢ-5-1　これまで無形資産として認識していないライセンス／188
　(2)　再評価の頻度／189
　(3)　再評価モデルにおける償却累計額の取扱い／190

3．再評価に係る利得と損失 ·· 191

(1)　再評価に係る利得／191

　(2)　再評価に係る損失／192

第6章　無形資産の減価償却，減損，認識の中止 ── 193

1．無形資産の減価償却の概略 …………………………………………… 193

　(1)　償却の対象資産／193

　(2)　償却の開始／194

　　ケーススタディⅢ－6－1　製品販売権の償却／194

　(3)　償却額の取扱い／194

　(4)　償却の中止／195

2．耐用年数と償却 ……………………………………………………………… 195

　(1)　耐用年数の定義／195

　　PwC's Eyes　耐用年数と経済的耐用年数の相違／196

　(2)　耐用年数が確定できない場合／198

　　PwC's Eyes　耐用年数を確定できない無形資産／198

　　ケーススタディⅢ－6－2　顧客関係の耐用年数／199

　(3)　耐用年数の決定／199

　　ケーススタディⅢ－6－3　経済的耐用年数を上回る法定年数を有する著作権／200

　(4)　主要な業種でみられる無形資産と耐用年数の典型的な特徴の概要／200

　(5)　更新した場合の取扱い／205

　　ケーススタディⅢ－6－4　更新が確実な放送免許／206

　　ケーススタディⅢ－6－5　更新が確実でない放送免許／206

　(6)　企業結合の取得企業が使用することを意図していないかまたは他の市場参加者とは異なる方法で使用することを意図している無形資産の耐用年数／207

　　ケーススタディⅢ－6－6　防御的無形資産と他の無形資産との区別①／207

　　ケーススタディⅢ－6－7　防御的無形資産と他の無形資産との区別②／208

(7)　耐用年数を確定できない無形資産から確定できる無形資産への変更／208
　　　ケーススタディⅢ－6－8　商標の耐用年数についての「確定できない」
　　　から「確定できる」への変更／209
　　　ケーススタディⅢ－6－9　耐用年数が確定できない商標の予測される将
　　　来キャッシュ・フローの変動／209
3．残存価額 210
　　　PwC's Eyes　残存価額とインフレ／211
　　　ケーススタディⅢ－6－10　残存価額が確約されている特許の残存期間
　　　／212
4．無形資産の償却方法 212
　(1)　償却方法の選定／212
　　①　償却方法の種類と選定／212
　　　PwC's Eyes　無形資産の適切な償却方法／213
　　②　収益に基づく償却方法／213
　　　PwC's Eyes　無形資産に固有の支配的な限定要因／214
　　　Short Break　許容可能な償却方法の明確化のための修正／214
　　　ケーススタディⅢ－6－11　将来の経済的便益の予想される消費パターン
　　　が変化する可能性／215
　(2)　償却方法の変更／216
5．無形資産の減損 216
　(1)　概　要／216
　(2)　耐用年数を確定できない無形資産の減損／217
6．無形資産の認識の中止 217
　(1)　認識の中止の時期／217
　(2)　認識の中止の会計処理／218
　(3)　表　示／219
　(4)　開　示／219
7．日本基準の実務との差異 220
　(1)　残存価額／220
　(2)　無形資産の償却年数と償却方法の見直しの頻度／220

(3)　耐用年数を確定できない無形資産の識別と償却／220
　(4)　事後的な支出の費用処理／221

第Ⅳ部　資産の減損

第1章　IAS 第36号の概略 ─────────────── 224

1．資産の減損とは……………………………………………………………224
2．IAS 第36号の目的………………………………………………………225
3．適用の範囲………………………………………………………………225
　(1)　再評価額を帳簿価額とする資産／226
　(2)　売却目的保有へ分類する資産／227

第2章　減損テストの実施時期（兆候の識別） ─────── 228

1．減損テストの実施時期…………………………………………………228
　(1)　のれんおよび耐用年数を確定できない無形資産等の減損テストの実施時期／229
　　　ケーススタディⅣ－2－1　減損テストの実施時期／229
　(2)　のれんおよび特定の無形資産（減損の兆候を識別した場合）／230
　　　ケーススタディⅣ－2－2　年次の減損の検討後に生じる事象／231
　　　PwC's Eyes　減損テスト実施日の変更／231
　　　PwC's Eyes　組織再編成時の減損テストの要否／232
　(3)　期中財務報告における減損テストの実施／232
2．減損の兆候………………………………………………………………232
　(1)　減損の兆候／233
　　①　基準における兆候の例示／233
　　②　設例による検討／235
　　　ケーススタディⅣ－2－3　減損の兆候－最近取得した資産の販売価額の

　　　　下落／235
　　　ケーススタディⅣ-2-4 減損の兆候－政府による価格統制／236
　　　ケーススタディⅣ-2-5 減損の兆候－資産の用途変更／236
　　　ケーススタディⅣ-2-6 減損の兆候－競合企業による優れた製品の発表／237
　　③　兆候の検討における重要性／237
　　　Short Break 純資産簿価＞株式時価総額の場合（減損の兆候）／238
　(2)　後発事象等による兆候の把握／238
　　①　後発事象として把握される減損の兆候／238
　　　ケーススタディⅣ-2-7 決算日後に発表された顧客の工場閉鎖／240
　　②　時間の経過とともに明らかになる減損の兆候／240
　　　ケーススタディⅣ-2-8 市場の傾向（時の経過とともに進展する傾向）／241

3．日本の実務との差異 ……………………………………………………… 242
　(1)　のれんおよび特定の無形資産の減損テストの頻度／242
　(2)　減損の兆候に関する例示／242

第3章　減損テストの実施（減損の単位と回収可能価額）── 243

1．減損の単位 ………………………………………………………………… 243
　(1)　資金生成単位（一般原則）／243
　　①　減損検討の単位／243
　　②　CGU に含まれる資産／244
　　　ケーススタディⅣ-3-1 独立したキャッシュ・インフローを生成しない資産／244
　(2)　資金生成単位の識別／246
　　①　CGU 識別の重要性と CGU の定義／246
　　②　CGU 決定の考慮事項（キャッシュ・フローの独立性）／247
　　③　CGU 決定の考慮事項（キャッシュ・インフローの生成）／247
　　　ケーススタディⅣ-3-2 垂直的に統合された企業グループの CGU

　　　　　／248
　　④　CGU 識別のケーススタディ／248
　　　ケーススタディⅣ-3-3　CGU の識別（一般的な事例）／249
　　　ケーススタディⅣ-3-4　CGU の識別（国別の統合事業）／249
　　　ケーススタディⅣ-3-5　CGU の識別（別個の CGU となるケース）
　　　／250
　　　Short Break　小売業の資金生成単位／251
　　⑤　CGU の帳簿価額の算定（CGU への資産負債の配分）／251
　　　ケーススタディⅣ-3-6　資産化された利息の取扱い／253
　　　ケーススタディⅣ-3-7　グループ企業間の資金調達／254
　　　ケーススタディⅣ-3-8　CGU に含まれるリース資産／255
　　　PwC's Eyes　減損テストにおける IFRS 第16号の検討／256
　　　ケーススタディⅣ-3-9　CGU の帳簿価額に含まれる原状回復義務
　　　／257
　　　Short Break　CGU の回収可能価額と負債／257
　　　ケーススタディⅣ-3-10　使用価値における原状回復義務／258
　　⑥　CGU の変更／259
　　⑦　見積りの不確実性の発生要因としての CGU／259
　(3)　耐用年数を確定できない無形資産／259
　　①　減損検討の単位／259
　　②　個別資産としてテストできる場合／260
2．回収可能価額の測定（一般的な事項）……………………………………260
　(1)　回収可能価額の算定／260
　　①　回収可能価額／260
　　②　使用価値と処分コスト控除後の公正価値の算定／261
　　　ケーススタディⅣ-3-11　使用価値＜処分コスト控除後の公正価値とな
　　　る場合／262
　　　ケーススタディⅣ-3-12　減損テストにおいて個別に検討される建物
　　　／264
　(2)　減損テストにおける回収可能価額と IFRS 第5号との関係／264

(3) 回収可能価額と減損損失配分との関係／265

　　ケーススタディⅣ－3－13 部門閉鎖に伴う個別資産の減損／266

　(4) 直近の詳細な計算結果の利用／266

　　Short Break 回収可能価額の算定をめぐるIASBの議論／267

第4章　回収可能価額の測定 ─── 269

1．処分コスト控除後の公正価値 ……………………………………………………… 269

　(1) 定　義／269

　(2) 公正価値の算定に際しての考慮事項／270

2．使用価値の算定 ………………………………………………………………………… 270

　(1) 使用価値の定義／270

　(2) 使用価値の算定プロセス／271

　　① 資産から得られる将来キャッシュ・フローの見積り／271

　　② 貨幣の時間価値の考慮／271

　　③ 将来キャッシュ・フローの変動性や資産固有の不確実性等の考慮／271

　(3) 将来キャッシュ・フロー見積りの前提／272

　　① 将来キャッシュ・フローの見積りの基礎／272

　　ケーススタディⅣ－4－1 処分コスト控除後の公正価値が使用価値よりも適切となる場合／273

　　ケーススタディⅣ－4－2 合理的かつ裏付け可能な予測の使用／274

　　PwC's Eyes 逓増する成長率の使用／278

　　② 将来キャッシュ・フローの見積りの構成要素／278

　(4) 将来キャッシュ・フローの算定方法／282

　　① 使用価値の算定―振替価格／282

　　② 現在価値に関する「伝統的」アプローチと「期待キャッシュ・フロー」アプローチ／283

　　③ 同様の条件での比較／285

　　ケーススタディⅣ－4－3 運転資本の残高を含める場合の同様の条件での比較／286

　　　　PwC's Eyes 減損テストにおける棚卸資産の取扱い／288
　　　　PwC's Eyes 同様の条件での比較（税金）／289
　　④　ヘッジ手段／290
　　⑤　全社的な間接費および日常的な保守／290
　　⑥　インフレーション／292
　　⑦　外貨のキャッシュ・フロー／292
　　⑧　将来のリストラクチャリング，および資産の性能を改善または拡張する支出／293
　　　ケーススタディⅣ－4－4　計画された将来のリストラクチャリング／296
　　　ケーススタディⅣ－4－5　現在の性能水準を維持するためのコストの取扱い／299
　　　ケーススタディⅣ－4－6　改善を目的とした支出／300
　　　Short Break　減損テストの簡素化へ向けた動き／302
　　⑨　減損テストにおける欠損金の取扱い／303
　(5)　割引率／304
　　①　割引率の見積りの考慮要因／305
　　　ケーススタディⅣ－4－7　カントリーリスクと通貨リスクが割引率に与える影響／306
　　②　割引率算定における注意点／307
　　③　税引前の利率／308
　　　ケーススタディⅣ－4－8　税引前の割引率の算定／309
3．日本の実務との差異 ……………………………………………………………317
　(1)　将来キャッシュ・フローの見積りに利用する予算や予測／317

第5章　減損損失の認識 ―――――――― 318

1．減損損失の認識 …………………………………………………………………318
　(1)　帳簿価額を超える減損損失／319
　(2)　減損損失認識後の償却／319
2．減損損失の配分（資金生成単位への配分） ………………………………320

(1) 配分の順序／320
　(2) 配分の限度／320
　(3) 個別資産の回収可能価額が不明な場合／321
　　PwC's Eyes 減価償却後の再調達原価に基づく減損損失の配分／321
　(4) 減損損失の配分（数値例による説明）／322
　　ケーススタディⅣ-5-1 減損損失の配分／322
　(5) 処分目的で保有する資産またはCGU／323
　　① 処分目的の資産またはCGUの使用価値／323
　　② 売却目的保有資産の取扱い（IFRS第5号）／324
　　ケーススタディⅣ-5-2 売却目的保有の事業の減損／326
3．日本の実務との差異 ……………………………………………327
　(1) 減損テスト（1ステップ／2ステップ・アプローチ）／327

第6章　のれんの減損 ─────────────── 328

1．のれんの配分 ……………………………………………………328
　(1) のれん配分の概要／328
　　ケーススタディⅣ-6-1 新規および既存事業に配分されるのれん／329
　(2) CGUグループへの配分／329
　　① のれんの配分の単位／329
　　ケーススタディⅣ-6-2 セグメントの減損テスト／331
　　② のれんの配分における恣意性／332
　　③ その他の留意点／332
　(3) のれんの配分の時期（期限）／333
　　ケーススタディⅣ-6-3 のれんの配分作業に認められる最長期間／333
　(4) のれんの再配分（事業の処分に伴う再配分）／334
　　ケーススタディⅣ-6-4 CGUの一部を処分した場合ののれんの配分／335
　(5) のれんの再配分（組織再編に伴う再配分）／336
　　① 組織再編後ののれんの再配分／336

　　　　ケーススタディⅣ－6－5　リストラクチャリング後ののれんの配分／336
　　　② 再配分の代替的手法／337
　　　　ケーススタディⅣ－6－6　相対的な公正価値に基づく方法に対する代替的手法／338
　（6）のれんの再配分（CGU間での再配分）／339
　　　　ケーススタディⅣ－6－7　管理構造の変更後ののれんの配分／340
2．のれんの減損テスト･･･341
　（1）減損テストの実施時期と単位／341
　　　① のれんが配分されていないCGU／341
　　　② のれんが配分されるCGU（またはCGUグループ）／341
　　　③ 減損テストの実施時期に関する留意点／343
　（2）減損テストの進め方／343
　　　① 2段階アプローチ／343
　　　② 2段階アプローチ（数値例による解説）／344
　（3）非支配持分の取扱い／347
　　　① CGUに非支配持分がある場合の考え方／347
　　　　ケーススタディⅣ－6－8　CGUに非支配持分がある場合の減損の計算／350
　　　② のれんの一部が非支配持分のないCGUへ配分される場合／352
　　　　ケーススタディⅣ－6－9　のれん発生前の支配持分および非支配持分への減損損失の配分／353
3．全社資産･･･354
　（1）全社資産の定義／354
　（2）全社資産の減損テスト／354
　（3）全社資産の配分／355
　　　① CGUへの配分／355
　　　　ケーススタディⅣ－6－10　全社資産の減損テスト／356
　　　② 2段階テスト／357
　　　　ケーススタディⅣ－6－11　全社資産の2段階テスト／357
4．日本の実務との差異･･･359

CONTENTS xxiii

(1) のれんの配分／359
(2) 全社資産の配分／360
(3) のれんの非支配持分の取扱い／360
(4) のれんの償却／360
　　Short Break　のれんの償却をめぐる議論の動向／361

第7章　減損損失の戻入れ ─── 363

1．減損損失の戻入れ……………………………………………………363
　(1) 戻入れの一般的な取扱い／363
　　① 減損損失の戻入れの兆候／363
　　② 減損損失の戻入れの認識／364
　　　ケーススタディⅣ－7－1　減損損失の戻入れの兆候／365
　　　ケーススタディⅣ－7－2　割引きの振戻しによる影響／366
　　③ 減損損失の戻入れの金額／367
　　　ケーススタディⅣ－7－3　減損損失の戻入れに関する制限／368
　　④ 再評価された資産に係る減損損失の戻入れ／369
　　　ケーススタディⅣ－7－4　再評価された資産の減損損失の認識および戻入れ／370
　　⑤ 戻入れ後の減価償却／372
　(2) のれんに関する減損損失の戻入れ／372
2．減損損失の戻入れの配分 ……………………………………………372
　　　ケーススタディⅣ－7－5　減損損失の戻入れの配分／373
3．日本の実務との差異
　(1) 減損損失の戻入れ／376

第Ⅴ部　開　示

第1章　有形固定資産，無形資産に関する開示 ─── 378

1．有形固定資産に関する開示 ……………………………………… 378
   (1) 一般的な開示要求事項／378
   (2) 会計上の見積りの変更に関する開示／385
   (3) 再評価額で計上している場合の開示／386
   (4) 借入コストに関する開示／388
   (5) その他の開示／389

2．無形資産に関する開示 …………………………………………… 389
   (1) 一般的な開示要求事項／389
   (2) 耐用年数を確定できない無形資産に関する開示／395
   (3) 再評価額で計上される無形資産に関する開示／396
   (4) 研究開発支出に関する開示／397
   (5) その他の開示／397

第2章　資産の減損に関する開示 ─── 399

1．資産の減損に関する開示 ………………………………………… 399
   (1) 判断や見積りに関する一般的な開示（IAS第1号）／399
   (2) 減損損失に関する一般的な開示／399
   (3) セグメントごとの開示／400
   (4) 減損が認識された資産またはCGUに関する情報／400
   (5) 未配分ののれんがある場合の開示／403

2．のれんまたは耐用年数が確定できない無形資産を含むCGUに関する開示 ………………………………………………………………… 404
   (1) 回収可能価額の算定に用いた見積りの開示／404
      Short Break　主要な仮定の開示―規制当局が注目している事項／409

(2) 各CGUに配分された金額が重要でない場合の取扱い／411
(3) 直近の詳細な計算結果を使用する場合の開示／412

索　引／413

凡　例

本書において引用した専門用語・機関，会計基準等は，以下の略称を用いて表記している。なお，会計基準等については，2018年（平成30年）10月末時点で公表されているものに基づいている。

1．専門用語・機関等

ASBJ	企業会計基準委員会
CAPEX	資本的支出
CGU	資金生成単位
FVLCD	処分コスト控除後の公正価値
IAS	国際会計基準
IASB	国際会計基準審議会
IASC	国際会計基準委員会
IFRS	国際財務報告基準
IFRS 解釈指針委員会	国際財務報告基準解釈指針委員会
IFRIC	国際財務報告解釈指針
IRR	内部収益率
JICPA	日本公認会計士協会
PIR	適用後レビュー
SIC	解釈指針委員会
VIU	使用価値
WACC	加重平均資本コスト

2．会計基準等

(1) IFRS

IFRS 第2号	「株式に基づく報酬」
IFRS 第3号	「企業結合」
IFRS 第4号	「保険契約」
IFRS 第5号	「売却目的で保有する非流動資産及び非継続事業」
IFRS 第6号	「鉱物資源の探査及び評価」

凡例 xxvii

IFRS 第 8 号	「事業セグメント」
IFRS 第 9 号	「金融商品」
IFRS 第13号	「公正価値測定」
IFRS 第15号	「顧客との契約から生じる収益」
IFRS 第16号	「リース」
IAS 第 1 号	「財務諸表の表示」
IAS 第 2 号	「棚卸資産」
IAS 第 8 号	「会計方針,会計上の見積りの変更及び誤謬」
IAS 第10号	「後発事象」
IAS 第12号	「法人所得税」
IAS 第16号	「有形固定資産」
IAS 第19号	「従業員給付」
IAS 第20号	「政府補助金の会計処理及び政府援助の開示」
IAS 第21号	「外国為替レート変動の影響」
IAS 第23号	「借入コスト」
IAS 第32号	「金融商品:表示」
IAS 第34号	「期中財務報告」
IAS 第36号	「資産の減損」
IAS 第37号	「引当金,偶発負債及び偶発資産」
IAS 第38号	「無形資産」
IAS 第39号	「金融商品:認識及び測定」
IAS 第40号	「投資不動産」
IAS 第41号	「農業」
IFRIC 第 1 号	「廃棄,原状回復及びそれらに類似する既存の負債の変動」
IFRIC 第12号	「サービス委譲契約」
SIC 第32号	「無形資産―ウェブサイトのコスト」

(2) 日本基準

企業会計原則	企業会計原則
財務諸表等規則	財務諸表等の用語,様式及び作成方法に関する規則

第 I 部

固定資産に関する会計基準の概説

　第 I 部では，固定資産に関連する会計基準にどのようなものがあるか解説している。第1章において，固定資産に関する IFRS の基準にはどのようなものがあり，どのような勘定科目に対して適用されるのかについて解説する。また，第2章では，日本基準でどのような会計基準があるのかを理解するとともに，固定資産に関する会計基準の検討状況について解説する。

第1章 IFRSにおける固定資産の会計基準と本書の構成

1. 固定資産に関連するIFRSの基準

　有形固定資産や無形資産を含む、いわゆる固定資産に関連するIFRSの基準はIASやIFRICも含めると複数あり、さらには密接に関連するものとして資産の減損に関する基準や資産の取得における借入コストの取扱いに関する基準も挙げられる。有形固定資産・無形資産・のれんといったそれぞれの項目の認識・測定に関する包括的な基準があり、減損や借入コストといった特殊な取扱いが求められるものについては、別途、固定資産全般に対する横断的な基準が定められているといえる。

　これらのIFRSの基準と勘定科目等との関連を大まかにまとめたものが、次頁の**図表Ⅰ－1－1**である。

　有形固定資産の認識・測定をはじめとした包括的な会計処理を示したものがIAS第16号「有形固定資産」である。無形資産の認識・測定に関連する基準はIAS第38号「無形資産」に加え、ウェブサイトのコストに関連するものが、SIC第32号「無形資産－ウェブサイトのコスト」として規定されている。また、のれんについてはIFRS第3号「企業結合」の一部で取り扱われている。これは通常、のれんが企業結合を通じて取得されるためである。投資不動産についてはIAS第40号「投資不動産」で、公正価値の測定も含めて規定されている。

　一方、資産の減損については有形固定資産・無形資産・のれんそれぞれについて、IAS第36号「資産の減損」で規定されている（ただし、公正価値で評価される投資不動産については対象とならない）。また、適格資産の取得、建設

(図表Ⅰ-1-1) 勘定科目とIFRSの関係

	認識・測定等	減損	借入コスト
有形固定資産	IAS第16号 (有形固定資産)	IFRIC 第12号 (サービス委譲契約)	IAS第23号 (借入コスト)
無形資産	IAS第38号 (無形資産) SIC第32号 (無形資産-ウェブサイトのコスト)	IAS第36号 (資産の減損)	
のれん	IFRS第3号 (企業結合)		
投資不動産	IAS第40号(投資不動産)		

または生産に直接起因する借入コストの取扱いについては、IAS第23号「借入コスト」において規定されている。

また、有形固定資産、無形資産に関連するものとして公共施設等に関するサービス委譲契約があり、IFRIC第12号「サービス委譲契約」において規定されている。

その他では、有形固定資産に関連する基準として、IFRIC第1号「廃棄、原状回復及びそれらに類似する既存の負債の変動」が挙げられる。これは、有形固定資産の取得にあたり、いわゆる原状回復義務等がある場合の資産除去債務の見積りとそれにかかる有形固定資産の認識について定められた基準である。また、売却目的で保有する資産や非継続事業にかかる資産に関する特別な取扱いを定めた基準として、IFRS第5号「売却目的で保有する非流動資産及び非継続事業」が規定されている。

2．本書の対象範囲

本書では1．「固定資産に関連するIFRSの基準」で挙げた基準のうち、主に有形固定資産（IAS第16号）、のれんを含む無形資産（IAS第38号、IFRS

第3号), 資産の減損 (IAS 第36号), 借入コスト (IAS 第23号) を対象として, IFRS 適用企業の固定資産会計全般にかかる論点を幅広く網羅することを目的にしている。

なお, 投資不動産 (IAS 第40号) やサービス委譲契約 (IFRIC 第12号), 資産除去債務にかかる資産 (IFRIC 第1号), 売却目的および非継続事業にかかる資産 (IFRS 第5号) については, 対象とはしていない。

本書の対象範囲を図示すると次の**図表Ⅰ-1-2**のとおりである。

(図表Ⅰ-1-2) 本書の対象範囲

	認識・測定等	減損	借入コスト
有形固定資産	IAS 第16号 (有形固定資産)	IAS 第36号 (資産の減損)	IAS 第23号 (借入コスト)
無形資産	IAS 第38号 (無形資産) SIC 第32号 (無形資産-ウェブサイトのコスト)		
のれん	IFRS 第3号 (企業結合)		

3. 各基準と本書の構成

本書の対象範囲は前節のとおりであるが, 各々の基準と本書の構成は**図表Ⅰ-1-3**のような対応関係となっている。

第Ⅱ部では有形固定資産の会計処理について, IAS 第16号を中心に, IAS 第23号の借入コストの会計処理も含めて解説する。

第Ⅲ部はのれんを含む無形資産の会計処理について, IAS 第38号と IFRS 第3号を中心に解説する。

第Ⅳ部は資産の減損について, IAS 第36号に基づいて解説する。

第Ⅴ部については, 資産の減損を含む, 有形固定資産・無形資産の開示について解説する。

(図表Ⅰ－1－3) 本書の構成と対応する基準

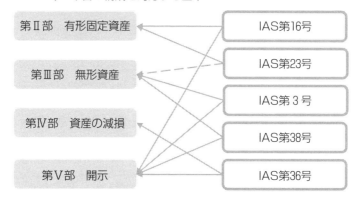

その他，上記の基準以外でも特に解説の必要なものは参照して解説している。

第2章 日本における固定資産会計の基準

1.日本における固定資産の会計実務と会計基準

わが国の会計基準は IFRS とは異なり,固定資産の会計処理に関する包括的な基準が設けられていない。一方で,古くから税法に基づく会計と企業会計との調整や種々の要請に応じた実務指針や,減損会計基準のような個別の会計基準などが,企業会計審議会や日本公認会計士協会（JICPA）,企業会計基準委員会（ASBJ）といった設定主体から,必要に応じて定められてきた。これらの基準・指針等のうち主なものを示したのが次の**図表Ⅰ-2-1**である。

(図表Ⅰ-2-1) わが国における固定資産に関する会計の主な基準・指針等

基準名	設定主体	公表時期	固定資産会計との関連
連続意見書第三 有形固定資産の減価償却について	企業会計審議会	1960年6月	減価償却に関する会計実務と税法会計との調整を定めた指針
「関係会社間の取引に係る土地・設備等の売却益の計上についての監査上の取扱い」	JICPA	1977年8月	関係会社間の固定資産売却に係る会計処理の取扱いに関する指針
圧縮記帳に関する監査上の取扱い	JICPA	1983年3月	圧縮記帳の実務上の取扱いに関する指針
研究開発費等に係る会計基準	企業会計審議会	1998年3月	自社利用ソフトウェアに係る会計処理を定めた基準

研究開発費及びソフトウェアの会計処理に関する実務指針	JICPA	1999年3月	研究開発費等に係る会計基準に関する実務上の指針
研究開発費及びソフトウェアの会計処理に関するQ&A	JICPA	1999年9月	実務指針を補足するQ&A
固定資産の減損に係る会計基準	企業会計審議会	2002年8月	減損会計に関して定められた基準
固定資産の減損に係る会計基準の適用指針	ASBJ	2003年10月	上記会計基準の適用指針
減価償却に関する当面の監査上の取扱い	JICPA	2007年4月	会計上の減価償却に税法基準を用いる場合の取扱いに関する指針
平成28年度税制改正に係る減価償却方法の変更に関する実務上の取扱い	ASBJ	2016年6月	減価償却方法について，税法改正に対応した，会計上の取扱いを定めたもの

　わが国の固定資産に関する会計実務は，企業会計原則を基礎として，これらの基準・指針等によって形成されてきたものといえる。一方で，連続意見書など公表から半世紀以上経過しているものもあり，有形固定資産や無形固定資産の会計処理と開示を定めた包括的な会計基準がない状態にある。

2．固定資産に関する会計基準の検討状況

　1990年代の終わりごろから2000年代中ごろにかけて，わが国会計基準の開発・改正が積極的に図られ，企業会計審議会やASBJからも新たな基準が多数公表された。この「会計ビッグバン」とも呼ばれる動きの中で，ASBJは固定資産に関する包括的な会計基準の開発についても，短期的かつ優先度の高いテーマの1つとして，2001年11月にテーマ協議会から基準開発の提言を受けている。この提言に基づき，ASBJでは固定資産会計専門委員会を設置し，2002年8月から2003年10月にわたって，海外の固定資産の減価償却に関する調査を実施するなどの検討が行われた。この際には，短期的に検討が必要とされていた減損処理後の減価償却方法等の論点について，「固定資産の減損に係る会計

基準の適用指針」が公表され減損処理後の会計処理が示されたこと，また減価償却に関して，法人税法上の損金経理要件との関係を整理することが困難であることなどを理由に検討が中断され，専門委員会自体も2009年7月に解散している（長期的なテーマとされたものの，その後特に検討は行われていない）。

一方，2016年の平成28年度税制改正において，建物附属設備にかかる減価償却方法が税法上で定額法のみとされたため，従来定率法を採用していた場合に定額法へ変更することが「正当な理由による会計方針の変更」に該当するのかどうかが議論となった。それを受けてASBJより2016年6月に実務対応報告第32号「平成28年度税制改正に係る減価償却方法の変更に関する実務上の取扱い」が公表されることとなったが，その中でも「法人税法において損金経理要件が定められる中，会計基準の開発を行う事の困難さ」について言及されており，最終的には「今後，当委員会（筆者注：ASBJ）において抜本的な解決を図るために減価償却に関する会計基準の開発に着手することの合意形成に向けた取組みを速やかに行う事を前提として」，当該実務対応報告が公表されている（実務対応報告第32号第9項，第13項〜第15項）。

2017年12月時点では，固定資産会計専門委員会の再設置はなく，特段の議論の進展も見られない。しかしながら，ASBJが2016年8月に公表した「中期運営方針」のⅡ.日本基準の開発　3．その他の日本基準の開発に関する事項(2)具体的な課題においても，「②今後の検討課題」として，「今後，減価償却に関する会計基準の開発に着手することの合意形成に向けた取組みを行う予定」であることが明記されており，一定の時期に開発に向けた取組みが再開されることが期待される。

Short Break　**無形資産の会計基準策定の検討経緯**

IFRSと日本基準のコンバージェンスの観点から，2007年にASBJにおいて無形資産専門委員会が設置され，無形資産の包括的な会計基準の策定について検討が進められた。検討にあたっては主要な論点として，①内部創出による当初認識（社内開発費の資産化の妥当性等），②企業結合による当初認識（仕掛研究開発費等），③当初認識後の会計処理（耐用年数が確定できない無形資産等）の3つの項目が挙げられた。

2007年12月には「研究開発費に関する論点の整理」が公表され，まずは②から検討が進められた。続いて，2008年12月に「企業結合に関する会計基準」および「『研究開発費等に係る会計基準』の一部改正」が公表され，企業結合により受け入れた仕掛研究開発費は，企業結合時に費用処理する取扱いから資産計上する取扱いに変更された。2009年12月には「無形資産に関する論点の整理」が公表され，その後，論点整理に寄せられたコメント等を踏まえ，一定の要件を満たした社内開発費の資産計上の取扱いについては，市場関係者の合意形成が十分でないとして当面の間，現行の費用処理を継続することとされた。これを受け，ASBJでは無形資産の論点を「企業結合時に識別される無形資産の取扱い」と「他社から研究開発の成果を個別に取得した場合の取扱い」の２つに絞って検討を行うこととされた。しかしながら，企業結合時に無形資産（例えば，ブランドや顧客との関係）を追加的に識別することの有用性に関する評価が分かれたことから，継続的な検討課題とされ，「他社から研究開発の成果を個別に取得した場合の取扱い」も社内開発費の会計処理との整合性から，現状の取扱いを維持することとされた。そのような状況を受け，2013年６月に「無形資産に関する検討経過の取りまとめ」を公表するとともに，当該委員会は2014年７月に解散している。

第Ⅱ部

有形固定資産

　第Ⅱ部では，有形固定資産の包括的な会計基準であるIAS第16号に基づき，当初認識時点の取得原価をどのように取り扱うか，再評価などの当初認識後の測定方法，有形固定資産にかかる減価償却の考え方，減損を含む認識の中止といった点について，どのように会計処理すべきかを解説している。また，取得原価に含めるべき借入コストについては，IAS第23号に基づいてどのように会計処理すべきかを解説している。

第1章 IAS 第16号の概略（定義と範囲）

1. 目　的

　IAS 第16号「有形固定資産」（以下，IAS 第16号）の目的は，財務諸表利用者が企業の有形固定資産に対する投資およびその変動に関する情報を把握できるように，有形固定資産の会計処理を定めることにあるとされている。

　IAS 第16号は，有形固定資産の当初認識と測定，当初認識後の測定（減価償却，減損，再評価を含む），認識の中止，および開示について定めている（IAS 第16号第1項）。このうち，有形固定資産の減損の取扱いについては，IAS 第36号に詳細な定めがあるため，その定めと合わせ，本書第Ⅳ部「資産の減損」で取り上げている。また，開示については，無形資産と合わせ，本書Ⅴ部「開示」で扱っている。
　したがって，本書第Ⅱ部「有形固定資産」の以降の章では，主に次の項目について取り上げる。
- 有形固定資産の当初認識と測定（第2章参照）
- 当初認識後の測定—再評価（第4章参照）
- 当初認識後の測定—減価償却（第5章参照）
- 認識の中止（第6章参照）

　なお，IAS 第23号「借入コスト」（以下，IAS 第23号）では，適格資産の取得，建設または生産に直接起因する借入コストは，当該資産の取得原価に含め

ることとされている。通常適格資産は有形固定資産であることが多いことから，借入コストの取扱いについても，第Ⅱ部で取り上げている（第3章参照）。

2．定義と範囲

(1) 定　義

有形固定資産は，次のように定義されている（IAS第16号第6項）。
有形固定資産とは，次の規準を満たす有形の資産をいう。
(a) 財又はサービスの生産又は供給への使用，外部への賃貸，あるいは管理目的のために企業が保有するものであり，かつ
(b) 一会計期間を超えて使用されると予想されるもの

(2) 範　囲

他のIFRSの基準で別の会計処理が要求または容認されている場合を除き，有形固定資産はIAS第16号に従って会計処理する（IAS第16号第2項）。
IAS第16号は，以下の事項を適用対象外としている（括弧内に示した基準が適用される）（IAS第16号第3項）。

> (a) 果実生成型植物以外の農業活動に関連する生物資産（IAS第41号「農業」）
> (b) 探査および評価資産の認識および測定（IFRS第6号「鉱物資源の探査及び評価」）
> (c) 鉱業権ならびに，石油，天然ガスおよび類似する非再生資源などの鉱物埋蔵量
> (d) IFRS第5号に準拠して売却目的保有に区分された有形固定資産（IFRS第5号）

ただし，上記(a)から(c)に挙げた資産の開発または維持のために使用される有

形固定資産には IAS 第16号が適用される（IAS 第16号第3項）。

　2014年6月に IAS 第16号および第41号の修正が公表され，IAS 第16号の範囲に「果実生成型植物」が含まれるようになった。しかし，IAS 第16号は上述のとおり，果実生成型植物の上で育った生産物には適用されない。果実生成型植物の上で育った生産物には引き続き IAS 第41号が適用されることになる。この修正は2016年1月1日以後に開始する事業年度から適用されている（早期適用も認められていた）。

（図表Ⅱ－1－1）　果実生成型植物と IAS 第16号の適用範囲

- 生産物(りんご)の生産に使用される
- 複数年にわたって生産物(りんご)を生成する
- 廃材以外の用途で木が販売される可能性は低い

果実生成型植物
⇒ IAS 第16号の対象範囲

Short Break　果実生成型植物

　果実生成型植物は修正後の IAS 第16号において，生きている植物のうち(a)農産物の生産または供給に使用され，(b)複数の期間にわたり生産物を生成することが見込まれ，(c)付随的に廃材として販売される場合を除き，農産物として販売される可能性が低いものと定義されている（IAS 第16号第6項）。従来，果実生成型植物の定義はなかったため，農業活動に関連する果実生成型植物は IAS 第41号の範囲に含まれていた。
　果実生成型植物は，IAS 第16号第37項において，有形固定資産のクラスの1つの例として記載されている。果実生成型植物が生産物を生産できるようになるまでは，通常一定の期間を要するものと考えられるが，自家建設された有形固定資産と同様

の方法で会計処理されることになる。すなわち，IAS第16号における「建設」には，果実生成型植物の栽培（生産物の生産に必要な場所および状態に置く前）のために必要な活動も含むものとして読むべきとされている（IAS第16号第22A項）。したがって，果実生成型植物の栽培に必要な活動において発生したコストは，自家建設資産に関する「建設コスト」と同様の方法で取り扱われることになる。

そのほか，リースで取得した資産は，IFRS第16号「リース」に基づいて使用権資産として認識し測定する。ただし借手が使用権資産を減価償却する際には，IAS第16号における減価償却の要求事項が適用される（IFRS第16号第31項）。

所有する投資不動産について，IAS第40号における原価モデルを使用している企業は，IAS第16号を適用する（IAS第16号第5項）。

第2章 有形固定資産の当初認識

1．当初認識における認識規準

(1) 認識規準

有形固定資産は，以下のいずれも満たす場合に資産として認識する（IAS第16号第7項）。

> ① 関連する将来の経済的便益が企業に流入する可能性が高い
> ② 取得原価が信頼性をもって測定できる

通常，資産のリスクと経済価値が企業に移転している場合にのみ，将来の経済的便益が企業に流入することが十分に確実となる。リスクと経済価値の移転は，通常，無条件かつ取消不能な契約が取り交わされた時点で起こるとみなされる。実務上は，資産が引き渡された時点でリスクと経済価値の移転が起こることが多い。

有形固定資産の取得に関する契約上のコミットメントがある場合には，リスクと経済価値の移転が起きるまで資産は認識されず，当該コミットメントの開示を行うこととなる（IAS第16号第74項(c)）。

(2) 会計単位

IAS 第16号では，会計単位の決定について特段定めていない。このため，会計単位の決定（すなわち，個別の資産項目をどのように識別し，どの程度集計するか）には判断が必要となる。このような判断には，個別の資産項目を集計し単一の有形固定資産として取り扱うか，あるいは大きな資産項目を個別の構成部分として取り扱うべきかについての判断も含まれる。鋳型や工具および金型のように，個々には重要ではない有形固定資産を集計して，その総額について認識規準を適用することが適切な場合もある（IAS 第16号第9項）。

例えば，従前に投資不動産として区分されていた建設中の不動産は，自己使用の開始時点で自己使用不動産として有形固定資産に振り替える。IAS 第40号「投資不動産」では，振替日時点の投資不動産の公正価値を，振替後の IAS 第16号に従った会計処理における取得原価とみなすことを要求している（IAS 第40号第60項）。この公正価値を振替日に信頼性をもって測定できない場合（すなわち，過年度においても投資不動産の公正価値が利用できなかった場合）は，減損損失控除後の建設に係る取得原価を，建設中の不動産の会計処理に用いる。この場合，建設中の建物に関して振替日に認識された金額を，重要な各構成部分に配分する必要がある（IAS 第16号第44項）。なお，IAS 第16号は，取得原価の配分方法については言及していない。次の**図表Ⅱ－2－1**は自己使用不動産への振替について示している。

（図表Ⅱ－2－1） 自己使用不動産への振替

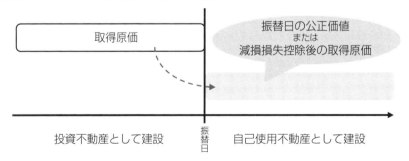

(3) 資産の構成部分への分解

　資産を重要な構成部分ごとに分けることを構成部分への分解という。ある有形固定資産の取得原価の合計額に比して重要な原価を有する各構成部分は，当該構成部分が残りの資産とは異なる方法や異なる期間で消費される場合，個別に減価償却を行う（IAS第16号第43項）。例えば，航空機とそのエンジンは，別々の構成部分として扱われ，個別に減価償却が行われることが多い。他の構成部分の例としては，ホテルの客室の壁紙が挙げられる。壁紙は定期的に取り替えられるため，客室の残りの部分とは耐用年数が異なることになる。

　交換部品および保守器具は，通常，棚卸資産として扱われ，消費時に費用として認識される。しかしながら，主要な交換部品や予備器具が有形固定資産の定義を満たす場合には，有形固定資産として扱う必要がある（IAS第16号第8項）。有形固定資産として認識される交換部品や保守器具は，関連する資産の耐用年数を超えない範囲の期間にわたって減価償却されることになる。資産の構成部分への分解を図示したものが次の**図表Ⅱ－2－2**である。

(図表Ⅱ－2－2) 資産の構成部分への分解

Short Break 未使用のスペアパーツ（補修用部品）の取扱い

2012年公表の年次改善において IAS 第16号第8項が改訂され，スペアパーツのような保守器具（servicing equipment）の取扱いが明確化された。すなわち，改訂前 IAS 第16号第8項では，保守器具について，IAS 第2号を適用するのか，IAS 第16号を適用するのか不明瞭であった。具体的には，改訂前は以下の場合における保守器具の扱いが明確ではないという指摘があった。
① 一会計期間を超えて使用している場合　かつ
② 有形固定資産に関連してのみ使用される場合

上記の①には，有形固定資産となる対象資産に保守器具が含まれていないため，「一会計期間を超えて使用」している保守器具は，棚卸資産であると解釈される可能性があった。また，②についても，「有形固定資産に関連して使用される場合に有形固定資産である」とされていることから，実態にかかわらず，一会計期間以内で使用され，かつ有形固定資産に関連してのみ使用する保守器具は有形固定資産であるとされ，逆に一会計期間を超えて使用されるが，有形固定資産に関連してのみ使用するものではない保守器具は棚卸資産であるとされる懸念があった。

改訂後の IAS 第16号第8項では，IAS 第2号と IAS 第16号のいずれを適用するかは，有形固定資産の定義（IAS 第16号第6項）を満たすかどうかに基づいて判断することを明確にしている。したがって，スペアパーツのような保守器具等が IAS 第16号第8項の対象資産に含まれる場合，一会計期間を超えて使用されないなど，有形固定資産の定義を満たさない場合には，棚卸資産として処理することになる。

2．初期コストと取得後コスト

認識規準を満たす有形固定資産項目は，当初にその取得原価で測定される（IAS 第16号第15項）。

取得原価は，次のように定義されている（IAS 第16号第6項）。

> 資産の取得時または建設時において，当該資産の取得のために支出した現金または現金同等物の金額，または他の引き渡した対価の公正価値，あるいは他のIFRS（例えば，IFRS第2号「株式に基づく報酬」）の別段の要求事項に従って当該認識した資産に帰属する価額

上記の「他の引き渡した対価」には，例えば，交換により引き渡した資産の帳簿価額なども含まれる。

- 資産の取得または建設のために発生するコスト（初期コスト）
- 資産の取得後に追加または取替えのために発生するコスト（取得後コスト）

これらの初期コストと取得後コストについてIAS第16号には詳細な定めがある。これらについて以下で解説する。

(1) 初期コスト

有形固定資産の取得に関して，それ自体では経済的便益を生み出さないものの，他の資産が便益を生み出すために当該有形固形資産が必要な場合がある。例えば安全性を確保するため，または環境保全規制を遵守するために必要な資産が挙げられている。そのような資産は，他の資産が経済的便益を生み出すことを可能にさせるものであるため，資産として認識する必要がある。

これらの資産の帳簿価額について，減損の有無を検討し，帳簿価額の合計が回収可能価額の合計を超えていないことを確認する必要がある（IAS第16号第11項）。例えば，化学製品の製造会社が，環境基準を遵守するために新しい化学処理装置を設置する場合，そのような増設した装置は，それがないと化学製品の製造や販売ができないことから，関連する化学工場と合わせてグルーピングされ，その回収可能価額を超えない範囲で資産として認識される。

ケーススタディⅡ－2－1 ▶ 実行可能性に関する調査コストの資産化

前　提

　企業Aは自社利用目的の不動産を開発中である。建設計画の認可を得る前に，企業Aでは開発に係るコストが発生している。

ポイント

　企業Aはこの開発にかかるコストを費用処理すべきか資産に計上すべきかを検討する。

考え方

　会計処理の観点から，開発には事実上以下の2つの段階がある。
①すべてのコストが費用処理される実行可能性の予備調査段階。
②IAS第16号の要件を満たすコストが資産化される開発段階。
　企業Aは，不動産を提案仕様書どおりに，また，各建築基準や環境規制に従って建設できるかを実行可能性の調査段階で判断することになる。この段階では，建物を実際に建設するかどうかは確定しておらず，企業に将来の経済的便益が流入する可能性は高くない。
　実行可能性が確かめられ，企業Aが建物の建設を確約すると，将来の経済的便益が流入する可能性は高くなり，資産の認識規準が満たされることになる。したがって開発段階で発生するコストは，有形固定資産の取得原価の一部として認識することになる。
　建設計画の認可の取得は，それを予備調査段階の一部とみなすか，あるいは開発段階の一部とみなすかによって，いずれの段階のコストにもなり得る。コストが資産の定義を満たさない場合には，純損益において費用として認識する必要がある。

(2) 取得後コスト

　有形固定資産の資産化後，当該資産にかかる追加コストが発生することがある。そのような取得後のコストは，資産の認識規準を満たした場合にのみ資産化し，他のすべての取得後のコストは，発生時に費用として認識する必要がある（IAS第16号第12項）。
　取得後の支出を資産化すべきか費用処理すべきかは，通常，明らかであることが多い。例えば，ホテルの新館を増築するためのコストは通常資産化する必

要がある。客室の追加は，ホテルの収益獲得能力を増加させることから，将来の経済的便益が流入する可能性が高く，かつ取得原価を信頼性をもって測定できるためである。一方，ホテルの清掃コストは，ホテルのサービスにかかる期間コストであり，発生時に費用処理する必要がある。ただし，取得後の支出の中には，これら両方のケースに該当し，当該支出を資産化すべきか費用処理すべきか判断を要するものもある。

　資産化するか費用処理するかの決定には，当初に見込まれた資産からの将来の経済的便益に関する検討を伴う。当初に見込まれた経済的便益を維持するためだけの取得後コストは，修繕や維持とみなされ，発生時に費用として認識される。取得後コストは，その資産に関連する追加的な経済的便益を企業にもたらし，かつ当該資産のコストを合理的に測定できる場合に限り，資産の帳簿価額に含められるか，あるいは，適切な場合には個別の資産として認識される。追加的な経済的便益は，通常，取得後コストが，生産力の増大，将来の経済的便益を生み出すための追加的な能力，あるいは予想耐用年数の延長をもたらす場合に生じる。

　一方，有形固定資産にかかる日常的な保守のコストは，将来の経済的便益の増加をもたらさないので，資産として認識しない。日常的な保守のコストは，資産を取得した時点で想定していた将来の経済的便益を生み出す能力を維持するためのものである。日常的な保守のコストには労務費や消耗品費などがあるが，小さな取替部品のコストも含まれることがある。これらの支出は，「修繕費および維持費」と呼ばれることが多い（IAS第16号第12項）。

　次頁の図表Ⅱ－2－3は，取得後コストの資産化と費用処理の判断の考え方をまとめたものである。

　取得時には新規取得の有形固定資産として評価を行い，適切な耐用年数，残存価額，および減価償却方法を決定する。この場合，予想される耐用年数にわたって資産が想定される水準で稼働するような適切な状況を維持するため，日常的な修繕および維持のコスト等の将来のコストの発生も予想される。しかしながら，これらのコストは有形固定資産の認識規準を満たさないため，発生時に費用として認識される（IAS第16号第12項）。

　一方，有形固定資産を経営者の意図した方法で稼働可能とするために必要な

(図表Ⅱ－2－3) 取得後コストの資産化と費用処理の判断

場所および状態に置くことを目的に，将来発生するコスト等を考慮した価格で資産を取得することがある。例えば，建物を取得するケースにおいて，将来，当該建物の屋根の取替えに相当な修繕コストが必要となる場合が挙げられる。屋根の取替えにかかる取得後コストは，基準における資産の認識規準を満たすため，資産化される。屋根の取替えは，当該建物に将来の経済的便益が流入する見込みを増加させ，かつその取得原価は信頼性をもって測定できる。

ケーススタディⅡ－2－2 ▶ スーパーマーケットの改築にかかる支出の資産化

前 提

企業Aは，スーパーマーケットをチェーン展開しており，主要店舗の1つを改築している。店舗改築後は店内プロモーションのために，より広いスペースを確保し，そこにはレストランも開店する予定である。経営者は店舗再開後の年次予算を作成中であり，予算には改築にかかる支出とそれによりもたらされる新規顧客向けの売上増加（15％）の見込みも含まれている。

> **ポイント**
> 企業Aはこの改築が将来の経済的便益を生み出し，信頼性をもって測定できるかどうかに基づいて，かかる支出を資産計上すべきか検討する。
>
> **考え方**
> 店舗の改築のための支出は15％の売上の増加という形で将来の経済的便益を生み出し，かつ改築にかかる支出も信頼性をもって測定できるため，資産として計上すべきである。

(3) 大規模な検査またはオーバーホールのコスト

　初期コストや取得後コストに関連するものとして，大規模な検査やオーバーホールに要するコストがある。基準では，有形固定資産（例えば飛行機）の稼動を続ける条件として，対象資産の構成部分の取替えだけでなく，欠陥の有無についての大規模な検査の実施が求められる場合があるとし，取替コストとは別に，大規模な検査やオーバーホールに要するコストの取扱いを定めている（IAS第16号第14項）。

　「オーバーホール」という言葉は，資産を検査し維持するプロセスを指すために頻繁に使われる言葉である。オーバーホールのコストには，通常，部品の取替えや主要な修繕維持のためのコストが含まれる。定期的な検査やオーバーホールの一環で実施され，資産の認識基準を満たす大規模な修繕維持の計画は，資産として認識することが適切となる場合がある。

　IAS第16号の資産の認識規準を満たす場合，大規模な検査のコストは，取替資産として有形固定資産の帳簿価額の一部として認識される。過去の検査に関連する帳簿価額が残っている場合には認識の中止を行う。資産の取得または建設時に，過去の検査のコストを別個に識別し，減価償却する必要はない。過去の検査のコストが別個に識別されていない場合，認識を中止する際の帳簿価額の代替として，類似する将来の検査のコストの見積りを使用することができる（IAS第16号第14項）。

(図表Ⅱ-2-4) オーバーホールのコストと資産計上の可否

オーバーホールのコスト			資産計上
① 検査のコスト	→	資産の認識原則を満たせば取替資産として扱う（IAS 第16号第14項）	△
② 部分的な取替	→	別途定めがある（IAS 第16号第13項）	○
③ 修繕および維持	→	一般的な認識原則に従って判断（IAS 第16号第12項，本節(2)）	×

　例えば，航空機は3年ごとに検査またはオーバーホールを実施することが法律により定められている場合がある。予測される検査またはオーバーホールのコストが資産の取得原価の重要な部分を占める場合には，同額の取得原価部分を識別し，次の検査またはオーバーホールまでの期間にわたって減価償却する。修繕または検査の実際のコストは，将来の経済的便益が企業に流入する可能性が高く，かつ，取得原価が信頼性をもって測定できる場合に資産計上する。当該検査またはオーバーホールのコストは，その後，次の検査またはオーバーホールまでの期間にわたって減価償却する。当初のオーバーホールに起因する取得原価と関連する減価償却累計額は，二重計上を避けるため，新しいオーバーホールコストを資産計上した時点で認識を中止する。残りの資産は，適切なオーバーホールが定期的に実施されることを前提として，資産の耐用年数にわたって減価償却する。

3．取得原価の構成部分

(1) 取得原価の構成部分の概略

① 直接起因するコスト

　有形固定資産は，当初に取得原価で測定され，通常，支払った価格がその取得原価となる。自家建設した資産の取得原価は，建設中に使用した原材料費，労務費およびその他の資源のコストの合計で算定される。有形固定資産の取得

原価は次のものから構成される（IAS第16号第16項）。

- 購入価格（輸入関税および還付されない取得税を含み，値引および割戻しを控除した価格）
- 当該資産を経営者が意図した方法で稼働可能にするために必要な場所および状態に置くことに直接起因するコスト
- 当該資産の解体および除去ならびに敷地の原状回復のコスト（廃棄債務）
  ➤ この債務は，当該資産の取得時に生じるか，または特定の期間中に当該資産を，棚卸資産を生産する以外の目的で使用した結果として生じる。
- 適格資産の借入コスト

上記の「直接起因するコスト」の例は次の**図表Ⅱ－2－5**のとおりである。経営者が有形固定資産を意図した方法で稼働可能にするために必要な場所および状態に置くための支出である場合，有形固定資産の取得原価に含まれることになる（IAS第16号第17項）。

（図表Ⅱ－2－5） 直接起因するコストの例

● 有形固定資産の建設または取得により直接生じる従業員給付費用
● 整地コスト
● 当初の搬入および取扱いのコスト
● 据付けおよび組立のコスト
● 専門家報酬
● 資産が正常に機能するかどうかの試運転コスト
（注）試運転期間中（資産を所定の場所に設置し経営者が意図した方法で稼働可能な状態にする間）に生産した物品（試運転時に製造した見本品等）の販売による正味の収入がある場合には，これを試運転コストから控除する。

取得原価には，資産を取得または建設するためのコストや，取得後に資産の一部の追加または取替えのために発生するコストが含まれる。これに加えて，有形固定資産の建設，追加，一部取替え，または保守に使用するリース資産に関連して生じるコスト，例えば使用権資産の減価償却も，有形固定資産の取得原価に含めることができる。

ケーススタディⅡ-2-3 ▶ どのような「増分」コストを資産化できるか

前提
　企業Aは，無期限に使用できる工場施設を保有しており，この工場を取り壊して再開発することを予定している。再開発の期間中，企業は生産施設を仮の敷地に移動させる予定である。新たな敷地における機械設置費用5百万円，賃借料15百万円，旧敷地から仮の敷地へ機械を移設するための撤去費用3百万円の増分コストの発生が見込まれる。

ポイント
　企業Aはこれらの増分コストについて，再開発する建物の取得原価として資産化するか，費用処理するか検討しなければならない。

考え方
　新たな資産の建設または取得によって，仮に当該資産を建設または取得しなければ避けられた増分コストが発生することがある。そうしたコストは，資産を経営者が意図した方法で稼働可能とするために必要な場所および状態に置くことに直接起因するコストである場合にのみ，当該資産の取得原価に含めることになる。本ケースで発生している上記の増分コストは，新たな工場建設のためのものではなく，IAS第16号の要件を満たさないため，費用処理する必要がある。

ケーススタディⅡ-2-4 ▶ 敷地にかかる開発費を資産化できるか

前提
　企業Bはバーを経営しており，新しい敷地を開発して事業を拡大する予定である。特定の地域への拡大を検討する場合，企業Bは通常，可能性のある敷地を把握して図面を発注し，敷地所有者と話し合った後に，開発すべき敷地を選定する。その後，企業は計画過程を経て，その敷地を開発する。

ポイント
　企業Bは，敷地の選定等に係る外部コストの資産化の可否を検討する必要がある。

考え方
　企業Bは，開発予定の特定の敷地に直接関連する外部コストを資産化できる。
　整地コストは直接起因するコストである。特定の敷地を把握するための外部コストを敷地コストに含めることは合理的である。ただし，結果として選定されなかった敷地に関連するコストについては，開発された敷地に直接起因するコスト

> ではないため，資産化することはできない。企業が資産への投資の決定前に実行可能性の調査を行う際，または取得する資産を決定する際に，支出が発生する場合がある。実行可能性の評価に関連して発生した費用は特定の有形固定資産に関連して生じるものではないため，発生時に費用処理しなければならない。ただし，当該コストは特定の資産に直接起因するものである場合には，資産化する。例えば，適切な資産が識別され購入される場合にのみブローカーや代理人に支払われる手数料は，取得した資産のコストに含めなければならない。

　直接起因するコストは，資産が「経営者が意図した方法で稼動可能」となるまでの間のコストに限り，有形固定資産の取得原価に含めて資産化することができる。資産の取得または建設後直ちに経営者の意図した方法で稼動可能な状態にあるものの，すぐには使用されないような場合には，当該資産が使用されない間（資産が遊休状態の間）に発生するコストを資産化することはできない。そのようなコストには次のようなものがある（IAS第16号第20項）。

- ■経営者が意図した方法で稼動可能な資産項目が未使用である間またはフル稼動していない間に発生するコスト
- ■当該資産項目の生産物への需要が確立する間に発生した初期営業損失
- ■企業の営業の一部または全部の移動または再編のコスト

② 直接起因するコストとみなされないもの

　従業員にかかる賃金や給料，年金などの従業員給付については，有形固定資産を自家建設する場合に関係し，一部のコストについては試運転期間中においても資産化される場合がある。ただし，従業員給付のすべてが資産化可能，もしくは資産に関連するとは限らない。例えば，退職した従業員は有形固定資産の建設に関与せず，当該従業員に支払う解雇給付は，建設した有形固定資産に関連しない。しかしながら，資産を経営者が意図した方法で稼動可能にするために必要な場所および状態に置くために発生したコストであれば，従業員に対する賞与や社会保障費および企業年金への拠出といったコストも資産化される場合がある。

　資産化できるコストは，資産に直接起因するコストのみである。そのため，新たな鉱山の採掘の開始，製造や小売営業の開始といった事業の立ち上げ時に

発生するコストの多くは費用処理しなければならない。基準では,「直接起因するコスト」を示すのではなく,資産化できないコストの例を示している(**図表Ⅱ－2－6を参照**)(IAS第16号第19項)。

(図表Ⅱ－2－6) 直接起因するコストとみなされないもの

- 新しい施設の開設コスト
- 新しい製品やサービスの導入コスト(広告宣伝や販売促進活動にかかるコストを含む)
- 新たな場所で,または新たな層の顧客に向けて事業を行うコスト(従業員の研修費を含む)
- 管理費およびその他の一般間接費

ケーススタディⅡ－2－5 ▶ 直接起因するコストの資産化

前提

企業Aはスーパーマーケットをチェーン展開しており,新店舗を取得した。新しい店舗には,改築のための多額の支出が必要となる。経営者は,改築のためにはスーパーマーケットを最低3か月閉店する必要があると見込んでいる。経営者は,改築費用,開店までの準備を行う従業員の給与および関連する公共料金を含めて,この閉店期間中の予算を作成し,新店舗の取得原価に含めることにした。

ポイント

企業Aは改築費用やその他のコストについて,取得原価に含めるか費用処理するか検討する必要がある。

考え方

改築費用については,新店舗が経営者の意図した方法で稼働可能な状態にするために必要なコストであるため,資産化すべきである。スーパーマーケットは改築のための支出なしでは開店できないため,当該支出は資産の一部とみなす必要がある。

しかしながら,給与,公共料金および物品の保管に係るコストは,スーパーマーケットの運営のための支出であり,店舗を経営者が意図した方法で稼働可能な状態にするために必要なコストではないため,費用処理しなければならない。ただし,建設および改築に直接関連する従業員の給与に係る費用の取扱いについては,慎重な検討が必要である。

(2) 直接起因するコストの具体例

上記のとおり，IAS第16号は，経営者の意図した方法で稼働可能な状態にするために必要な直接起因するコストであれば，有形固定資産の取得原価に含めることができるとしている。以下ではどのような場合に直接起因するコストになりうるのか，いくつかの費目を取り上げ解説する。

① 開業準備コスト

開業準備（start-up）や生産準備（pre-production）のためのコストは，資産の取得原価の一部を構成しない。資産が予定された性能を達成する前に発生した初期段階の営業損失は費用として認識し，資産化しない。有形固定資産の建設中に収益稼得のための活動を中断したことによって発生した営業損失についても同様である。例としては，ホテルが改築のために一定期間，閉館する例が挙げられる。閉館中に発生するすべてのコスト（家賃，賃金等）は，改築のためのコストの一部ではないため，発生時に費用処理する。

ただし，設備が通常の水準で稼働できない試運転期間と，通常の水準での稼働は可能だが，その水準でまだ稼働していない準備期間とを区別して考えることができる。必要な試運転期間に発生するコストは，機械が稼働し装置が検査されている期間に関連するものは資産化する。資産は使用可能な状態であるものの，未だ需要が確立されておらず，生産水準が通常レベルでない場合に発生するコストについては，費用処理する必要がある。

新設のホテルや本屋の開業準備期間における初期段階の営業損失は，資産化できる費用とはならない。同様に，有形固定資産項目により算出されるサービスに対する需要の創出に関連したマーケティングおよび類似の費用についても，資産の一部として資産化できない。通常の水準での営業が可能な工場であっても，まだ営業されていない期間に発生したコストは費用処理される。

(図表Ⅱ-2-7) 稼働状況による会計処理の相違

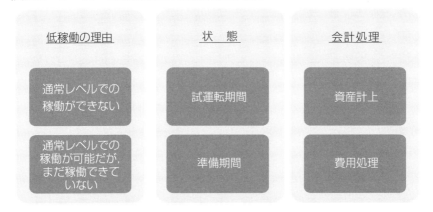

ケーススタディⅡ-2-6 ▶ 開業準備期間中に発生した運営コスト

前提

遊園地がアトラクションを試運転させるためにプレオープンし，一部分の営業を開始した。その間のチケットは50％割引で販売され，稼働率は80％である。遊園地の正式開業日は，3か月後である。

経営者はこのプレオープンは，遊園地を経営者が意図する方法で稼働可能な状態にするために必要な試運転であり，発生した正味の運営コストを資産化すべきであると主張している。

ポイント

発生した正味の運営コストについて資産化可能かどうかを検討する。

考え方

この正味の運営コストは資産化してはならず，純損益に認識すべきである。仮に遊園地がフル稼働でなかったとしても（本ケースでは80％の稼働率），この遊園地が経営者が意図した方法で稼働可能な状態にあることについては十分な証拠がある。したがって，当該期間中の運営コストは開業準備のための費用であり，発生時に費用処理する必要がある。

② 自家建設資産

資産を自家建設した場合，その取得原価は，資産を外部から取得した場合と

同じ原則を適用して決定する。通常の事業活動における販売を目的として，取得した資産と同様の資産を製造している場合には，当該資産の取得原価は通常，IAS 第 2 号「棚卸資産」に準拠し，販売目的の資産の製造コストと同じになる。ただし，そのような取得原価を算定する際には，内部利益は除外しなければならない（IAS 第16号第22項）。

　IAS 第16号は管理費，その他の一般間接費の資産化を禁止している。しかし，固定および変動の製造間接費を規則的な配賦額で資産化することが認められる場合がある。固定製造間接費とは，生産に直接関係のないコストであり，工場の建物・設備の減価償却費や維持費，工場の事務管理費等が挙げられる（IAS 第 2 号第10項，第12項）。自家建設の場合などでは，こうした工場の管理や事務に関連する製造間接費の一部は取得原価に含まれることになる。

　また，資産の自家建設の際に発生した異常な金額の仕損の原材料費，労務費およびその他の資源のコストも，当該資産の取得原価に含めない。このように原価から除かれる異常なコストには，設計ミス，労使紛争，遊休生産能力や生産の遅れ等に関するコストがある（IAS 第16号第22項）。

　有形固定資産は，建設または開発の途中段階で，代替的な用途に使用されることもある。例えば，建設の開始まで建設現場を駐車場として使用する場合などである。こうした付随的な営業活動は，資産を経営者が意図した方法で稼働可能にするのに必要な場所および状態に置くために不可欠なものではない。こうした付随的な営業活動に伴う収益と関連する費用は，純損益に認識する（IAS 第16号第21項）。

　これは，有形固定資産の試運転の段階で生産物が製造されるケースと対照的である。試運転段階で生産物から得た収入は，当該資産の取得原価から控除される。これは前者の場合には，付属的な営業活動は，有形固定資産の建設または開発と無関係であるのに対し，後者の場合には，有形固定資産の試運転は建設過程の一部とみなされるためである。

③　労　務　費

　労務費については，特定の資産の建設または取得に従業員が費やした時間に関連する直接起因する労務費（賃金および従業員給付）のみを資産化する必要

がある。他の潜在的な資産の取得または開発に費やした時間を含めることはできない。例えば，社内の調査員が，企業が購入する不動産を決定する過程において5件の異なる不動産の調査を実施することがある。これらの調査にかかる費用は，その後に購入した不動産の取得原価の一部として資産化することはできない。ただし，不動産の購入を決定した後に実施される当該不動産の調査費用（例えば，購入の決定を確定するための調査費用など）については，資産化されることになる。

また，特定のプロジェクトに関連する労務費割合のみを資産化すべきである。現場のエンジニアが特定の開発プロジェクトに30％の時間を費やした場合，当該エンジニアの労務費の30％のみを資産の取得原価として資産化する必要がある。

| ケーススタディⅡ－2－7 ▶ どのような労務費を資産化すべきか |

前　提

企業Aは，資産を建設しており，資産を稼働できる状態にするために要した直接労務費を資産化している。

ポイント

資産化する労務費には，IAS第16号に従って資産化している，従業員に係る社会保険料や年金費用などのコストも含まれるか。

考え方

資産を経営者が意図した方法で稼働可能とするために必要な場所および状態に置くことに直接起因するコストは，当該資産の取得原価の測定に含める必要がある。自家建設資産に起因するコストには，自社の従業員（例えば，現場作業員，社内建築家，調査員など）が特定の資産の建設のために直接費やした労務費も含まれる。雇用主が負担する社会保険料や年金費用は，従業員のコストの一部であり，労務費の範囲に含まれる。したがって，それらはIAS第16号に従って資産化される金額に含められる。

なお，年金費用はIAS第19号「従業員給付」で規定されており，IAS第2号又はIAS第16号に従って資産の取得原価に含める退職後給付費用には，IAS第19号に従った適切な割合の年金費用部分を含める必要がある。

④ 専門家報酬

　取得または建設に適した資産を探すために発生した外部の専門家報酬は資産化される場合がある。外部の専門家報酬は，資産の取得または建設に直接関連する部分のみ，当該資産の取得原価の一部として資産化する必要がある。見込要素の強いプロジェクトにかかる費用や中止になった計画に係る費用を資産化することはできない。法務費や印紙税といった資産の取得に係るその他の専門家報酬は，資産の取得原価に含めることになる。

⑤ ソフトウェア開発費

　コンピュータ・ソフトウェアの開発費は，いくつかの取得方法により発生する。取得の形態別の会計処理については，第Ⅲ部第3章「無形資産の認識と測定」（126頁）で説明している。

　機械やその他の固定資産の稼動には，特定のコンピュータ・ソフトウェアが必要となる場合がある。このような特定のソフトウェアが，機械やその他の固定資産の不可欠の一部である場合には，有形固定資産として取り扱う。これは，コンピュータのオペレーティングシステムにも同様に適用される。ソフトウェアが関連するハードウェアの不可欠の一部ではない場合には，無形資産として扱う（IAS第38号第4項）。

⑥ その他の増分コスト

　新たな資産の建設または取得により，それらが行われなかった場合にのみ避けることのできたその他の増分コストが生じる場合がある。当該コストは，資産を経営者が意図した方法で稼働可能とするために必要な場所および状態に置くためのコストに該当しない場合には，取得原価に含めてはならない。

　例えば，携帯電話の事業者が，新たな地域において新しいネットワーク（例えば，新しい送信塔）を構築する場合が挙げられる。物的資産の建設に関係がなく，新ビジネスの立ち上げ全般に関係する費用は，たとえそれが新たなネットワークの構築段階で発生したとしても，資産の取得原価の一部としての要件を満たさない。

　その他，資産が建設又は取得されなかった場合にのみ避けることのできたそ

の他の増分コストとして，従業員の再研修費用が考えられるが，企業が従業員に対する支配を有さず認識規準を満たさないため，資産化することはできない（IAS 第16号第19項(c)）。

(3) 廃棄コスト

有形固定資産の取得原価には，その資産の解体・撤去に要するコストや用地の原状回復のコスト（「廃棄コスト」）の見積りが含まれる。IFRIC 第1号「廃棄，原状回復及びそれらに類似する既存の負債の変動」は，このようなコストの資産化を含む，廃棄や原状回復のコストの会計処理についてのガイダンスを提供している（IFRIC 第1号第2項）。

① 廃棄コストの測定

廃棄コストは，IAS 第37号「引当金，偶発負債及び偶発資産」に従って対応する負債（廃棄債務）を引当金として認識する場合，有形固定資産の取得原価に含まれる。なお，わが国の類似基準では，廃棄コストに対応する用語として資産除去費用，廃棄債務に対応する用語として資産除去債務が用いられている。

有形固定資産を取得または建設した結果として，将来において企業が避ける

（図表Ⅱ－2－8） 廃棄コストと廃棄債務

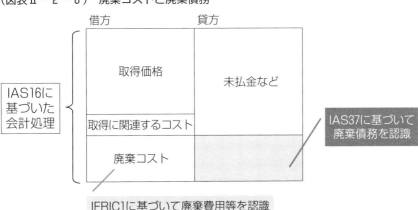

ことのできないコストが発生し、それに対する義務を有する場合がある。資産の耐用年数経過時に支払われる廃棄コストは、耐用年数の開始時に発生するコストと同様に、当該資産の取得または建設に係る取得原価の一部として処理する（IAS第16号第16項(c)）。

> **Short Break　廃棄義務と原状回復義務**
>
> 　廃棄コストは、施設の建設や操業によって環境被害などが発生する可能性のある石油、ガス、鉱業、通信および電力の業種において発生することが多い。例えば、石油プラットフォーム、携帯電話用の電波塔や原子力発電所などの施設である。また、埋立地や工場跡地の環境浄化コストや原状回復のコストなど、同様のコストは、他の多くの業種においても発生する可能性がある。

　IAS第16号は鉱業権あるいは石油、天然ガスおよびこれらに類似する再生不可能な天然資源には適用されない。しかし、そのような資産を開発または掘削するために使用した有形固定資産には適用される。

②　資産の使用開始後に発生する廃棄コスト

　廃棄にかかる債務は、資産の使用を開始し、その耐用年数の後半でしか明らかにならない場合もある。これは、環境被害に関する法律の改正の結果生じることもある。IAS第37号の引当金の認識規準を満たすコストは、資産の設置、取得および建設に関連する範囲で取得原価の一部として資産化される。

　資産の耐用年数期間中に、棚卸資産の生産を目的に当該資産を使用したことにより発生した環境被害に関連する債務は、棚卸資産の製造原価であり、有形固定資産の取得原価には含まれない。当該コストは、IAS第2号に従って会計処理される（IAS第16号第18項）。

ケーススタディⅡ－2－8▶廃棄引当金の測定

　前　提

　ある資産の耐用年数は30年であり、法律の改正により、10年後に当該資産の設置に関連する廃棄コストについての債務が生じる。引当金は900百万円と算定され、負債として計上している。

> ポイント

廃棄義務が生じる場合，引当金の額のうち資産として計上する額を決定する方法は2通りあり，いずれを用いるのが適切か。

> 考え方

資産の使用開始後に廃棄義務が生じる場合，引当金の額のうち資産として計上する額を決定する方法としては以下の2つの方法が考えられる。

① 900百万円の全額を資産の取得原価に含め，残存耐用年数20年にわたって償却する（ただし，回収可能であることが前提）。
② 引当金のうち600百万円だけを資産の取得原価に含め，残存耐用年数20年にわたって償却する（資産の耐用年数30年の3分の1が既に経過しているため）。引当金の残りの額（300百万円）は，資産の耐用年数の最初の10年に債務が存在していたならば償却されていたであろう金額であるため，当期の費用として即時に認識する。

IAS第16号およびIFRIC第1号はいずれの方法も規定していない。法律が改正され，変更が新たな進展から生じていることを考慮すると1つ目の方法がこの特有の状況を最も適切に反映する可能性がある。

（図表Ⅱ−2−9） 資産の使用開始後に発生する廃棄コストの計上方法

① 全額資産計上して残存耐用年数で償却　② 取得時まで遡って償却して残りを資産計上

借方	貸方
廃棄コスト（固定資産）900	廃棄債務 900

借方	貸方
廃棄コスト（固定資産）600	廃棄債務 900
償却済みの廃棄コスト（損益処理）300	

③ 廃棄債務の見積りの変更

有形固定資産の廃棄コストの当初および取得後の見積りは，特に耐用年数の長い資産の場合，変動することが多い。このような見積りの変更は，法律，インフレ，技術，廃棄のタイミング，あるいはその他の要因により生じる可能性がある。廃棄債務の測定額の変動や，割引率の変動は，その見積りを変更した

期間に，関連する資産の取得原価に追加するか，あるいは控除する。ただし，以下の点に留意する必要がある（IFRIC第1号第5項）。

- 資産の取得原価から控除する額は，当該資産の帳簿価額を超えてはならない。控除によって資産がマイナスになる場合は，即時に純損益に認識しなければならない。
- 見積りの変更による追加が既存の資産の帳簿価格の増加となり，減損の兆候があるかの評価や，減損テストの実施が必要となる場合がある。

資産の修正後の減価償却可能額は，残存耐用年数にわたり償却される。資産の耐用年数の終了時（すなわち，企業が当該資産を使用しなくなった時）以降は，廃棄または原状回復にかかる負債の変動はすべて，その発生時に純損益に認識されることとなる（IFRIC第1号第7項）。

廃棄または原状回復にかかる負債の割引きの定期的な振戻しは，IAS第23号「借入コスト」によるところの借入コストには該当せず，IAS第23号の資産化の要件を満たさない。割引の定期的な振戻しは，財務費用としてその発生時に純損益に認識される（IFRIC第1号第8項）。

4．特殊な取引における取得原価の測定

(1) 支払条件の繰延べ

有形固定資産の取得原価は，資産を認識した時点における現金価格相当額である。しかし，有形固定資産を通常の信用期間を超えた期間での分割払いなどの条件（繰延支払条件）によって取得する場合もある。このような状況での取得原価は，実際の支払総額ではなく，割引後の現金価格相当額である。この現金価格相当額と支払総額との差額は，信用期間にわたり支払利息として取り扱う。ただし，IAS第23号に従って建設期間にわたって資産化する場合を除く（IAS第16号第23項）。

(2) 資産の交換

有形固定資産は，他の非貨幣性資産との交換や非貨幣性資産と貨幣性資産の組み合わせとの交換により取得されることがある。そのような交換により取得した資産の取得原価は，次のいずれかに該当する場合を除き，公正価値で測定する。

- 交換取引が経済的実質を欠いている場合
- 受領した資産および引き渡した資産のいずれの公正価値も信頼性をもって測定できない場合

受領した貨幣性資産または引き渡した貨幣性資産があれば，その額だけ公正価格を調整する。また，上記の2つの状況のいずれかに該当し，取得した資産を公正価値で測定しない場合には，引き渡した資産の帳簿価格でその取得原価を測定する（IAS 第16号第24項）。

ケーススタディⅡ-2-9 ▶ 受領した対価が非貨幣性資産と貨幣性資産の組み合わせで構成される場合

前提

企業Aは，帳簿価額100百万円の余剰地（遊休資産）と交換に，250百万円と評価された工場および機械装置と現金200百万円を受領した。当該取引は経済的実質を有している。

ポイント

企業Aは交換により取得した工場および機械装置をいくらで計上すべきか。

考え方

当該工場および機械装置は，土地の公正価値450百万円（250百万円＋200百万円）から受領した現金200百万円を控除した金額に相当する250百万円で計上されることになる。

取引によって企業の将来キャッシュ・フローが変化する場合には，当該取引は経済的実質を有している。交換取引は事業上の目的があって実施されるものであり，同一でない資産の交換は，企業のキャッシュ・フローに変化をもたらす可能性が高い。それらのキャッシュ・フローの差が大きい場合には，当該交

換取引は経済的実質を有しているといえる（IAS第16号第25項）。

次の場合には，非貨幣性資産の交換取引は経済的実質を有することになる。

- 受け取った資産のキャッシュ・フローの構成が，譲渡した資産のキャッシュ・フローの構成と異なると見込まれる場合
  - ここでいう「キャッシュ・フローの構成」とは，キャッシュ・フローのリスク，時期および金額を意味する。例えば，フル稼働している自社の工場を，新しい工場の建設を目的として未開発の工場用地と交換する場合，「キャッシュ・フローの変化」のテストを満たすのは明らかである。
- 企業の営業活動のうち交換取引に影響される部分の企業固有の価値が，当該交換により変化する場合
  - 例えば稼働中の鉱山を，コストを大幅に削減して製品を輸送できるようになる他の鉱山付近の鉄道線路に係る器具と交換する取引は，企業の営業活動におけるキャッシュ・フローが変化する例であるといえる。

(図表Ⅱ－2－10)　経済的実質の要件

経済的実質があるか	→	受領した資産のキャッシュ・フロー構成が譲渡した資産のキャッシュ・フロー構成と異なっている	両方あれば経済的実質がある
		企業の営業活動のうち取引に影響を受ける部分の企業固有価値が変化する	

経済的実質の有無は，企業が詳細な計算を行わなくとも明らかである場合が多い。異なる場所にある商品（コモディティ）を交換したり，類似の資産を交換したりすることは，キャッシュ・フローの変化のテストを満たさない場合のよくある例である（IAS第16号第25項）。

ケーススタディⅡ-2-10 ▶ 経済的実質を伴わない資産の交換

前 提

企業 A は，帳簿価額6,000千円，公正価値6,250千円の車両 X を，現金150千円と公正価値6,100千円の車両 Y と交換する。

ポイント

企業 A は，この交換により受け取った車両 Y をいくらで認識すべきか。

考え方

この交換取引によっても企業 A のキャッシュ・フローの変化は見込まれないため（すなわち，企業 A は，この取引の前と同じ状態にあるため），当該取引は経済的実質を伴っていない。企業 A は，受け取った資産を車両 X の帳簿価額で認識する。したがって，現金150千円を認識し，有形固定資産として車両 Y を帳簿価額5,850千円（6,000千円 – 150千円）で認識する。

資産の公正価値は，以下のいずれかの場合には，信頼性をもって測定することができる。

• 合理的な公正価値測定の範囲内の変動性が当該資産に関して大きくない場

（図表Ⅱ-2-11）　交換取引を公正価値で測定する場合のフローチャート

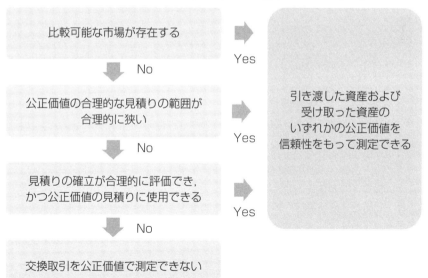

合
- 当該範囲内でのさまざまな見積りの確率が合理的に評価でき，公正価値を測定する際に使用できる場合

引き渡した資産の公正価値および受け取った資産の公正価値の両方を同等の信頼性をもって見積もることができる場合には，引き渡した資産の公正価値を受け取った資産の取得原価の測定に用いる。ただし，受け取った資産の公正価値をより信頼性をもって測定できる場合には，その金額を用いる（IAS 第16号第26項）。

交換取引が公正価値で測定されるには，取引が経済的実質と測定の信頼性の両方の特性を有している必要がある。経済的実質はないが，信頼性をもって測定可能な取引は，引き渡した資産の帳簿価額で計上しなければならない。ただし，上述のとおり，このような取引においては，受領した資産の公正価値が，引き渡した資産の帳簿価額に関する減損の兆候を示している場合がある。

(3) 政府補助金

有形固定資産の取得等に関連した政府補助金がある場合，資産の帳簿残高はその分だけ減額される場合がある。政府補助金にかかる会計処理の詳細については，IAS 第20号「政府補助金の会計処理及び政府援助の開示」で取り扱われている（IAS 第16号第28項）。

> ***Short Break*** 寄付による資産の取得原価
>
> 企業は，対価の支払や株式の発行をすることなく，寄付や拠出により，資産を取得することが稀にある。IFRS ではこの種の取引に関する特定のガイダンスはない。そのため，企業は会計方針を策定し，それを一貫して適用する必要がある。実務上は，概ね2つのアプローチがみられる。企業が資産の支配を有した時点で資産を公正価値で認識するアプローチと，資産をゼロの値で認識するアプローチである。

5．固定資産の購入にかかる変動対価の取扱い

　企業は，有形固定資産を取得する際に当初の支払に加えて，将来の事象や結果，または所定価格での取得資産の最終的な売却に応じた追加の支払額を上乗せする場合がある。このような企業は，通常，将来において事象や状況が生じた場合に，追加の支払を行う契約上または法律上の義務を負う。これは，資産の変動対価（または条件付対価）と呼ばれることが多い。

　資産の変動対価の会計処理は実務上さまざまであり，現在のところ主に以下の2つのアプローチがみられる。1つ目は原価累積モデルであり，変動対価を，当初認識時には考慮せず，発生時に取得原価に加算する。もう1つは負債モデルであり，変動対価の将来の見積金額を，当初認識時に，対応する負債とともに計上する。関連する負債の再測定や追加の支払は純損益に認識するかもしくは資産として計上する。

　実務では，原価累積モデルのほうが一般的であるが，いずれのアプローチも変動対価に関する会計処理として許容される。これは，会計方針の選択であり，類似する取引すべてに一貫して適用し，適切に開示しなければならない。

> ***Short Break***　変動対価のIFRS解釈指針委員会における議論
> 　IFRS解釈指針委員会では2015年から2016年の会議において，この資産の変動対価に関する会計処理の議論を行っていた。しかし，委員会では結論が出ず，2016年3月に，この問題についてはアジェンダに追加しないことが決定されている。

6．日本の実務との差異

(1)　有形固定資産の取得にかかる税金の取扱い

　日本の実務において，有形固定資産の取得原価には付随費用が含まれるとされるが，取得に係る税金についての明示的な規定はない。そのため，輸入関税

および不動産取得税を費用処理しているケースも見られる。実務上は税務の取扱いを参考にしているケースが多い（連続意見書第三 第一 四1）。

一方，IAS第16号では，有形固定資産の取得原価に輸入関税や還付されない取得税が含まれるとされている（IAS第16号第16項，第22項）。

したがって，日本基準において費用処理しているケースでは，差異が生じる可能性がある。

(2) 有形固定資産取得にかかる直接付随費用の範囲

日本の実務においては，買入手数料，運送費，荷役費，据付費，試運転費などの付随費用を取得原価に含めることが一般的であるが，正当な理由がある場合にはその一部または全部を含めないことができるとされている（連続意見書第三 第一 四1）。

一方，IAS第16号では，従業員給付費用，整地コスト，当初の搬入や取扱コスト，据付・組立コスト，試運転コスト（見本品の販売益控除後），専門家報酬といった直接起因するコストは取得原価に含めることとされている（IAS第16号第16項，第17項）。

したがって，日本基準において「正当な理由がある」として費用処理しているケースでは，差異が生じる可能性がある。

(3) 廃棄債務（資産除去債務）にかかる固定資産の見直し

日本の実務においては，将来キャッシュ・フローは重要な見積りの変更が生じた場合に見直しを行い，調整額は関連する有形固定資産の帳簿価額で調整する。また，負債計上後は割引率の見直しは行わない。時の経過に伴う資産除去債務の増加は発生時の費用として処理する。ただし財務費用ではなく，減価償却費と同じ区分（営業費用など）に含めて計上する（資産除去債務に関する会計基準第9項～第11項，第14項）。

一方，IFRSでは廃棄債務は毎期見直さなければならない。例えば以下の変動が影響を与える可能性がある。

(1) 将来キャッシュ・フローの見積り
(2) 期末時点での市場に依拠した割引率
(3) 時の経過に伴う廃棄負債の増加

　これらの変動について，(1)と(2)は，帳簿価額を修正，(3)は財務費用として処理する（IAS 第16号第16項，第18項，IAS 第37号第59項，IFRIC 第1号第3項，第5項，第8項）。

第3章 借入コストの資産化

1. 借入コストの定義と範囲

(1) 資産化される借入コスト

　企業は，適格資産の取得，建設または生産に直接起因する借入コストについて，当該資産の取得原価の一部として資産化しなければならない。その他のすべての借入コストは，発生した期間に費用として処理される（IAS 第23号第8項）。

　なお，次のような資産の取得，建設または生産に直接起因する借入コストについて，IAS 第23号を適用することもできるが要求はされない（IAS 第23号第4項）。

> (a) 公正価値で測定される適格資産（例：生物資産）
> (b) 繰り返し大量に製造（あるいは他の方法で生産）される棚卸資産（図表Ⅱ－3－1のフローチャートを参照）

　借入コストは，以下をすべて満たす場合に資産化する。したがって，借入コストの資産化の要否を判断する際には，これらの事項についての検討が重要となる。

- 企業が適格資産（すなわち，意図した使用または販売が可能となるまでに相当の期間を要する資産）を有していること

- 適格資産にかかる支出が発生していること
- 借入コストが発生していること
- 意図した使用または販売に向けて資産を整えるために必要な活動が着手していること

Short Break 借入コストの資産化に関する初度適用の実務

借入コストの資産化に関しては初度適用の免除規定が設けられている（IFRS 第1号 D23項）。初度適用企業は，資産化の開始日が IFRS 移行日以降となる適格資産にかかる借入コストから資産化を行うことが認められているため，実務上は遡及適用を行わないことが一般的である。

（図表Ⅱ-3-1） IAS 第23号の対象となる棚卸資産

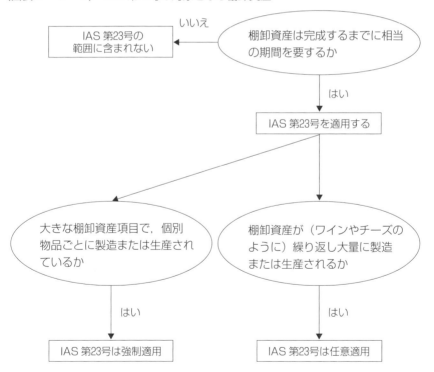

(2) 借入コストと適格資産の定義

① 借入コスト

IAS 第23号では，借入コストを「企業の資金の借入れに関連して発生する利息及びその他のコスト」と定義している（IAS 第23号第5項）。

借入コストには，例えば次のような項目が含まれる（IAS 第23号第6項）。

- IAS 第39号に示されている実効金利法で計算された金利費用
- IFRS 第16号に従って認識したリース負債に関する利息
- 外貨建借入金から発生する為替差損益で，金利コストに対する修正とみなされる部分

そのほかに，借入コストの範囲には，IAS 第32号に基づき負債に分類される優先株式の財務費用も含まれる。ただし，資本や，負債として分類されていない優先株式の実際原価や帰属原価（発行費用を含む）は含まれない（IAS 第23号第3項）。

② 適格資産

適格資産は「意図した使用又は販売が可能となるまでに相当の期間を要する資産」と定義されている（IAS 第23号第5項）。

適格資産は有形固定資産に限定されず，定義にあるとおり，当該資産を販売可能な状態とするために「相当の期間」を要する棚卸資産のような資産も含まれる。

適格資産の定義に該当する有形固定資産には，例えば，製造工場，発電設備，投資不動産の建設などがある。ただし，取得した時点で，意図した使用または販売が可能な状態にある資産は適格資産にはならない（IAS 第23号第7項）。

> ***PwC's Eyes*** 相当の期間
>
> IAS 第23号は「相当の期間」の定義を設けていない。一般に，使用可能となるまでに通常1年を超える資産は，適格資産に相当すると考えられる。企業はいったん要件と資産化の対象とする資産の種類を選択したら，この選択を同じ種類の資産に対して首尾一貫して適用する必要がある。

(図表Ⅱ－3－2) 適格資産の判定フロー

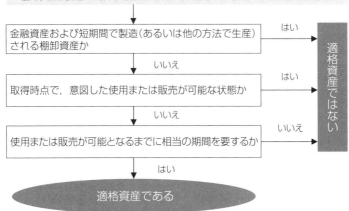

③ 外貨建借入れの借入コスト

外貨建借入れの借入コストの資産化には，為替差損益のうち，利息費用に対する修正とみなされる部分を含める。利息費用に対する修正を表す利得および損失には，次の2つの借入コストの差（金利差）が含まれる。

(a) 企業が自身の機能通貨で借入れを行った場合に発生するであろう借入コスト

(b) 企業が自身の機能通貨ではない外貨建ての借入れから実際に発生した借入コスト

利息費用の修正に該当しない為替差損益には，雇用や生産性などの他の経済指標の変動または政権交代などに起因する為替レートの変動が含まれる可能性がある。

IAS第23号は，この借入コストに含めることができる為替差損益の金額の見積りに使用する方法を規定していないが，一般に用いられる方法として次の2つの方法がある。

(a) 借入開始時点の為替予約レートに基づいて為替の変動部分を見積もる方法

(b) 企業の機能通貨による同様の借入れに関する利率に基づいて為替の変動部分を見積もる方法

いずれの方法を用いる場合でも，為替変動の一部として識別されたコストのうち，実際に発生したコストの合計額を超過する部分を借入コストとして資産化することはできない。為替差損益のどの部分を，資産化できるかの評価には判断が必要となる。

借入コストの修正額の決定に用いる方法は，会計方針の選択の問題である。したがって，為替差損益が利得であるか損失であるかにかかわらず，選択した方法は，首尾一貫して適用しなければならない。

ケーススタディⅡ－3－1 ▶ 外貨建借入れによる為替差損益

前提

欧州に拠点を置く会社が，期首に1,000,000米ドルの外貨建借入れを行った。借入れの利子率は4％であり，期末に支払を行う。ユーロ建てで同等の借入れを行った場合の利子率は6％である。期首の直物レートは1ユーロ＝1.55米ドルであり，期末は1ユーロ＝1.50米ドルであった。

ポイント

借入コストとして扱うべき金額はいくらか。

考え方

ユーロ建ての借入れによる予想利息コストは，€645,161×6％＝€38,710となる。一方，米ドル建てのローンに要した実際のコストは次のとおりである。

	（単位：€）
期首のローン金額 $1,000,000 ÷ 1.55 ＝	645,161
期末のローン金額 $1,000,000 ÷ 1.50 ＝	666,667
差額（為替差損）	21,506
支払利息 $1,000,000 × 4％＝$40,000　$40,000 ÷ 1.50＝	26,667
合計	48,173
ユーロ建てで借り入れた場合の利息コスト　€645,161 × 6％＝	38,710
差額	9,463

この米ドル建借入れの実際のコストの合計額€48,173は，ユーロ建てで同等の借入れを実施した場合に比べて，€9,463超過する。したがって，€21,506の為替差

損益のうち，€12,043（€21,506 − €9,463）のみを借入コストとして取り扱う。

Short Break　超インフレ経済下での借入コストの資産化

超インフレ経済下の国（または地域）に所在し，IAS 第29号「超インフレ経済下における財務報告」を適用している企業は，借入コストのうちインフレーションの影響を相殺する部分を特定し，その部分を費用として認識する必要がある（IAS 第23号第9項）。借入金利には，通常，インフレーションの影響を相殺する要素が含まれる。借入れで調達した資本的支出の修正再表示と，借入コストのうち同じ期間のインフレーションの影響を相殺する部分の資産化の両方を行うことは適切ではない。インフレーションの影響を相殺する借入コストの要素は，発生した期間に費用として認識する（IAS 第29号第21項）。インフレ率が金利を上回る経済においては，借入コストを資産化してはならない。

(3) 資産化に適格なコストの範囲

企業は，資産の取得に直接起因するすべての借入コストを資産化する必要がある。「直接起因する借入コスト」とは，資産への支出が行われなかったならば，避けられた借入コストである（IAS 第23号第8項，第10項）。例えば，当該資産を取得しなければ追加の借入れを避けられた場合や，当該資産に関して支払われた資金を既存の借入金を返済するために使用するなどして避けられた借入コストが該当する。個別借入れは，関連する資産が完成すると，その借入れの返済までの間は，一般借入れとして扱うことになる（IAS 第23号第8項）。

Short Break　サービス委譲契約の借入コスト

サービス委譲契約は，IFRIC 第12号「サービス委譲契約」に基づいて会計処理される。建設または改修サービスと引き換えに受け取った対価は，契約条件に応じて金融資産または無形資産のいずれかとして，公正価値で認識される。営業者がサービス委譲契約に係る無形資産を認識する場合に，適格資産に該当する場合がある。
営業者が建設と引き換えに無形資産を認識する場合，建設段階で発生した関連する借入コストを資産化する。しかし，営業者が金融資産を認識する場合には，関連

する借入コストを発生時に費用計上する。

2．個別借入れと一般借入れ

(1) 個別借入れと一般借入れの区別

　IAS第23号は，個別借入れ（specific borrowing）と一般借入れ（general borrowing）を区別している。個別借入れでない借入れはすべて一般借入れに相当する。個別借入れと一般借入れの区別は，資産化率の算定方法に関係する。

- 個別借入れの資産化率　…個別借入れの実効金利
- 一般借入れの資産化率　…対象期間中の借入金残高に対する借入コストの加重平均

　資産化に適格となる借入コストの金額は，適格資産への支出に資産化率を乗じることにより算定する。資産化に適格な借入コストの金額は，当該期間中に発生した実際の借入コストの金額が常に上限となる（IAS第23号第10項）。

(2) 個別借入れ

　IAS第23号では，個別に借入れが識別される場合の資産化される借入コストの金額は，当期中に当該借入金について発生した実際の借入コストから，当該借入金の一時的な投資による投資収益（例えば，再投資による受取利息など）を控除した差額にしなければならないとしている（IAS第23号第12項）（**図表Ⅱ－3－3参照**）。

　なお，一般借入れに関する借入コスト金額の算定にはこの取扱いは適用されない。資産化対象となる借入コストの金額を算定するために，一般借入れに係る財務費用から財務収益の金額を減額するのは適切ではない。

第3章 借入コストの資産化　53

（図表Ⅱ－3－3） 個別借入れに係る借入コスト

$$\boxed{実際の借入コスト} - \boxed{一時的な収益} = \boxed{資産化対象の借入コスト}$$

ケーススタディⅡ－3－2 ▶ 個別借入れに係る借入コストの資産化

| 前　提 |

　ある企業が，新本社の建設費用の資金を調達するために，100百万円の借入れを行った。
- 借入実行日：20X9年2月1日
- 利率：年利12％（20X9年11月1日まで）当期中に，LIBORの上昇の影響を受けて年利が13％に上昇
- 建設期間：20X9年9月1日から12月31日まで
- 20X9年9月に1百万円，20X9年10月から20X9年12月まで毎月2.5百万円の直接起因するコストが発生（ここでは簡略化し，これらの費用が各月の初日に発生すると仮定する）
- 毎月，借入金からその月の建設工事に支出される予定の金額を控除した額が再投資に回され，年利5％の利息を得ている

　上記の結果，企業は，20X9年2月に借入れを実行してから，12月31日に終了する事業年度中に総額11,167千円の利息が発生した一方で，借入金の再投資部分について3,792千円の利息を得ている。

| ポイント |

　資産化すべき個別借入にかかる借入コストの金額は，投資収益を控除して算定する。

| 考え方 |

　この借入れは，適格資産の建設に固有のものであり，資産化対象となる借入コストは，建設期間中に発生する実際の借入コストから当該借入金の一時的な投資に係る投資収益を控除した額である。したがって，資産化される借入コストの金額は，20X9年9月1日から12月31日までに発生した利息費用4,167千円から，20X9年9月1日から12月31日までに稼得した受取利息875千円を控除した3,292千円となる。

　建設期間中の支払利息および受取利息は以下のとおりである。

(単位:千円)

20X9年9月の支払利息(年利12%)	1,000
20X9年10月の支払利息(年利12%)	1,000
20X9年11月の支払利息(年利13%)	1,083
20X9年12月の支払利息(年利13%)	1,083
12月末までの建設期間中の支払利息合計	4,167
20X9年9月の再投資資金90百万円に係る受取利息	375
20X9年10月の再投資資金65百万円に係る受取利息	271
20X9年11月の再投資資金40百万円に係る受取利息	167
20X9年12月の再投資資金15百万円に係る受取利息	63
20X9年12月末までの受取利息合計	875
正味利息費用	3,292

20X9年2月1日の借入れに基づいて資金は供与されたが,20X9年9月1日より前に発生した借入コストについては,資産に係る支出は発生していないことから,当該資産の建設に直接起因するものとはいえない。基準は,資産化を開始できる時期に関する詳細な規則を定めており,これは後述の「借入コストの資産化の期間」で説明している。

ケーススタディⅡ-3-3 ▶ キャッシュ・フロー・ヘッジまたは公正価値ヘッジ関係の借入コストへの影響

前 提

特定のプロジェクトについて個別借入れが行われたが,当該借入金に係る利息に対して,キャッシュ・フロー・ヘッジまたは公正価値ヘッジを行っている。

ポイント

この借入金利息にかかるヘッジの影響額を資産化する必要があるのか。

考え方

資産化する必要がある。

IAS第23号は,ヘッジの影響額を資産化すべきかどうかの指針を設けていない(IAS第23号BC21項)。しかし,IAS第39号またはIFRS第9号でヘッジ関係を規定している目的は,特定の債務に関する企業の借入コストを調整することである。したがって,適格なヘッジ関係にある借入金に係る利息については,ヘッジ会計

の影響を考慮したうえで，資産化する必要がある。

一方，当該ヘッジ関係の非有効部分は，引き続き純損益に認識することになる。

ケーススタディⅡ－3－4 ▶ ヘッジ関係として指定されていないデリバティブ商品に係る利得および損失

[前提]

ある企業が適格資産を取得する予定であるが，IAS第39号またはIFRS第9号に基づくヘッジ関係として指定されていないデリバティブ商品（金利スワップや為替スワップなど）を保有している。

[ポイント]

当該デリバティブ取引に係る利得および損失を借入コストとして資産化することは適切か。

[考え方]

適切ではない。

こうした商品は，純損益を通じて公正価値で測定する金融資産に分類される。このようなデリバティブに係る利得および損失は，IAS第39号またはIFRS第9号におけるヘッジ関係を通じて，企業の借入活動に連動しているというわけではないため，IAS第23号で定義される借入コストとはみなされない。

---

(3) 一般借入れ

一般目的で資金を借り入れる場合，適格資産を取得するためにそれを使用する範囲で適格資産への支出に資産化率を乗じ，資産化に適格な借入コストの金額を算定する。資産化率は，当期中の借入金残高に対する借入コストの加重平均として算定する。適格資産の取得のために特別に行った借入れ（個別借入れ）については，当該適格資産にかかる必要な活動がほとんどすべて完了するまでの間は，一般借入れの残高からは除外する（ただし，完了後は一般借入れと同様に取り扱うことになる）。ある期間に資産化する借入コストの金額は，当該期間に発生した借入コストの金額を超えてはならない(IAS第23号第14項)。

ケーススタディⅡ－3－5 ▶ 適格資産に関する資金の調達に使用した一般借入れ

前提
　企業は適格資産に関する資金の調達に一般借入れを使用する。しかしながら、営業活動から生じるキャッシュ・フローによって、当期中に発生する資本的支出の資金は十分に賄われる状態にある。

ポイント
　経営者は、当該一般借入れは運転資本およびその他取引（例えば、M&A取引）の資金調達に使用し、適格資産のための資金調達には使用していないと主張することにより、借入コストを一切資産化しないことができるか。

考え方
　できない。
　どんな一般借入れも、まず（適格資産のための特別の資金をすべて使用した後）適格資産の資金調達のために使用されると推定される。これは、営業活動から生じるキャッシュ・フローが、資本的支出の資金調達として十分である場合も同じである。

ケーススタディⅡ－3－6 ▶ 適格資産に関する資金の調達に使用した一般借入れと現金の取扱い

前提
　企業は、適格資産に関する資金の調達に、一般借入れと営業活動から得られる現金を使用している。この企業の資本構成は、資本が20％、負債（流動・非流動）が80％となっており、後者には一般借入による有利子負債も含まれる。
　当該企業は、一般借入れで調達している適格資産は80％のみであるとして、資産化率を適格資産の金額の80％部分のみに適用することを主張している。

ポイント
　企業の資本構成から一般借入れで調達している適格資産は80％のみであるとして資産化率を適格資産の金額の80％部分のみに対して適用できるか。

考え方
　この場合、資産化率は適格資産の帳簿価額の総額に対して適用されるため、80％部分のみに対して資産化率を適用することはできない。ただし、資産化する借入コストは発生した借入コストの総額が上限となる。IAS第23号は、資本に対するコスト（実際の資本コストや概念上の資本コスト）の考え方を扱っていない。

(4) 連結グループにおける借入コスト

　企業グループが加重平均資産化率に含めるべき一般借入れを算定する際には，判断が必要となる。特に，財務機能が企業グループ内で集中管理されている，または，親会社と子会社がすべて同じ地理的領域にあり，それらの借入金がほとんど類似した利率である場合には，借入コストの加重平均の計算に親会社と子会社のすべての借入金を含めることが適切となることもある。

　親会社に借入れがほとんど，またはまったくないものの，子会社が適格資産を有している場合がある。その場合，子会社は，その個別財務諸表において，グループ内の他の企業からの借入れに係る利息を資産化できる。ただし，このグループ企業間の借入れにかかる利息は，企業グループ全体としては発生していないため，連結財務諸表では消去される。なお，グループ内のある企業が，グループ外部から借入れを行い，適格資産を有する企業に貸し付けている場合には，資産化した利息は連結ベースで残ることになる（ただし，資産化する借入コストは，連結上で発生した借入コストの金額を超えることはできないという全般的な制限もある）。

（図表Ⅱ－3－4）　連結グループにおける借入コストの取扱い

	外部借入れなし （グループ会社間の借入れのみ）	外部借入れあり
個別財務諸表	資産計上する （外部借入れかグループ会社間の借入れかにかかわらず，必要な場合は資産計上する）	
連結財務諸表	グループ間の利息は消去されるため，借入コストは資産化されない	連結ベースで発生した借入コストの金額を超過しない範囲で調整する（外部借入れに合わせる）

(5) 個別借入れと一般借入れの組み合わせによる資金調達

　企業は，個別借入れ（特定の資産の建設のための特別の借入れ）と一般借入

れとを組み合わせた資金調達を行う場合がある。次のケーススタディは，このような場合に資産化される借入コストの金額の算定方法を示している。

ケーススタディⅡ－3－7 ▶ 個別借入れと一般借入れがある場合の借入コストの算定

前提

20X9年7月1日，企業Aは2,200百万円でビルを建設する契約を締結した。このビルの建設予定の土地は別の資産とみなされ，適格資産を構成していない。ビルは20Y0年6月末に完成し，建設期間中に請負業者に対して以下の支払が行われた。

支払日	金額（単位：百万円）
20X9年7月1日	200
20X9年9月30日	600
20Y0年3月31日	1,200
20Y0年6月30日	200
合計	2,200

企業Aの20Y0年6月30日に終了する事業年度における借入れは以下のとおりであった。

(a) 年利10％（単利），期間4年の借入れ（プロジェクトに特別に関係する借入れ）。20Y0年6月30日時点の残高は700百万円であった。当該借入れに関して当期発生した利息は65百万円。一方で，支払に備えて保有していた資金から得られた利息収益は20百万円である。

(b) 年利12.5％（単利），期間10年の借入れ。20X9年7月1日時点の残高は1,000百万円であり，当期中は残高に変動はなかった。

(c) 年利10％（単利）の10年債券。20X9年7月1日現在の残高は1,500百万円であり，当期中は残高に変動はなかった。

ポイント

借入コストについて，事業年度末にいくら資産化できるかは，一般借入れと個別借入れそれぞれ異なる取扱いで算定する。

考え方

IAS第23号は，一般借入れと比較して個別借入れに発生した借入コストに異なる取扱いを設けている。

資産化対象となる個別借入れの借入コストは，実際に発生したコストである。個別借入れによる資金の預入れから得た利息収益は，資産化に適格な正味金額を算定する際に控除する必要がある。また個別借入れを全額利用したあとに，一般借入れを考慮することが求められる。

 一般目的で資金を借り入れる場合，資産化に適格な借入コストの金額は，適格資産の取得に際して生じた支出に基づいて算出する必要がある。発生したコストは，まず個別借入れに配分する。

(支出の分析) (単位：百万円)

日付	支出	一般借入れに配分される金額	期間に基づく加重平均残高
20X9年7月1日	200	0	0
20X9年9月30日	600	100*	$100 \times 9/12 = 75$
20Y0年3月31日	1,200	1,200	$1,200 \times 3/12 = 300$
20Y0年6月30日	200	200	$200 \times 0/12 = 0$
合計	2,200		375

* 個別借入れ700百万円を全額使用したため，残りの支出は一般借入れに配分している。

 一般借入れに関連する資産化率は，当期中の借入金残高（適格資産の取得のために特別に行った借入れを除く）に対する借入コストの加重平均で算定する必要がある。

加重平均借入コスト $= 12.5\% \times (1,000/2,500) + 10\% \times (1,500/2,500)$
$= 5\% + 6\% = 11\%$

以上に基づいて集計すると以下のとおりとなる。

資産化する借入コスト：	金額（単位：千円）
個別借入分	65,000
一般借入分（375百万円×11％）	41,250
合計	106,250
個別の借入れに係る利息収益控除額	(20,000)
資産化に適格な金額	86,250

したがって，資産化すべき借入コストは86,250千円である。

3．資産化の期間

(1) 資産化の開始日

借入コストの資産化の開始日は，次の3つの条件のすべてを最初に満たした日とされている（IAS第23号第17項）。
(a) 適格資産への支出が発生していること
(b) 借入コストが発生していること
(c) 意図した使用または販売に向けて資産を整えるために必要な活動に着手していること

(図表Ⅱ－3－5) 借入コストの資産化の開始日

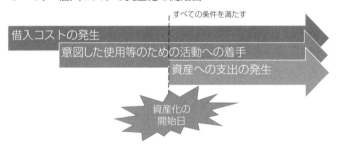

この開始日以降に発生する借入コストが資産化の対象となる。

借入コストは，一般借入れか個別借入れにかかわらず適格資産の使用の準備に必要な活動を開始する前の期間においては，資産化することはできない。そのような活動は，資産の物理的な建設の開始と同時に生じることが多いが，資産の物理的な建設以外のものも含まれる。例えば，物理的な建設を開始する前の技術的作業や管理的作業（敷地計画の立案や建築許可の獲得）などが挙げられる。ただし資産の状態を変えるような生産や開発が行われていない場合の資産の保有は，そのような活動には含まれない。例えば，建設目的で取得した土地を，関連する開発活動を行わずに保有している間に発生した借入コストは，資産化に適格ではない（IAS第23号第19項）。

資産の建設は，一会計期間を超える場合がある。その場合，資産化の対象となる当期の借入コストの計算にあたって，資産化率を適用する適格資産への総支出額には，過去の期間に当該資産の建設に関して資産化した借入コストを含める（IAS第23号第18項）。

ケーススタディⅡ－3－8 ▶ 資産化の期間

前 提

　企業Aは，農地として使用されていた土地を，新たな工場の建設のために購入した。企業Aは現地の当局に対して，当該土地の使用目的を農地から工業地に変更するための許可を申請した。この承認プロセスには6か月かかると見込まれているが，企業Aの経営者は，新たな工場はこの地域に1,000人の新しい雇用をもたらすので，承認は得られると見込んでいる。

　企業Aは，銀行からの借入れを通じて当該土地の購入資金を調達しており，7年にわたって返済する予定である。

ポイント

　企業Aは，借入コストの資産化をいつから開始できるか，意図した使用等のための活動への着手かどうかで検討する。

考え方

　当該土地の使用目的の変更に係る現地当局への申請は，意図した使用に向けて資産を準備するために必要な活動である。したがって，企業Aは，現地当局の承認を待つ間，土地の購入資金に用いる借入れに係る借入コストを資産化することができる。

借入コストの発生	購入資金の調達
意図した使用に向けて資産を整えるために必要な活動への着手	土地の使用目的の変更
資産への支出	土地の購入

　なお，この結論は，現地当局が土地の使用目的の変更を承認するであろうという予想に依存している。もし，企業Aが，承認プロセス中に承認が下りそうにないと気付いた場合には，借入コストの資産化を中止し，当該資産の減損テストを実施しなければならない。

(2) 資産が使用可能な状態となる時期

　企業は，資産の取得日において，当該資産が「意図した使用または販売が可能な状態」にあるかどうかを評価する必要がある。資産は，経営者がどのような使用を意図しているかにより，適格資産に該当するかどうかが決まる。例えば，取得した資産について，大規模な固定資産グループと組み合わせてのみ使用できる場合や，特定の適格資産を建設するために特別に当該資産を取得した場合，その取得した資産が適格資産であるかどうかは，他の資産との組み合わせで総合的に評価する。

> **ケーススタディⅡ−3−9 ▶ 経営者の意図に基づく適格資産**
>
> 前 提
>
> 　ある電話会社が，高速通信のライセンスを取得した。このライセンスは，第三者への売却または使用許諾が可能である。しかし，経営者の意図は，このライセンスを無線ネットワークの運用に使用することである。この無線ネットワークの開発は，ライセンスの取得時から開始される。
>
> ポイント
>
> 　無線ネットワークの開発期間中，このライセンスに関する借入コストを資産化する必要があるかどうか，経営者の意図に基づいて検討する。
>
> 考え方
>
> 　開発期間中，当該借入れコストを資産化する必要がある。
> 　このライセンスは，無線ネットワークの運用だけを目的として取得されたものである。ライセンスの対象となる周波数は「使用可能な状態である」一方で，当該ライセンスは固定資産のネットワークと組み合わせることを目的に取得している。当該ライセンスの取得は，無線ネットワークの開発という，より大規模な投資案件の第一段階である。また，無線ネットワークに対する投資は，IAS第23号に基づく適格資産の要件を満たしている。

第 3 章　借入コストの資産化　63

> **ケーススタディⅡ-3-10 ▶ 適格資産の許可**
>
> 前　提
>
> 　ある企業において，現地の本社として利用するオフィスビルの建設許可の取得に関して費用が発生した。
>
> ポイント
>
> 　オフィスビルの建設期間中，建設許可のコストに関する借入コストを資産化する必要があるか。
>
> 考え方
>
> 　建設期間中，建設許可のコストに関する借入コストを資産化する必要がある。建設許可は，建設されるビルに固有のものである。また，この建設許可は，大規模な投資案件の第一段階である。オフィスビルの建設コストの一部であり，当該オフィスビルは適格資産の定義を満たす。

(3)　第三者による適格資産の建設

　第三者に適格資産の建設を依頼し，第三者が企業に代わって建設する場合がある。このとき企業に生じた借入コストは，企業が資産を建設した場合に発生する借入コストと同様の方法で，IAS 第23号に基づき資産化する必要がある。
　例えば，以下のケーススタディのような状況が該当する。

> **ケーススタディⅡ-3-11 ▶ 第三者による適格資産の建設：前払金に関して資産計上される借入コスト**
>
> 前　提
>
> 　20X9年 3 月に，A 社はある製造業者に航空機を 4 機発注した。受渡しは20Y2年から20Y6年にかけて行われる。各航空機について，契約締結時に頭金の支払がある。各航空機の残額の支払予定時期は，航空機ごとの受渡予定日によって異なる。企業 A は，すべての支払を銀行からの借入金によって賄っている。
>
> 　企業 A は，製造業者より，1 機目の部品の製造を20Y0年 2 月に開始したという情報を入手した。なお，製造業者はこの時点で，他の 3 機の製造に関する作業については一切着手していない。

航空機が完成するまで，製造には相当の期間を費やすことから，当該航空機は適格資産であり，企業Aで生じる借入コストは資産化される。企業Aでは，前払いにより，航空機に係る支出が生じる。銀行からの借入金による借入コストも発生する。

> ポイント
> 企業Aは，借入コストの資産化をいつから開始すべきか。
>
> 考え方
> 企業Aは，借入コストの資産化を製造業者が製造活動を開始した時点から開始する。製造活動（部品の製造）は20Y0年2月に開始されたが，1機のみに関するものであった。したがって，この1機に関連して発生した借入コストを，20Y0年2月から資産化できる。残りの3機に関して支払った前払金に関連して発生した借入コストは，製造が開始されるまで費用処理する。

(4) 資産化の中断と終了

　適格資産の活発な開発を中断されている期間中は，借入コストの資産化を中断する必要がある（IAS第23号第20項）。借入コストは，意図した使用に向けて資産を準備するのに必要な活動が中断されている期間中でも発生する場合がある。こうした借入コストは，資産化に適格ではない。しかし，相当の技術的作業や管理的作業を行っている期間中は，通常，借入コストの資産化を継続する。一時的な遅延が，資産の意図した使用を可能にする過程において必要となる場合も，資産化を継続する。例えばIAS第23号では，橋梁工事において，地理的要因により建設期間中に水位が高くなることが一般的な地域において，水位が高くなったことから橋の建設が遅れた場合に，その期間中も資産化を継続する例が示されている（IAS第23号第21項）。

　通常，借入コストの資産化は建設活動が終了した時点で終了する。しかし，建設活動が中断し，その中断が，資産を意図したように使用できる状態にするための過程において必要であり予測可能である場合には，建設活動の中断期間においても借入コストを引き続き資産化できる（例えば，前述のように定期的で予測可能な洪水が発生した場合など）。しかし，建設作業員による長期間のストライキは，通常，必要なまたは予測可能な中断であるとはみなされない。

そのため，借入コストの資産化は，ストライキの期間中，停止されることになる。同様に，借入コストの資産化は，政情不安によって長期間建設作業を中断する場合にも，中止されなければならない。

(図表Ⅱ-3-6) 建設活動等の中断と借入コスト資産化の可否

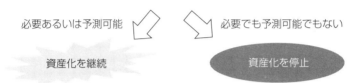

借入コストの資産化において，適格資産の使用の準備ができた時点で「使用の準備ができた」状態とは，たとえ日常的な管理的作業や小規模の修正が依然として継続中であっても，資産の物理的建設が完了した時点を意味するとしている（IAS第23号第22項）。例えば，購入者の仕様に合わせるための不動産の小規模な装飾作業だけが残っている場合，これは資産の準備に必要なほとんどすべての活動が完了していることを示している（IAS第23号第23項）。

(5) 段階的に完成する場合の資産化

大規模な適格資産または資産グループの完成が複数のフェーズに渡る場合がある。適格資産の建設を部分的に完成し，他の部分の建設が継続している間に，完成したフェーズや各部分の使用が可能である場合には，その完成した部分の借入コストの資産化を終了しなければならない（IAS第23号第24項）。

例えば，ある小売店舗が，第1段階は駐車場の建設，第2段階は建物の中心部の建設，そして最終段階は付帯設備の建設および据付けという3段階で建設されるとする。第1段階が完成すると，駐車場は利用可能となり，近隣の映画館の駐車場が満車の時には，当該駐車場を利用できるようになる。第1段階の工事に係る借入コストの資産化は，第2段階，および第3段階が完成していなくても，駐車場が使用に供される時に終了しなければならない。第1段階は，

その意図した使用，つまり駐車施設の提供に使用されることとなる。

(図表Ⅱ－3－7) 段階的に完成する資産の借入コストの資産化

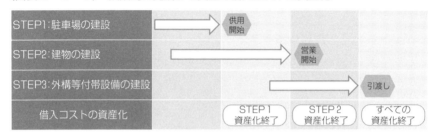

借入コストの資産化は，各部分の使用が可能になった時に（実際にはまだ使用されていなくとも），終了しなければならない。しかし，他の部分が完成しなければ使用可能とならない資産の部分には，これは当てはまらない。例えば，ある小売店舗が，第1段階として中核となる建物と店舗に最も近い主要な駐車場の建設，第2段階では店舗内の付帯設備の建設，そして最終段階では予備駐車場の建設，という3段階で建設されるとする。この第1段階で建設される中核となる建物と最初の駐車場は，店舗内の付帯設備が完成していないため，店舗としての使用はまだできない。したがって，第1段階および第2段階における借入コストの資産化は，両方の段階が完成する時に（ただし，第3段階が完成する前に）終了することとなる。

ケーススタディⅡ－3－12 ▶ 段階的に完成する資産

前提

電気通信会社A（企業A）は，高速通信ネットワークを展開中である。
- 全住民の60％まで網羅するようになった時点で高速通信サービスの提供を開始予定
- 18か月間続く展開期間中に，基地局ならびに，基地局と基幹回線網間の専用回線およびマイクロ波中継装置の検査を行いながら，基地局の展開を完成する。
- ネットワークの基地局の検査は，全住民の60％を網羅するまで継続される。
- 全基地局に対する最終検査は，商業的使用が開始される直前に完了する（当該検査はネットワークの運用準備状況を確かめるために不可欠なものであ

る)。

> ポイント
>
> 企業 A は，どの期間にわたって借入コストを資産化すべきか。
>
> 考え方
>
> 企業 A は，展開開始からネットワーク全体の運用準備状況の確認までを通じて発生した借入コストを資産化する。当該ネットワークは期間にわたって構築され，ネットワーク検査の大半も18か月の展開期間にわたって完了する一方で，最終検査とネットワークの運用準備状況検査は，企業 A がネットワークを開始する準備ができる直前まで完了しない。
>
> 当該ネットワーク資産は，全住民の60％を網羅するネットワークの最終検査が完了するまでは「経営者が意図した方法で使用できる状態」ではない。残り40％部分の資産化については，当該40％の構築活動が始まる時に開始することになる。

IAS 第23号では，部分的に完成し使用できる適格資産について，他の例が記載されている。これは，数棟の建物からなる複合施設であり，当該施設では，それを構成する他の部分または他の建物の建設が継続していても，それぞれの建物が完成した時に別々に使用できる。また，いずれかの部分が使用可能となるために全体の完成が必要な適格資産の例としては，複数の工程が同一敷地内の工場施設の別々の場所で連続的に行われる，製鉄所のような工場が挙げられる（IAS 第23号第25項）。

4．日本の実務との差異

(1) 借入コストの資産化全般

日本の実務においては，借入コストの資産化について明確な規定は定められていない。したがって，本章の内容については IFRS と日本の実務との差異になりうる点は留意が必要である。

(2) 借入コストの資産化対象の適格資産の特定

　日本の実務では，固定資産を自家建設した場合に，建設に要する借入資本の利子で稼働前の期間に属するものは取得原価に算入できるとされている。ただし，特定業種（電力，鉄道など）以外では，実務で資産化しているケースは稀である（連続意見書第三第一四 2）。

　一方，IFRSの実務では，意図した使用または売却が可能となるまでに相当の期間を必要とする適格資産について，その取得，建設または生産に直接起因する借入コストを，当該資産の取得原価の一部として資産化しなければならない（IAS第16号第22項，IAS第23号第5項，第8項）。

第4章 有形固定資産の当初認識後の測定

1．再評価モデルの概略

　IAS第16号は，有形固定資産について，当初認識後，原価モデルまたは再評価モデルのいずれかを会計方針として採用することを容認している。したがって，再評価モデルの適用は任意である。この会計方針の選択は，有形固定資産の各クラスに含まれる個別の資産ごとではなく，各クラスごとに行われる。したがって，1つまたは複数のクラスの有形固定資産に原価モデルを適用し，他のクラスの有形固定資産に再評価モデルを選択するといったことも可能である（IAS第16号第29項）。

　原価モデルでは，有形固定資産について，当初認識後，取得原価から減価償却累計額と減損損失累計額を控除した価額で計上する（IAS第16号第30項）。これに対し，再評価モデルでは，当初認識後，公正価値が信頼性をもって測定できる有形固定資産を，再評価額（再評価日時点の公正価値から，その後の減価償却累計額と減損損失累計額を控除した額）で計上する必要がある。また，再評価は，再評価額がその時点での公正価値と乖離しないように更新しなければならない（IAS第16号第31項）。

　本章では再評価モデルにおける測定を中心に解説する。

　特に再評価モデルを適用するにあたって考慮すべき以下の事項を中心に取り扱っている。

- 再評価の対象となる資産（第2節）
- 再評価の頻度（第3節）

- 再評価にあたってのその他の留意事項（第4節）
- 再評価による帳簿価額の修正（第5節）

なお，原価モデルを用いる場合や，再評価モデルを用いる場合の減価償却と減損損失の取扱いについては，第5章で扱っている。

2．再評価の対象となる資産

再評価モデルは，有形固定資産のクラス全体に適用しなければならない。ある有形固定資産を再評価する場合には，当該資産が属するクラスの有形固定資産全体を再評価する必要がある（IAS第16号第36項）。この取扱いは連結財務諸表に適用されるため，グループ内のさまざまな企業に存在する同じクラスの有形固定資産に首尾一貫して適用し，会計処理する必要がある。

有形固定資産のクラスは，性質と企業の営業における用途が類似した資産のグループと定義されている（IAS第16号第37項）。このクラスの定義を満たすのであれば，例えば土地，建物，工場および機械装置といった区分の単位よりも，より細分化した単位の資産に再評価モデルを適用できる。

固定資産の定義上，資産のクラスを地理的な基準だけで決定することは認容していないが，その他の点では比較的柔軟である。企業は，事業や所有する資産の種類に適した意味のあるクラスを採用することができる。ただし，資産のクラスごとの個別開示が必要となる。

すなわち，財務諸表の注記における有形固定資産の増減表において，資産のクラスごとに区分して表示しなければならない（IAS第16号第73項）。

なお，IAS第16号では資産のクラスの例として，以下を挙げている（IAS第16号第37項）。

- 土地
- 土地および建物
- 機械装置
- 船舶
- 航空機
- 車両

- 器具および備品
- 事務機器
- 果実生成型植物

ケーススタディⅡ－4－1 ▶ 再評価モデルの適用のための資産クラスの特定

前 提

　企業Aは製造業を営む企業グループである。いくつかの都市で工場や倉庫等の多数の工業用建物とオフィスビルを所有している。工業用建物は工業地区にある一方，オフィスビルは商業地域の中心部にある。企業Aは，オフィスビルの事後測定にあたり，IAS第16号の再評価モデルを適用したいとする一方で，工業用建物には原価モデルを適用し続けたいと考えている。

ポイント

　再評価モデルの適用にあたっては，資産の性質等に応じて資産のクラスに分類することでそれぞれ異なる測定モデルが適用できる。

考え方

　企業Aは，オフィスビルのみを対象として再評価モデルを適用することができる。オフィスビルは，その機能，性質，一般的な所在地の観点から，工業用建物と明確に区別することができる。IAS第16号は，資産のクラスごとに再評価を認めている。

　異なる性質の建物は，異なるクラスの有形固定資産として分類することができる。その結果，事後測定にあたり，これらのクラスに対し異なる測定モデルを適用することができる。したがって，オフィスビルのクラスに属するすべての資産を，再評価額で計上しなければならない。また，工業用建物とオフィスビルという2つの資産のクラスについて，個別の開示が求められる。

3．再評価の頻度

　再評価モデルでは，有形固定産を，再評価日時点の公正値価から，その後の減価償却累計額と減損損失累計額を控除した額（再評価額）で計上する。この再評価は，毎年，または毎報告期間に実施する必要はないが帳簿価額が報告期間の末日現在の公正価値を用いて算定した場合の帳簿価額と大きく異ならない

ような頻度で定期的に行わなければならない（IAS第16号第31項）。

再評価の頻度の時間的な間隔は具体的に規定されているわけではなく，再評価する有形固定資産の公正価値の変動に左右される。再評価する有形固定資産の貸借対照表日における公正価値が帳簿価額と大きく異なる場合には，追加的な再評価が必要である。

公正価値が変動しやすい資産（例えば，土地や建物など）の場合や，超インフレ経済下にある場合などでは，頻繁な再評価が必要となる可能性がある。一方，公正価値が比較的安定している資産（例えば，工場や機械装置など）の場合には，それほどの頻繁な再評価は必要ないかもしれない。

基準では，価値の変動が多額で乱高下がある場合には，毎年の再評価が必要となる可能性があるとされる。他方，公正価値の変動が大きくない場合には，3年から5年ごとの再評価で十分となる可能性もあるとしている（IAS第16号第34項）。

次の**図表Ⅱ－4－1**は公正価値の変動の大きさと再評価の頻度の関係をまとめたものである。

（図表Ⅱ－4－1）　再評価の頻度

同一のクラスの有形固定資産は，すべて同時に評価し，選択的な資産の再評価を避けるべきである。ただし，同じクラスの有形固定資産の評価を短期間に完了し，かつ，再評価が最新のものとなっていることを条件に，そのクラスの資産をローリング方式で再評価することもできる（IAS第16号第38項）。

4．再評価にあたってのその他の留意事項

(1) 鑑定人

　評価は，企業内部の鑑定人によって実施される場合があるが，企業から独立している外部の鑑定人を用いる場合もある。直近の評価から公正価値が著しく変動していないかを判断するために，企業は内部の鑑定人による再検討を毎年行うとともに，3年ごとに外部に評価を依頼する方針を採ることが必要となる場合もあり得る。

(2) 適用する公正価値

　IFRS第13号「公正価値測定」では公正価値を，「測定日時点で，市場参加者間の秩序ある取引において，資産を売却するために受け取るであろう価格又は負債を移転するために支払うであろう価格」と定義している（IFRS第13号第9項）。これは，測定日において資産または負債を有する市場参加者の観点から見た出口価格である。公正価値は，企業自身よりも市場参加者の観点に基づくものであるため，公正価値で評価される資産，負債または資本項目に対する企業の意図による影響を受けない。

5．有形固定資産の再評価による帳簿価額の修正

　有形固定資産に再評価モデルを適用する場合，資産の帳簿価額の修正は，次の2つの方法（総額法と純額法）のいずれかにより行われる（IAS第16号第35項）。

> ① 資産に係る価値の総額（減価償却前）を，修正再表示し，減価償却累計額も修正再表示する方法（総額法）
> ② 資産の帳簿価額に対する減価償却累計額を消去した後，純額の帳簿価額を再評価する方法（純額法）

いずれの方法であっても純額は同額となるが，財務諸表における表示が異なることになる。

(1) 総額法

減価償却累計額控除前の帳簿価額を，当該資産の帳簿価額の再評価と整合的な方法で修正する方法である。この方法では，減価償却累計額控除前の帳簿価額と減価償却累計額の双方を修正再表示することになる。

ケーススタディⅡ－4－2 ▶ 再評価モデルにおける減価償却累計額控除前の取得原価と減価償却累計額の取扱い

前 提

有形固定資産の再評価額が観測可能な市場データに基づき，1,500百万円（減価償却累計額控除前の取得原価が2,500百万円で減価償却累計額が1,000百万円）であるとされた。再評価前の帳簿価額は600百万円（取得原価が1,000百万円で減価償却累計額が400百万円）であった。

ポイント

総額法による場合，再評価によって再評価前後の帳簿価額はどのように変わるか。

考え方

再評価前後の有形固定資産の帳簿価額は，以下のとおりとなる。

（単位：百万円）

	取得原価／再評価原価	減価償却累計額	帳簿価額
再評価前の有形固定資産	1,000	(400)	600
公正価値			1,500
再評価による利得			900
取得原価と減価償却累計額に比例的に配分された利得	1,500	(600)	900
再評価後の有形固定資産	2,500	(1,000)	1,500

再評価による増加は900百万円（すなわち，1,500百万円－600百万円）である。

(2) 純額法

　減価償却累計額を，当該資産の減価償却累計額控除前の帳簿価額と相殺する方法である。再評価額を再評価直前の純額の帳簿価額と比較する単純な方法であり，その差額を減価償却累計額に対する控除と減価償却累計額控除前の帳簿価額の調整として会計処理する。次の**ケーススタディⅡ－4－3**のとおりである。

ケーススタディⅡ－4－3 ▶ 資産の再評価時の減価償却累計額の取扱い

前提

　ケーススタディⅡ－4－2と同様の前提とする。

ポイント

　純額法による場合，再評価によって再評価前後の帳簿価額はどのように変わるか。

考え方

　再評価前後の有形固定資産の帳簿価額は以下のとおりとなる。

（単位：百万円）

	取得原価／再評価原価	減価償却累計額	帳簿価額
再評価前の有形固定資産	1,000	(400)	600
再評価後の有形固定資産	1,500	－	1,500
再評価による利得	500	400	

　再評価による増加は900百万円（すなわち，500百万円＋400百万円）である。再評価前の減価償却累計額は再評価後の帳簿価額に引き継がれない。

6．再評価による利得および損失

(1) 再評価による利得の取扱い

　再評価剰余金は，その他の包括利益に貸方計上し，再評価剰余金の科目名で資本に累積される。例外としては，同じ資産について過去に費用として認識し

た再評価による減少額（減損）を戻し入れる場合の評価による利得がある。当該利得はまず，過去に純損益に認識した再評価による損失の戻入れとなる範囲まで純損益に貸方計上される（IAS第16号第39項）。

資本に含まれる再評価剰余金は，それが実現した時（通常，資産の認識の中止時）に，直接，利益剰余金に振り替えることができる。再評価剰余金から利益剰余金への振替は，剰余金を通じて行い，純損益を通さない（IAS第16号第41項）。これらを図示したものが次の**図表Ⅱ－4－2**である。

（図表Ⅱ－4－2）　再評価による利得の取扱い

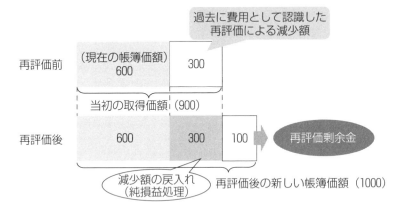

再評価剰余金の中には，資産が使用されるにつれて，振り替えられるものもある。振り替えられる再評価剰余金の額は，資産の再評価後の帳簿価額に基づく減価償却と，当初の取得原価に基づく減価償却との差額である。したがって，このような金額は，剰余金の振替を用いて，再評価剰余金から利益剰余金に毎年振り替えることができる（IAS第16号第41項）。

(2) 再評価による損失の取扱い

再評価による減少額は，同じ資産に関して保有する再評価剰余金を超えない範囲で，その再評価剰余金に充当する必要がある。そのうえで，再評価剰余金で充当できなかったすべての減少額を純損益において費用として認識しなけれ

ばならない（IAS第16号第40項）。したがって，負の再評価剰余金を計上することはできない。再評価による損失の取扱いを図示したものが**図表Ⅱ－4－3**である。

(図表Ⅱ－4－3) 再評価による損失の取扱い

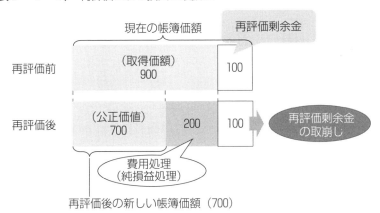

ケーススタディⅡ－4－4 ▶ 再評価による減少額の取扱い

前提

ある有形固定資産の取得原価は100百万円であり，10年間にわたって，定額法で減価償却される。残存価額はない。

X1年度末（1年目の期末）に，この資産は135百万円で再評価され，再評価による利得45百万円（100百万円から減価償却費10百万円を控除した90百万円と再評価額135百万円の差額）は，その他の包括利益に認識され，資本に累積された。

X2年度末に，この資産の価値は，50百万円に下落した。その結果，この年の減価償却費15百万円（135百万円を9で除したもの）の控除後，再評価による損失70百万円（120百万円－50百万円）が発生した。

ポイント

再評価による資産の価値の減少額については，過去の再評価で計上された再評価剰余金の残高を充当し，その残りが純損益に計上される。

考え方

IAS第16号において，再評価による損失70百万円は，まず，同じ資産に関して

以前計上した再評価剰余金と対応させる。この金額は45百万円であるため，再評価損のうち45百万円を当該再評価剰余金から取り崩し，残りの25百万円を純損益に計上する。

(単位：百万円)

X2年度期首の帳簿価額	135
X2年度の減価償却費	(15)
X2年度末の再評価直前の帳簿価額	120
再評価剰余金に計上された価値の下落	(45)
	75
純損益に計上された価値の下落	(25)
X2年度末の帳簿価額（再評価額）	50

　基準では，関連する資産が使用され，再評価剰余金が実現するにつれて，当該再評価剰余金を利益剰余金に振り替えることを認めている。再評価剰余金は，関連する資産の減価償却に応じて実現し得る。その場合，この例では，再評価剰余金の5百万円がX2年度に実現することになる（当該期間の減価償却費15百万円から，取得原価に基づく減価償却費の10百万円を控除した額）。この金額を利益剰余金に振り替えた場合，再評価剰余金の残高は，40百万円のみになる。再評価による損失70百万円のうち，再評価剰余金に充当できる金額は40百万円のみとなり，30百万円を純損益に計上することになる。
　なお，再評価剰余金に課される可能性のある繰延税金は，減額可能な再評価剰余金の残高を算定する際に考慮する必要がある。

7．日本の実務との差異

(1) 固定資産の測定方法

　IFRSでは原価モデルと再評価モデルのどちらかを選択できる。選択した方針は同一種類の有形固定資産全体に適用する（IAS第16号第29項）。
　一方，日本基準では原価モデルのみ認められ，再評価モデルは適用されない（企業会計原則 第三 五）。

第5章 有形固定資産の減価償却

1．有形固定資産の減価償却の概要

　有形固定資産の減価償却は，有形固定資産を使用した期間のコストを利益に反映させるために行われる。そのため，資産の償却可能額を耐用年数にわたって規則的な方法で配分する必要がある。採用する減価償却方法は，資産の将来の経済的便益を企業が消費すると予想されるパターンを反映するものでなければならない。減価償却費は，他の資産の帳簿価額に含められる場合を除き，純損益に認識する（IAS第16号第48項，第50項，第60項）。

　減価償却は，取得原価で計上しているか再評価額で計上しているかにかかわらず，以下の2つのケースを除いて，すべての有形固定資産に適用される。
- IAS第40号に従って公正価値で測定する投資不動産
- 土地のように耐用年数が無限である資産

2．減価償却の定義

(1) 償却可能額

　減価償却と減価償却可能額の定義は以下のとおりである（IAS第16号第6項）。

> 減価償却……資産の償却可能額を規則的にその耐用年数にわたって配分すること
> 償却可能額…資産の取得原価（または取得原価に代わる他の金額）から残存価額を控除した額

減価償却費は，減価償却控除額の取得原価で保有する資産について，その公正価値が帳簿価額を上回る場合であっても計上される（ただし，資産の残存価額が帳簿価額を上回る場合を除く）。修繕や維持などの支出は，資産の減価償却の必要性を排除するものではない（IAS 第16号第52項）。

次の**図表Ⅱ－5－1**は，減価償却と償却可能額の関係を図示したものである。

（図表Ⅱ－5－1）　減価償却と償却可能額

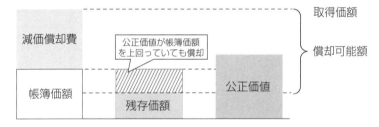

(2) 資産の減価償却の省略

難しい論点として，ある資産に関して年間の減価償却費を計上しないことが適切となる場合があるかというものがある。この論点は，一般に建物との関連で生じることが多い。建物の残存価額が帳簿価額を上回る場合，減価償却費を計上しないことが適切となる可能性がある。

> **ケーススタディⅡ－5－1** ▶ 残存価額が取得原価と同額，もしくは近似する場合の減価償却
>
> 　前　提
> 　ある企業が20X6年に1,000百万円不動産を購入した。当該不動産の全体的な物理的耐用年数は50年と見積もられている。ただし，企業は当該不動産について，

20年後に売却する可能性が高いと考えている。20X6年の価格に基づく20年後の見積残存価額は，ケース(a)の場合に1,000百万円，ケース(b)の場合に900百万円とする。

> [ポイント]
> 見積もられた残存価額に応じて毎年の減価償却費を算定する。

> [考え方]
> 20年後の残存価額が当初の取得原価と同額，もしくは近似する金額であるという状況は稀である。なぜなら，潜在的な購入者が20年間経過した不動産に対して新しい不動産に支払うのと同様の金額を支払うことを前提としていることになるからである。
> - ケース(a)の場合，企業は貸借対照表日現在の一般的な価格状況に基づいて残存価額が取得原価と同額になると考えている。したがって，減価償却可能な金額はなく，減価償却費をゼロとするのは正しい。
> - ケース(b)の場合，企業は貸借対照表日現在の一般的な価格状況に基づいて残存価額は900百万円になると考えており，したがって，減価償却可能額は100百万円となる。その結果，年間の減価償却費（定額法による）は，5百万円となる（(1,000－900)÷20）。

　上記の**ケーススタディⅡ－5－1**では，資産を高い水準に維持することは想定されていない。メンテナンス活動は見積残存価額を算定する際に考慮する要素のひとつであるが，これは発生した期間に費用化される。資産が技術的および商業的に陳腐化する可能性が高いかどうかや，実務においてそのような資産が貸借対照表日現在の価格水準に基づいて見積残存価額以上の金額で過去に売却されたことがあるかどうかについても検討すべきである。

　有形固定資産項目の耐用年数を，メンテナンス活動によって無期限に延長することはできない。そのため，減価償却しない土地を除き，物理的耐用年数はすべて有限である。いずれかの時点で物的資産をスクラップ処分し，新しいものと取り替えることがより経済的となる。しかしながら，歴史的建造物等の一部の例外的な資産の耐用年数は，減価償却費の重要性がなくなるような程度まで延長できる場合もある。

　費用の支出（修繕および維持等）は減価償却の必要性を否定するものではない（IAS第16号第52項）。当初資産を認識した後のコストが当該基準の認識規

準に従って資産計上される場合には，修正後の帳簿価額を資産の残存耐用年数にわたって減価償却する。そのような取得後コストの資産計上をどのような場合に実施するかについては，第2章「有形固定資産の当初認識」(16頁) にて解説している。

> **ケーススタディⅡ-5-2 ▶ 取替費用が年間の償却費と同額である場合の減価償却**
>
> 前 提
>
> 　企業Aは，複数のホテルを運営している。ホテルの備品（例えば，ベッドリネンや皿）の帳簿価額の合計額は，毎年一定である。
>
> 　高品質を維持するために，すべての備品は数年に一度，取り替えられる。企業Aは，取替資産のコストが毎年一定の水準に維持されるように定期取替計画を導入している。
>
> 　企業Aは，事務手続の軽減に熱心であり，ホテルの備品の減価償却をやめ，毎年，取替コストを費用計上することを提案している。
>
> ポイント
>
> 　ホテルの備品について，減価償却に代えて，毎年の取替コストによる費用計上ができるか。
>
> 考え方
>
> 　耐用年数が1年を超える資産については，すべて資産計上し，その耐用年数にわたり減価償却する必要がある。効率化の観点からは，類似の資産グループを単一の資産として計上し，減価償却も単一の資産として計算することができる。
>
> 　年度中に購入したすべての取替資産を費用計上し，資産計上した資産の減価償却を行わないという方針は適切ではない。

(3) 取得原価に含められる減価償却費

　減価償却費は，他の資産の帳簿価額に含められる場合を除き，純損益に認識する。減価償却はIAS第2号「棚卸資産」またはIFRS第15号「顧客との契約から生じる収益」に従って，間接費の配分額の一部として棚卸資産または仕掛品に含まれる場合がある。減価償却費はまた，自家建設する他の有形固定資産の取得原価の一部を構成する場合もある（IAS第16号第49項）。

例えば，採掘企業は，新しい鉱山の掘削目的で，土木設備を取得することがある。この設備の減価償却費は，鉱山の採掘に直接起因するコストに該当し，鉱山の取得原価の一部として資産化する必要がある。開発活動に使用する有形固定資産の減価償却費についても，IAS第38号に従って無形資産の取得原価に含めることができる場合がある。

> **ケーススタディⅡ－5－3 ▶ 他の資産の製造に組み入れられる減価償却費**
>
> |前 提|
>
> 企業Aは，自動車産業用の自動車部品を製造しており，その製造工程で自社製の金型を使用している。企業Aの顧客である自動車製造会社は，継続的に新しいモデルの導入や既存のモデルの再設計を行っている。したがって，企業Aは，その製造工程で使用するための新しい金型を継続的に開発しなければならない。
>
> この金型の開発コストは資産化され，その見積耐用年数である3年間にわたって減価償却される。
>
> 企業Aは，1つの工場を所有しており，そこですべての製品を製造している。この工場の10％は，金型の開発と組立に使用されている。この建物は，定額法で減価償却されている。
>
> |ポイント|
>
> この金型の取得原価に，工場の減価償却費を含める必要があるか。
>
> |考え方|
>
> 工場の減価償却費は，この金型の製造原価の一部であるといえる。したがって，企業Aは，金型の取得原価に工場の減価償却費の10％を含めて資産計上し，減価償却する必要がある。

3．重要な構成部分の減価償却

(1) 重要な構成部分と取替え

有形固定資産は，いくつかの異なる重要な構成部分から成り立っていることがある。減価償却の目的上，各構成部分を別々に取り扱い，それぞれの耐用年数にわたって減価償却する。構成部分の耐用年数と消費パターンが同じ場合に

は，それらの構成部分をグループ化して減価償却することができる。重要な構成部分を取り替えたり修復したりする場合，古い構成部分の認識を中止し，新しい構成部分を（回収可能である限り）資産計上する（IAS第16号第43項）。

構成部分の取替えに係る支出（取替コスト）は，資産の認識規準（第2章参照）を満たす場合，資産として認識される。取り替えた構成部分の帳簿価額については認識を中止する（その構成部分の取得原価と減価償却累計額を消去する）。取り替えた構成部分の取得原価と減価償却累計額を識別することができない場合，その取得原価の代替として取替コストを使用することが適切である（IAS第16号第13項，第70項）。重要な構成部分と固定資産の取替えについては**図表Ⅱ－5－2**を参照。

なお，有形固定資産の認識の中止については第6章で解説する。

（図表Ⅱ－5－2） 重要な構成部分と固定資産の取替えのイメージ

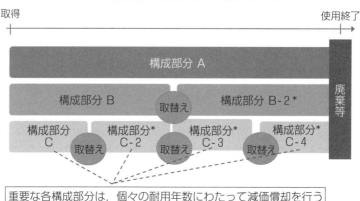

＊取替えによって新しい構成部分を資産計上する（認識規準を満たす場合）

構成部分の取替えが一定期間ごとに必要となるものの例としては，一定期間使用した後の溶鉱炉の内張りの取替えや，航空機の機体の耐用年数が経過するまでに数回の取替えが必要となる座席や調理室などの機内設備が挙げられる。また，取替えの頻度が比較的低いものの例としては，建物の内壁の取替えや非経常的な取替えが挙げられる。非経常的な取替えとしては，最新の環境基準を満たすよう，換気装置を新システムに取り替えるようなケースが挙げられる

（IAS 第16号第13項）。

ケーススタディⅡ－５－４ ▶ 定期的な取替えが必要な資産の減価償却

| 前　提 |

小規模の製造会社 A 社は最近，取得原価が1,000百万円で，残存価額が100百万円の工場建物を新たに取得した。当該工場の屋根は10年に一度，交換が必要であり，交換のコストは100百万円である。この屋根のコストは工場の取得原価に比して重要である。
　上記について，A 社は以下の２つの会計処理方法を検討している。
①　工場全体を１つの資産とみなし，その経済的耐用年数である30年にわたって減価償却する方法（年間30百万円の減価償却費）
②　屋根を重要な部分とみなし，屋根のコスト100百万円を10年にわたって減価償却し，工場の残りの部分900百万円を30年にわたって残存価額100百万円まで減価償却する方法（前者は年間10百万円，後者は年間27百万円の減価償却費）

| ポイント |

　A 社は①と②のいずれの方法を用いるのが適切となるか。

| 考え方 |

　②が適切となる。有形固定資産の重要な各構成部分は，個別に減価償却する必要がある（IAS 第16号第43項）。
　上記の②は，工場の経済的耐用年数である30年にわたり，年間37百万円（＊）の費用を均等に純損益に計上することとなり，工場の経済的便益の消費を適切に反映する。また，②では，10年目の古い屋根の帳簿価額はゼロとなる。取得原価と減価償却累計額はともに100百万円であるため，10年経過後の除却による損益は発生しない。
　（＊）　（900－100）÷30＋100÷10＝26.667＋10＝36.667（≒37）（百万円）

　なお，資産の構成部分が別々に識別されている場合でも，その構成部分は別個のクラスの資産ではないため，財務諸表の注記において別々に開示する必要はない。

(2) 構成部分の減価償却

　基準では，個別に減価償却することが必要になる可能性のある構成部分の一例として，航空機の機体部分とエンジン部分（自己所有なのかまたはファイナンス・リースの対象なのかを問わない）を挙げている（IAS第16号第44項）。減価償却の目的上，個別に識別することが要求される可能性のある重要な構成部分の他の例としては，(1)で挙げられた定期的な取替えを必要とする溶鉱炉の内張りといったものが考えらえる。これは，内張りと溶鉱炉の耐用年数に相当の開きがあると考えられるからである。その他の例としては，定期的な大規模検査または修繕に起因する資産の取得原価の構成部分などがある。したがって，企業は，資産に重要な構成部分があるかどうかを調査すべきである。

　重要な構成部分があれば，重要な構成部分は個別に減価償却しなければならないと考えられる。ただし，ある有形固定資産の重要な構成部分が他の構成部分と同じ耐用年数と消費パターンを有している場合には，これらの2つの構成部分を減価償却目的上まとめて1つの部分として取り扱うことができる（IAS第16号第45項）。

　資産の重要な構成部分を識別して減価償却を行う場合，当該資産の残りの構成部分についても個別に減価償却する必要がある。当該資産の残りの構成部分は，個々には重要でない構成部分から構成される。これらの個々には重要でない構成部分が，異なる耐用年数を有する場合，または，その構成部分についての企業の予想が異なる場合は，その減価償却が，資産の残りの構成部分の経済的便益の消費パターンを忠実に表現するような見積方法で残りの構成部分の減価償却計算をしなければならない（IAS第16号第46項）。

　なお，企業は，当該資産項目の取得原価の合計と比較して，ある構成部分の取得原価が重要でない場合であっても，個別に識別し減価償却することができる（IAS第16号第47項）。

4．耐用年数と残存価額

(1) 耐用年数

① 定　義

　償却可能額は，残存価額を控除した有形固定資産項目の取得原価または再評価額であると定義される。減価償却費は，償却可能額を資産の耐用年数にわたって規則的な方法で配分することによって計算される（IAS第16号第50項）。
　耐用年数は，次のいずれかであると定義されている（IAS第16号第6項）。
- 資産が企業によって利用可能であると予想される期間
- 企業が当該資産から得られると予想される生産高またはこれに類似する単位数

② 耐用年数の決定

　資産の耐用年数は，当該資産が使用可能となった時点，すなわち，当該資産が企業の意図した方法で稼働可能となった時点から開始する。耐用年数の定義には，「利用可能であると予想される」という文言が含まれている。耐用年数は，資産が企業によって使用される期間である。有形固定資産の耐用年数は，その資産の物理的な耐用年数より短い場合もある。企業は，物理的な耐用年数が到来する前に資産を取り替えるという実務を実施している場合がある。資産の耐用年数の見積りは，同様の資産を有する企業の経験に基づく判断の問題である（IAS第16号第57項）。

> ***PwC's Eyes*** 　賃借物件改良の耐用年数
>
> 　企業Aは6年間のリース契約を締結した。当契約において企業Aは，リース期間をさらに6年延長する権利を有する。
> 　契約開始日において，借手が契約を延長する権利を行使することは合理的に確実ではない。企業Aは，自社のブランド規準に従うため，賃借物件に大規模な改良を行う。賃借物件に行ったこれらの改良の予想耐用年数

は10年である。

　資産の耐用年数を決定する際には，関連するリースの満了日など，資産の使用に対する法的制約または類似の制約を考慮することとされている（IAS第16号第56項(d)）。このため，賃借物件改良の耐用年数は，通常，関連するリースの満了日を超えないことが想定される。

ケーススタディⅡ－5－5 ▶ 資産が使用可能となった時から認識される減価償却

前　提
　企業Bは，自社利用目的の機械を組み立てている。組立は20X6年11月1日に完成するが，20X7年3月1日までこの機械を使用しない。

ポイント
　企業Bはいつから減価償却を開始すべきか。

考え方
　企業Bは，当該機械が使用可能になった時，すなわち20X6年11月1日から減価償却を開始する必要がある。機械が使用可能になった後の期間においても使用されないという事実は，減価償却の開始時期の検討には関係しない。

ケーススタディⅡ－5－6 ▶ 資産が使用に供されてから認識される減価償却費

前　提
　企業Cは，20X1年に，取得原価100百万円で工場を取得した。見積耐用年数は20年，残存価額はゼロである。20X6年6月に工場は，自社製品の需要低迷のために操業を休止した。20X6年に，回収可能価額まで工場を評価減するために減損損失50百万円を認識し，この資産が使用されなくなった時点で減価償却を中止した。しかし，20X9年に需要が現行の生産力を上回ったため，5百万円の費用で休止中の工場を再稼働する決定が行われた。将来キャッシュ・フローの見積りは，当初の減損損失50百万円全額を戻し入れることを正当化するものである。工場は，6か月後に再稼働される。

ポイント
　企業Cはどのように会計処理すべきか。

> **考え方**
> 企業Cは，過年度に認識した減損損失50百万円から当該資産が休止していた期間の減価償却（15百万円）を控除した金額を戻し入れる。そのうえで工場の帳簿価額65百万円（60百万円＋5百万円）を，残存期間10年にわたって減価償却することとなる。

③ 土地・建物の場合

土地と建物は，減価償却の目的上，別々の資産として取り扱われる。土地は採石場や廃棄物埋立処分場などの例外を除き，通常耐用年数が無限であるため，減価償却は行われない。一方，建物は耐用年数が有限であるため償却資産である。建物が立地している土地の価値の上昇は，建物の償却可能額の算定に影響を与えることはなく，建物の減価償却の必要性を排除するものではない（IAS第16号第58項）。

資産である土地の帳簿価額に，現場の解体，除去および原状回復のコストが含まれている場合がある。原状回復のコスト部分は，当該土地から経済的便益を得られる期間にわたって減価償却する。場合によっては，土地自体の耐用年数が有限であることもある。その場合には，その耐用年数で減価償却する（IAS第16号第59項）。そのような例としては，原状回復が必要となる廃棄物埋立処分場が挙げられる。埋立処分場の原状回復義務にかかるコストは，その場所に廃棄物が投棄される期間にわたって減価償却することが適切となる場合がある。廃棄物処理業者にとって，当該埋立処分場自体の耐用年数が有限となる場合があり，その残存価額は，当初の取得原価よりも相当低いものとなることがある。そのような場合，土地の取得原価も，当該埋立処分場の耐用年数にわたってその残存価額まで減価償却することになる。

(2) 減価償却の停止

資産の認識を中止がする，あるいはIFRS第5号に基づいて売却目的保有に分類した時点で減価償却は停止する。資産が遊休となっている場合でも，減価償却は必ずしも停止されるわけではない（IAS第16号第55項）。

資産は，現状でただちに売却可能であり，かつ，IFRS 第 5 号のその他の条件も満たす場合には，IFRS 第 5 号に基づいて売却目的保有に分類される（第 6 章「有形固定資産の認識の中止」(103頁）を参照）。また，減価償却方法として，後述する生産高比例法を使用する場合には，製造等のアウトプットがない間，減価償却費がゼロになりうる。技術的または商業的陳腐化といったその他の要因も検討すべきである。

(3) 残存価額

資産の残存価額とは，次の金額をいう（IAS 第16号第 6 項）。

> 資産の耐用年数が到来し，耐用年数の終了時点で予想される当該資産の状態であったとした場合に，企業が当該資産を処分することにより現時点で得るであろう見積金額（処分コストの見積額を控除後）

資産の償却可能額（本章 2 ．(1)を参照）は，残存価額の控除後で算定される。
残存価額には，貸借対照表日までの価格変動を考慮に入れるが将来における価格変動は含めない。実務上は，残存価額は少額となり，償却可能額の算定において重要性がない場合も多い（IAS 第16号第53項）。
資産の残存価額は，資産の帳簿価額以上の額に増加する場合がある。その場合，当該資産の減価償却は残存価額がその後に当該資産の帳簿価額を下回る額に減少するまで，ゼロである（IAS 第16号第54項）。

ケーススタディⅡ－ 5 － 7 ▶ 資産の残存価額の見直し

前 提

資産を1,000百万円で購入し，その耐用年数を 6 年と見積もった。当該資産の取得時の残存価額を70百万円と見積もり，その見積額は，著しいインフレやその他の価格の変動がなかったため， 3 期目まで変更がなかった。しかしながら，現在，インフレ率の上昇が見込まれており， 4 期目の期末日における（当該期末日時点の価格に基づく）見積残存価額は，100百万円である。なお，将来のインフレを考

慮する場合には，当該資産の耐用年数終了時点の見積残存価額は，400百万円となる。

|ポイント|

残存価額を見直した場合には，減価償却費の見直しが必要となる場合がある。

|考え方|

3期目の年度末における帳簿価額は，535百万円である。しかしながら，4期目に残存価額が，100百万円に見直され，当該資産の償却可能額は，900百万円になった。これまでの減価償却累計額465百万円を控除後の435百万円が，残り3年間の耐用年数にわたって減価償却されることになる。したがって，減価償却費145百万円を4期目に認識する。

5期目に残存価額を400百万円に見直した場合，5期目と6期目に認識される減価償却費はゼロとなる。償却可能額が600百万円になるのに対し，1期目から4期目に認識された減価償却費の総額は610百万円となるためである（最初の3期間465百万円＋4期目145百万円）。

残存価額が価格変動により更新された場合，これまでの耐用年数にわたって認識した減価償却累計額が，実際の償却可能額を超えることがある。このような状況では減価償却費はゼロに修正され，超過額が戻し入れられることはない。

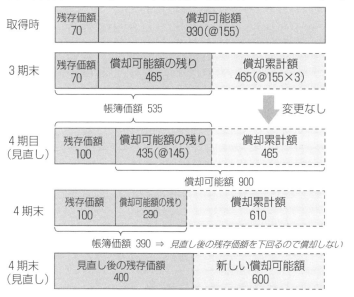

5．減価償却方法

　企業が採用する減価償却方法は，資産の将来の経済的便益を企業が消費すると予想されるパターンを反映するものでなければならない(IAS 第16号第60項)。
　最も一般的な減価償却方法は，資産の耐用年数にわたって定額で償却する方法である。これは，時間に基づく方法であるが，使用や陳腐化の代替となる。しかし，一部の資産では，実際の使用に応じた減価償却のほうがより信頼性の高い測定となる場合もある。時間に基づく減価償却は予想される使用と実際の使用のパターンが類似する場合，適切となる（IAS 第16号第62項）。
　採用する減価償却方法は，少なくとも各事業年度末には再検討を行い，当該資産に具現化された将来の経済的便益の予想される消費のパターンに著しい変化があった場合には，減価償却方法をその変化後の経済的便益の消費パターンを反映するように変更する必要がある。当該変更は IAS 第 8 号に従って会計上の見積りの変更として会計処理される（IAS 第16号第61項）。
　IAS 第16号には，さまざまな減価償却方法が挙げられている。企業は，減価償却を資産の耐用年数にわたって規則的な方法で配分するために，将来の経済的便益の予想される消費のパターンに基づいて，最も適切とみなされる方法を選択しなければならない（IAS 第16号第62項）。この節では，最も一般的な方法のいくつかを説明する。

(1) 減価償却方法の決定要因

　経済的便益は，主に資産の使用を通じて消費される。しかし，資産が遊休状態にある間でも，技術的陳腐化や自然減耗などの他の要因により，当該資産から得られていたかもしれない経済的便益が減少する場合がある。また，資産からの産出物に対する需要や価格の下落は，当該資産の陳腐化を示している可能性がある（IAS 第16号第56項）。
　有形固定資産の経済的便益の消費パターン，すなわち，減価償却方法，および耐用年数の決定にあたっては以下の図表Ⅱ－5－3に示した要因を検討する

必要がある（IAS 第16号第56項，第62A 項）。

(図表Ⅱ－5－3) 減価償却方法および耐用年数を決定する際の主な要因

企業による当該資産の予想される使用量	● 決定にあたっての主たる要因である ● 通常，当該資産の予想生産能力または実際生産高を参照して評価される
使用や時の経過による，資産の予想される物理的な劣化（すなわち「自然減耗」）	● 資産が休止中の場合も検討要因となる ● 耐用年数を通じた，当該資産を使用する操業シフトの回数や，維持および修繕状況などの操業上の要因に左右される
技術的または経済的な陳腐化	● 資産自体，または当該資産により産出される製品やサービスが，新しくより高度な生産技術に取って代わられることにより，技術的または経済的に陳腐化する可能性がある ● 同様に，市場の需要の変化（例えば，流行の変化や競合企業の行動）は，資産の経済的な陳腐化をもたらす可能性がある
資産の使用に対する法的制約または類似の制約	● 例えば，特許，ライセンスまたはリースの期限などが該当する
収益に基づく減価償却方法	● 通常，減価償却として適切ではない

Short Break 収益を基礎とした償却方法決定の廃止

　IASBはIAS第16号およびIAS第38号の修正「許容可能な減価償却及び償却の方法の明確化」を2014年5月に公表している。この修正は，資産の使用を含む活動から生じる収益を基礎とした償却方法の使用は適切ではないことを明確化するものである。資産の使用を含む活動から生じる収益は，一般的に，資産の経済的便益の消費以外の要因を反映している。例えば，収益は他のインプットおよびプロセス，販売活動および販売量および販売価格の変更の影響を受ける。収益の価格要素はインフレの影響を受ける可能性があるが，これは資産の消費方法には何の関係もない。この修正は2016年1月1日以後に開始する期間から適用されている。

(2) 減価償却方法の種類

以下はIFRSの実務で見られる具体的な減価償却方法の概略である。

① 定額法

定額法は，IFRSの実務で使用される最も一般的な方法である。これは，期間に基づいて耐用年数の評価を行うほうが，より単純なためである。しかし，使用量に基づく測定のほうがより信頼性が高い場合もある。各会計期間に規則的に減価償却費が認識されるよう，見積残存価額控除後の取得原価（または再評価額）は，耐用年数にわたって配分される。

② 定率法

定率法は，資産の耐用年数の初期に多額の減価償却費が認識される方法である。例えば取得原価を125百万円，償却率を20％とした場合，以下のように減価償却費が計上される。

（単位：百万円）

取得価額	125
X1年度の減価償却費（125の20％）	25
X1年度末の帳簿価額	100
X2年度の減価償却費（100の20％）	20
X2年度末の帳簿価額	80
X3年度の減価償却費（80の20％）	16
X3年度末の帳簿価額	64

この方法は，資産の耐用年数の初期に，より加速度的に資産の経済的便益が漸減する場合に適切な償却方法である。資産は，信頼性が低下して故障する可能性が高くなったり，高品質の製品を製造する能力が減退したり，または技術的優位性が低下する可能性がある。

資産を使って製造される製品の価格の下落は，減価償却方法を選択する際に考慮すべき要因の1つではあるが，それのみをもって定率法の採用が求められ

るわけではない。

③ 生産高比例法

　生産高比例法は，減価償却を資産の予測される使用，または生産高と関連づける方法である。稼働時間当たり，または生産単位当たりの償却率は，償却可能額を，時間単位または生産単位で測定した資産の予想される総役務提供能力で除して算出される。この方法は，資産の利用度合いが期間ごとに相当変動するような場合に，経済的便益の消費をより精緻に測定する方法として用いられることがある。

　この方法が採用されることの多い資産の例に，稼働時間に基づく償却の例として，航空エンジン，生産単位に基づく償却の例として，廃棄物埋立処分場や天然資源がなどがある。

ケーススタディⅡ－5－8 ▶ 生産高比例法に基づく減価償却費（稼働時間単位に基づく償却）

前　提

　ある機械の取得原価は100百万円であり，その見積残存価額は10百万円である。当該機械の総稼働時間は500,000時間と見積もられている。当初の稼動時間は，60,000時間であった。

ポイント

　当期の減価償却費はいくらになるか。

考え方

　稼働時間当たりの償却率は，0.18百万円((100百万円－10百万円)÷500,000))である。したがって，当期の減価償却費は10.8百万円(60,000×0.18)となる。

ケーススタディⅡ－5－9 ▶ 生産高比例法に基づく減価償却費（生産単位に基づく償却）

前　提

　廃棄物埋立処分場を1,000百万円で取得した。この廃棄物埋立処分場の容積は2,000,000立方メートルである。このうち当期に200,000立方メートルが使用された。

| ポイント |

当期の減価償却費はいくらになるか。

| 考え方 |

この埋立処分場の償却率は,1立方メートルの使用当たり0.5百万円である（1,000百万円÷2,000,000）。したがって,当期の減価償却費は,100百万円（＝0.5×200,000）となる。

④ 級 数 法

この方法は,定率法とはその算定方法が異なるが,効果が類似する。例えば資産を12期間（年,月など）続いて使用すると見積もる場合,1から12を加算したもの（1＋2＋…＋12＝合計78）を分母として計算し,最初の期間は78分の12を償却し,次の期間は78分の11を償却するといった会計処理となる。

（図表Ⅱ－5－4） 級数法のイメージ

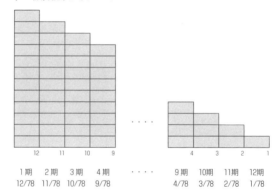

⑤ 年 金 法

年金法は,「逆定率法」という名称でも呼ばれることがあるが,一般的に使用されている減価償却方法ではない。この方法では,時の経過とともに減価償却費が増加することになる。この方法は,資産が主に使用に応じて消費される場合で,低水準で生産が始まり,時の経過とともに生産が増加するような場合には適切となるかもしれない。しかしながら,そのようなケースはまれであり,

むしろ生産高比例法を用いた減価償却のほうが資産の経済的便益の消費を反映し，より適切であるといえる。

> **ケーススタディⅡ－5－10 ▶ 適切な減価償却方法の決定**
>
> 前提
>
> 　企業Bは，工業化学品を製造しており，製造工程で混合用機械を使用している。混合用機械の生産高は毎年同じであり，異なる製品にも使用できる。しかしながら，維持費は年々増加し，既存の機械を大幅に改良した新型機械が5年ごとに入手可能となる。
>
> ポイント
>
> 　企業Bは，どのような減価償却方法を採用すべきか。
>
> 考え方
>
> 　企業Bは，生産高に基づいて減価償却方法を決定する必要がある。このケースでは，生産高が毎年一定なので，使用量に基づく減価償却方法の代わりに定額法を採用することも合理的となる可能性がある。
>
> 　なお，維持費や技術的陳腐化などの要因は，混合用機械の耐用年数を決定する際に考慮する必要がある。

6．再評価した資産の減価償却

　減価償却は，再評価した有形固定資産の帳簿価額についても実施する。

　再評価した資産の減価償却は，資産の取得原価ではなく，直近の評価により算定された資産の価値（再評価額）に基づき行う。

　IAS第16号は，年度の減価償却費の算定にあたり，どの資産価値を用いるべきかを特定していない。対象年度の資産の平均価値を用いることが最も望ましいが，実務上は，各期を通じて首尾一貫して使用するのであれば，期首残高あるいは期末残高を用いることもできると考えられる。当期の減価償却費の算定に最も一般的に使用されるのは，取得後の追加のコストを勘案した期首残高である。これにより，例えば期中報告で使用された年度の早い段階の減価償却費を再計算する必要がなくなる。ただし，期末の再評価により重要な変動がある場合，他の方法が適切となる可能性もある。

再評価した資産の減価償却費は費用として純損益に計上する（IAS 第16号第48項）。

ただし，減価償却超過額（再評価した資産の減価償却費から取得原価に基づく減価償却費を控除した額）と等しい金額を再評価剰余金から利益剰余金に振り替えることができる。

なお，IAS 第40号に基づいて公正価値で会計処理する投資不動産については減価償却を行わない。

7．見積りの変更

(1) 耐用年数の見積りの変更

有形固定資産の耐用年数は少なくとも各年度末に再検討し，予測が以前の見積りと異なる場合には，当該変更を IAS 第8号に従い，見積りの変更として将来に向かって会計処理しなければならない（IAS 第16号第51項）。

ケーススタディⅡ－5－11 ▶ 耐用年数の見積りの変更

前　提

企業 A は，ある資産を20X0年1月1日に100百万円で購入した。当該資産の見積耐用年数は10年で，残存価額はゼロであった。企業 A は定額法を用いて，年間10百万円の減価償却費を計上している。20X4年1月1日現在，資産の正味帳簿価額は60百万円である。企業 A はこの時点で，見積耐用年数を見直し，当該資産を追加で4年間使用できる可能性が高いと判断した。

ポイント

耐用年数を見直した場合，減価償却費計上額を修正する必要がある。

考え方

見直しの結果，耐用年数は4年に変更された。企業 A は年間の減価償却費計上額を修正し，未償却の取得原価（すなわち60百万円）が修正後の残存耐用年数である4年間にわたって償却されるようにする必要がある。したがって，企業 A は，今後4年間，年間15百万円の減価償却費を計上することになる。

上記のほか，残存耐用年数を10年のままと仮定した場合企業 A は，20X4年1

月1日以降は定額法よりも級数法による計算方法のほうがより適正な表示を提供すると決定するかもしれない。この場合，当該資産は引き続き6年の残存耐用年数を有するため，20X4年度の減価償却費は17百万円（すなわち，60百万円×6÷（6＋5＋4＋3＋2＋1））となる。

> **ケーススタディⅡ－5－12 ▶ 取得した固定資産の耐用年数の短縮**
>
> **前 提**
> 　企業Aは，当期において企業Bを買収した。企業Aは，企業Bが保有していた大規模なコンピュータ・システムを数年内に取り替えるつもりである。コンピュータ・システムの公正価値は取得日に算定されており，取替えを行う決定は企業Bの取得後の事象である。企業Aは，追加の減価償却を即時に計上し，それを買収に関連する例外的な項目として表示したいと考えている。
>
> **ポイント**
> 　取替えの決定をもって，上記のような取扱いは可能か。
>
> **考え方**
> 　数年内にコンピュータ・システムを取り替えるという決定は，企業B取得後の決定である。これは，取得原価配分（パーチェス・プライス・アロケーション）によって割り当てられた資産・負債の公正価値には影響を及ぼさない。また，当該決定がなされた後でも，すぐには減損とはならない。これは，資金生成単位（CGU）の将来キャッシュ・フローが当該資産の帳簿価額の裏付けとなるためである。
> 　しかし，これらの機器を数年内に取り替えるという決定がなされているため，修正後の短縮された耐用年数に基づいて帳簿価額を償却する必要がある。残存価額および耐用年数は，少なくとも期末において見直さなければならない。いずれかが見直される場合には，当該変更は会計上の見積りの変更として将来に向かって会計処理される。

(2) 残存価額の見積りの変更

　残存価額は，少なくとも各事業年度末に再検討する必要がある。残存価額の再検討では，例えば合理的に予想される技術の変化や，直近の貸借対照表日以降の価格変動やインフレなどによる影響を考慮する。予想が以前の見積りと異

なる場合には，当該変更は耐用年数の変更と同様の方法，すなわち，IAS 第 8 号に従って会計上の見積りの変更として，将来に向かって会計処理しなければならない（IAS 第16号第51項）。

(3) 減価償却方法の変更

資産に適用する減価償却方法についても，少なくとも各事業年度末に再検討を行い，当該資産の将来の経済的便益の予想される消費のパターンに著しい変化があった場合には，その変化後のパターンを反映するように減価償却方法を変更しなければならない。当該変更は IAS 第 8 号に従って会計上の見積りの変更として将来に向かって会計処理する必要がある（IAS 第16号第61項）。

(4) 減　損

有形固定資産の減損は IAS 第36号で扱われている。減損の兆候が存在する場合，当該資産の回収可能性額を IAS 第36号に基づき算定しなければならない。回収可能性が資産の帳簿価額を下回っている場合，当該資産は回収可能額まで評価減を行う必要がある（詳細は第Ⅳ部参照）。

8．日本の実務との差異

(1) 減価償却単位

IFRS では，有形固定資産の取得原価の合計に対して重要な構成部分が含まれている場合には，当該重要な構成部分につき個別に減価償却を行う必要がある（構成部分アプローチ）。ただし，個別に重要な構成部分とその他が同じ耐用年数や償却方法を有する場合には，一緒に減価償却することもできる（IAS 第16号第43項，第45項）。

日本基準では，減価償却の単位に関する明確な規定はない。実務は税法の区分に従っているケースが多いと考えられる。

(2) 残存価額

IFRSにおいては，残存価額は，資産の耐用年数到来時に資産の処分によって受領すると予想される金額（見積処分コスト控除後）とされている（IAS第16号第6項）。

一方，日本基準では，残存価額は，耐用年数到来時において予想される売却価格または利用価格から解体，撤去，処分等の費用を控除した金額であるとされる。

ただし，企業の状況に照らし，不合理と認められる事情のない限り，税法残存価額の使用も認められており，実務では税務上の規定に基づく金額を会計上も使用しているケースが多いと考えられる（連続意見書第三 第一 四，減価償却に関する当面の監査上の取扱い第19項，第24項）。

(3) 耐用年数

IFRSでは耐用年数について，利用可能と予想される期間もしくは，当該資産から得られると予想される生産高またはこれに類似する単位数のいずれかをいうとされている（IAS第16号第6項）。

一方，日本基準においては，減価が時の経過を主因とする場合には期間を，利用を主因とする場合には生産高を利用する。期間の場合は経済的使用可能予測期間に見合った年数を使用するとされる。また，企業の状況に照らし，不合理と認められる事情のない限り，税法耐用年数の使用も認められる。実務では税務上の規定をそのまま使用しているケースが多い（連続意見書第三 第一 五，八，九，減価償却に関する当面の監査上の取扱い第11項～第13項，第24項）。

(4) 減価償却方法

IFRSでは減価償却方法について，資産の将来の経済的便益の予測消費パターンを反映する方法がとられる。減価償却方法の変更は，見積りの変更として処理し，将来に向かって反映させる（IAS第16号第60項～第62項，IAS第8

号第36項,第38項)。

　日本基準においては,減価償却方法として,定額法,定率法,級数法,生産高比例法などの方法が認められている。減価償却方法は会計方針に該当するが,その変更は,会計上の見積りの変更と同様に取り扱い,将来に向かって反映させる。また,事後的に減価償却方法を変更する場合には正当な理由が求められるが,当初の会計方針選択時には特段の制約は設けられていない(連続意見書第三　第一　五,六,会計上の変更及び誤謬の訂正に関する会計基準第19項,第20項)。

(5)　減価償却方法等の見直しの頻度

　IFRSでは,残存価額,耐用年数,減価償却方法について,少なくとも各事業年度末に見直しを行うことが要求されている(IAS第16号第51項,第61項)。

　日本基準では見直しの頻度に関する定めはなく,IFRSのような毎期の見直しは要求されていない。実務上,法人税法に従って処理する場合においては,企業の状況に照らし,耐用年数または残存価額が明らかに不合理と認められない限り,見直しを行わない(減価償却に関する当面の監査上の取扱い第14項)。

第6章 有形固定資産の認識の中止

1．認識の中止の概要

(1) 会計処理

有形固定資産は，次の時点で認識の中止を行う（IAS第16号第67項）。

- 処分時
- その使用または処分から将来の経済的便益が何ら期待されなくなった時

有形固定資産の処分日は，IFRS第15号「顧客との契約から生じる収益」における履行義務の充足時の決定に関する定めに従って，譲受人が当該資産の支配を獲得した日をいう。

企業は，有形固定資産の認識の中止（すなわち，処分や除去）から生じる利得または損失を，処分に伴う正味の収入の見積額と帳簿価額との差額として算定する（IAS第16号第71項）。また，処分による受取対価は公正価値で認識される。

有形固定資産の認識の中止から生じる利得または損失に含まれる対価は，IFRS第15号が求める取引価格の算定方法（IFRS第15号第47項から第72項）に従って算定される。このとき利得または損失に含めた対価の見積額のその後の変動は，IFRS第15号の取引価格の変動に関する要求事項に従って会計処理する（IAS第16号第72項）。

> **Short Break**　有形固定資産の処分の対価と IFRS 第15号における取引価格の算定
>
> 　IFRS 第15号では取引価格の算定にあたり，契約の内容に応じ，企業が顧客と約束した対価の性質，時期および金額等，契約の条件および自らの取引慣行を考慮して取引価格を見積もることが必要になるとされており，①変動対価（値引きなど），②重大な金融要素（支払金利），③現金以外の対価（交換による取得など），④顧客に支払われる対価（取得時に受け取るポイントなど），の4つを具体的な検討事項として挙げている（IFRS 第15号第48項）。また，対価が変動する場合には，期待値もしくは最頻値のいずれかのうち，企業が権利を得ることとなる対価の金額がより適切に予測できると見込む方法で見積もることが求められている（IFRS 第15号第53項）。
> 　有形固定資産の認識の中止から生じる利得または損失に含めるべき対価の金額も，これらの要求事項に従って算定し，会計処理することになる。

　認識の中止から生じる利得または損失は，認識の中止が生じた期間の純損益に含める（IAS 第16号第68項）。ただし，IFRS 第16号によるセール・アンド・リースバックの取扱いが適用される場合には，一部の利得または損失を繰り延べる処理が必要となるなど異なる取扱いが設けられている。

(2) 損益計算書上の表示

　損益計算書上，有形固定資産の認識の中止から生じる利得を，収益として認識してはならない。

　ただし，企業によっては，通常の事業活動において，他者への賃貸用に保有していた有形固定資産を日常的に売却している場合がある。そのような企業は，賃貸を中止し売却目的で保有するようになった時点で，当該資産を帳簿価額で棚卸資産に振り替え，その売却による収入を IFRS 第15号に従って収益として認識することになる。なお，通常の事業活動において，売却目的で保有されている不動産などの資産を棚卸資産へ振り替えた場合には IFRS 第5号「売却目的で保有する非流動資産及び非継続事業」の保有目的の変更の会計処理は適用されない（IAS 第16号第68項，第68A 項）。

(3) その他の開示

収益または費用の項目に重要性がある場合,当該項目の内容と金額を個別に開示する必要がある。IAS第1号では,この収益または費用の項目の個別の開示が生じる状況の例として,有形固定資産の処分を挙げている（IAS第1号第97項,第98項(c)）。

2．認識の中止の種類

資産の減損または滅失,第三者からの補塡に係る請求または支払およびその後の代替資産の購入または建設は別個の活動であり,それぞれ次の**図表Ⅱ－6－1**のように個別に会計処理される（IAS第16号第66項）。

(図表Ⅱ－6－1) 資産の減損・除去・処分等に求められる会計処理

資産の減損	● IAS第36号に従って会計処理する
資産の除去または処分	● 帳簿価額の認識の中止を行う（詳細は,本章1．を参照）
第三者からの貨幣性または非貨幣性の補償	● 受取可能となったときに利得として純損益の算定に含める ● 補塡は,偶発資産を表している可能性もあるため,資産と利得の認識時期について,IAS第37号に従って検討する
代替として修復,購入または建設した資産の取得	● IAS第16号の当初認識の規定に従って会計処理する

(1) 有形固定資産の減損

有形固定資産の減損は,IAS第36号で扱われている。企業は,資産の減損の兆候の有無を毎年評価し,兆候がある場合,当該資産の回収可能額を見積もらなければならない。当該資産の回収可能額が帳簿価額を下回っている場合,その帳簿価額を回収可能額まで減額する必要がある。IAS第36号に基づく減損の

詳細については第Ⅳ部で解説する。

(2) 有形固定資産の処分

　有形固定資産の処分はさまざまな方法で実行される可能性があり，IAS第16号では，売却による処分，ファイナンス・リース契約の（貸手としての）締結，および寄付が例として挙げられている。有形固定資産の処分日は，IFRS第15号における履行義務がいつ充足されるかの判定に関する要求事項に従って決定する。また，セール・アンド・リースバックによる処分の場合は，IFRS第16号が適用される（IAS第16号第69項）。

(3) 損失等に対する補塡の処理

　有形固定資産の減損に対して第三者から受領する補塡は，受取可能となった時点で純損益に含める。補塡は次のようにさまざまな形をとることがある（IAS第16号第65項）。
- 自然災害，盗難または誤使用等による損害に対する，保険会社からの補償
- 資産または土地の強制収用に対する，政府からの補償
- 強制的な有形固定資産の移転に対する補塡（例えば，国土政策に関連する都市部から非都市部への移転）
- 減損または滅失した資産の全部または一部の物理的な取替え

ケーススタディⅡ－6－1 ▶ 保険対象の資産の取替えによる利得

　　前　提

　企業Aは機械装置を有しており，その帳簿価額は200百万円であったが，火災により滅失した。当該資産は「新品で補償する」との条件で保険が掛けられており，保険会社により2,000百万円の取得原価の新しい機械装置と取り替えられた。取り替えられた機械装置は保険会社が調達したため，企業Aが現金で補償を受け取ることはなかった。

> ポイント

　火災による機械装置の滅失と補償による新たな機械装置の取得をどのように処理すべきか。

> 考え方

　企業Aは，IAS第16号に従い，滅失した機械装置の帳簿価額の認識の中止を行い，関連する損失を純損益に計上する。また，これとは別に，企業Aは，IAS第37号に従い，保険金の受取りがほぼ確実となる時に，当該保険金に関する受取債権と利得を認識する。当該受取債権は，保険会社から提供される資産の公正価値で測定する必要がある。

　補償の受取りが，企業が完全にはコントロールできない将来の1つ以上の事象の発生または不発生に依存する場合，それはIAS第37号に基づく偶発資産であり，認識されない（偶発資産としての開示のみが行われる）。しかし，IAS第37号に基づき，収益の実現がほぼ確実（virtually certain）である場合は，関連する資産に偶発性はなく，認識することが適切である。

　例えば，火災によって資産が滅失し保険金請求がされているものの，当該資産の滅失が保険契約により補填されるか否かについて不確実性が存在する場合が挙げられる。この場合，補填は偶発資産である。しかし，保険会社が請求を受け入れ，補償の支払に同意する場合には，資産に偶発性はなくなり，補填を純損益に認識することになる。

(図表Ⅱ－6－2)　発生可能性に応じた補填の取扱い

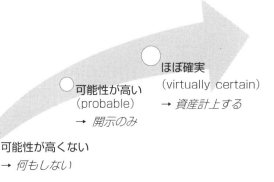

資産の取替えまたは修復に係る支出は，支出が企業自身によるものか，第三者（例えば保険会社等）によるものかを問わず，資産として計上する必要がある。

発生可能性に応じた補填の取扱いについては，前頁の**図表Ⅱ－6－2**を参照。

(4) 取替えによる資産の構成部分の認識の中止

IAS16号の認識規準に従って，資産の重要な構成部分が識別される場合がある（第2章1．「当初認識における認識規準」(16頁) を参照）。重要な構成部分の取替えを行う時には，取り替えられる古い構成部分の帳簿価額については，個別に減価償却していたかどうかにかかわらず，認識を中止する。取り替えた構成部分の帳簿価額を決定することが実務上不可能な場合には，代わりに取替コストを使用することができる（IAS第16号第70項）。その後，当該金額および取替コストを参照して計算した減価償却累計額を貸借対照表から除外し，その結果生じる損失を純損益に認識する。

3．売却目的保有に分類される有形固定資産の処分

IFRS第5号に準拠して売却目的保有に分類される有形固定資産は，IAS第16号の適用範囲外である。本節では，IFRS第5号の要求事項の概略を説明する。

(1) 概　　要

IFRS第5号に基づく売却目的保有への分類およびIAS第16号の適用範囲からの除外は，売却予定の資産のみに適用される。廃棄やスクラップ予定の資産には適用されない。IFRS第5号には，廃棄予定の資産を売却目的保有として分類できないことが明記されている。これは，そのような資産の帳簿価額は主に継続使用によって回収されることになるためである。

資産をIFRS第5号に基づく売却目的保有に分類するためには，複数の条件

を満たしている必要がある。資産の売却の意思決定がなされていても，他の条件を満たしていないために当該資産をIFRS第5号に基づく売却目的保有に分類できない場合もある。その場合，IFRS第5号の条件を満たすまで，当該資産はIAS第16号に従って会計処理される。

なお，資産を処分する計画の存在は，IAS第36号の減損の兆候の1つとみなされるため（IAS第36号第12項(f)），IFRS第5号に基づく売却目的保有に分類されていなくとも，IAS第36号に基づく減損の検討が必要となる可能性はある（IAS第36号の減損の兆候については第Ⅳ部第1章を参照）。

資産の帳簿価額が，継続使用ではなく，主に売却取引によって回収される場合に，当該資産は売却目的保有に分類される。これに該当するためには，対象となる資産について，次の①と②の両方の条件を満たしている必要がある（IFRS第5号第6項～第9項）。

① 資産の売却についての通常または慣例的な条件のみに従って，現状のままでただちに売却が可能である。
② 資産の売却の可能性が非常に高い。売却の可能性が非常に高いといえるためには，次の状況にある必要がある。
   ➢ 経営者が資産の売却計画の実行を確約していなければならず，買手を探し売却計画を完了させる積極的な計画に着手していなければならない。
   ➢ 資産の積極的な売込みを，現在の公正価値との関係において合理的な価格で行っていなければならない。
   ➢ 売却の完了が，売却目的保有に分類された日から1年以内に見込まれていなければならない（1年基準）。
   ➢ 売却を完了するために必要な行動は，計画に重要な変更が行われたり計画が撤回されたりする可能性が低いことを示すものであるべきである。

状況によっては上記の1年基準が延長される場合もある。1年を超える遅延が企業の支配の及ばない事象または状況によるものであり，企業が依然として売却計画の実行を確約しているという十分な証拠がある場合がこれに該当する。なお，IFRS第5号の付録B1項には，1年基準の延長が認められるいくつかの状況が例示されている。

(2) 売却目的保有資産の表示

　企業は，売却目的保有資産を，貸借対照表上，他の資産と区分して表示する。企業は，貸借対照表上または注記のいずれかにおいて，売却目的保有資産の主要な種類（例えば，土地，建物，機械装置等）を開示しなければならない。しかし，過去の期間の分類は修正されない。すなわち，過去の期間の財務諸表において，当該資産は売却目的保有資産としては表示されない（IFRS 第5号第38項，第40項）。

　売却目的保有に分類された資産は，帳簿価額と売却コスト控除後の公正価値のいずれか低い金額で測定される。この公正価値が帳簿価額よりも低い場合（公正価値＜帳簿価額），資産の再分類時に売却コスト控除後の公正価値まで評価減され，減損損失が認識される。また，売却目的保有に分類された資産については，減価償却は行わない。

　再分類による損益計算書への影響（減損損失とその後の売却による利得および損失の認識等）は，IFRS 第5号に基づき，資産が継続事業または非継続事業のいずれに該当するかに依存する。なお，非継続事業に関する利得および損失の分類についての解説は，本書では取り扱っていない。

第Ⅲ部

無形資産

　第Ⅲ部では，主に無形資産の包括的な会計基準であるIAS第38号に基づいて，無形資産の識別や当初認識と測定，当初認識後の測定や減価償却方法，認識の中止にかかる会計処理について，ケーススタディ等を交えながら解説している。また，無形資産のうち，企業結合によって取得した識別可能な無形資産については，どのような無形資産があるかその特徴や会計処理の留意点なども詳しく解説している。

第1章 IAS 第38号の概略（定義と範囲）

無形資産には，さまざまな種類のものがある。例えば，取得の形態により，以下のように分けることができる。

- 個別に取得した無形資産
- 企業結合の一部として取得した無形資産
- 非貨幣性資産との交換取引により取得した無形資産
- 政府補助金により取得した無形資産
- 自己創設無形資産

第Ⅲ部では，このような無形資産についての会計処理の概要を解説する。具体的には，無形資産の会計処理に関する以下の事項を扱っている。

- 定義および範囲
- 無形資産の識別
- 無形資産の認識
- 無形資産の当初測定
- 当初認識後の測定
- 無形資産の償却
- 認識の中止

なお，無形資産の減損は，IAS 第36号で取り扱われており，本書では，第Ⅳ部で取り上げている。また，無形資産に関する開示については，第Ⅴ部で取り上げている。

(図表Ⅲ－1－1)　無形資産の種類

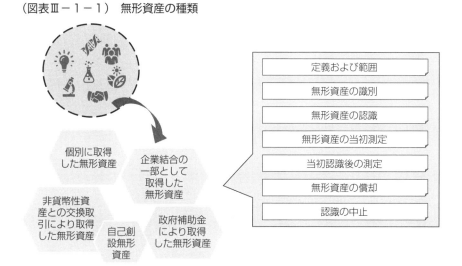

1．目　的

　IAS第38号の目的は，他の基準で扱っていない無形資産に関する会計処理を定めることである。当該基準は無形資産の認識，測定，および開示に関する取扱いを明らかにしている（IAS第38号第1項）。

2．定義と範囲

(1) 定　義

　無形資産は，「物理的実体のない識別可能な非貨幣性資産」と定義されている（IAS第38号第8項）。無形資産の主な特徴としては以下の点が挙げられる（詳細は，第2章参照）。

企業により支配される資源であり，企業はその資源から将来の経済的便益を期待している（支配と経済的便益）

 物理的実体がない（物理的実体の欠如）

 個別に識別可能である（識別可能性）

(2) 範　囲

　IAS第38号は，他の基準の範囲に含まれる無形資産を除く，すべての無形資産に対して適用される（IAS第38号第2項，第3項）。以下のような項目は，他の基準において要求事項が定められており，IAS第38号の対象外とされている。

（図表Ⅲ－1－2）　IAS第38号の対象とならない無形資産

項　目	関連するIFRSの規定等
通常の事業の過程において，販売目的で保有する無形資産	IAS第2号およびIFRS第15号
繰延税金資産	IAS第12号
リース（IFRS第16号の範囲に含まれるもの）	IFRS第16号
従業員給付から生じる資産	IAS第19号
企業結合から生じるのれん	IFRS第3号
IFRS第4号の範囲に含まれる保険契約に基づき，保険者の契約上の権利から生じる，繰延新契約費および無形資産	IFRS第4号（ただし，無形資産にはIAS第38号の開示要求が適用される。IFRS第4号の範囲に含まれない繰延新契約費にはIAS第38号が適用される）
IFRS第5号に従って売却目的保有に分類される無形資産	IFRS第5号
金融資産（IAS第32号で定義されているもの）	IAS第32号

探査および評価資産	IFRS 第 6 号
天然資源の探査段階における鉱物, 石油, 天然ガスおよび類似する非再生資源の開発および採掘のための支出	IFRS 第 6 号 (ただし, 天然資源の採掘の技術的可能性および経済的実行可能性が確立 (開発局面) した時点で, 内部で発生した費用に係る IAS 第38号の認識規準を適用する必要がある (IFRS 第 6 号第 5 項, 第10項, BC28項参照))

　広告, 教育・訓練, 開業準備, 研究開発 (R&D) に関する支出は, IAS 第38号の範囲に含まれる。R&D 活動は, 知識の開発を目的とする。これらの活動により物理的実体のある資産が生じる可能性はあるが, 当該資産の物理的要素は, 無形の構成要素に対し副次的なものである。場合によっては, 開発に係る支出が IAS 第38号における認識規準を満たす無形資産の創出につながることもある (IAS 第38号第 5 項)。

　リースの原資産は, 性質として無形資産である可能性がある。リース取引における無形資産は, IFRS 第16号に基づいて会計処理される (IAS 第38号第 6 項)。

　映画フィルム, ビデオ録画, 演劇脚本, 原稿, 特許権および著作権といった, ライセンス契約に基づき借手が保有する権利は, IAS 第38号が適用され IAS 第17号または IFRS 第16号の範囲から除外されている (IFRS 第16号第 3 項, IAS 第38号第 6 項)。

> **PwC's Eyes**　IAS 第38号の範囲に含まれる無形資産のリース
>
> 　無形資産のリースを, 借手が IFRS 第16号に従って会計処理することを選択した場合には, IAS 第38号の範囲外となる。ただし, 映画フィルム, ビデオ録画, 演劇脚本, 原稿, 特許, 著作権など, ライセンス契約に基づき借手が保有する権利は, IAS 第38号の範囲に含まれ, IFRS 第16号の範囲からは除外される。

(3) 無形資産と金融資産の区別

　無形資産と金融資産を区分することが困難な場合がある。一般に企業が現金

を受け取る契約上の権利を購入したとすれば，企業が取得したのは無形資産ではなく金融資産と考えられる（IAS第32号第11項）。

ケーススタディⅢ－1－1 ▶ サッカー・チームのチケットを販売する権利ではなく，収益の一定割合に対する権利を購入する場合

[前 提]

企業Ａが，サッカー・チームのチケット販売から生じる収益の一定割合に対する権利を購入した。

[ポイント]

どのような権利を取得したかに基づいて金融資産もしくは無形資産として会計処理する。

[考え方]

企業Ａは，通常，当該権利を無形資産ではなく，金融資産を取得したものとして会計処理する。企業Ａがチケットの価格設定および販売について何の権限も持たず，チケット販売によりもたらされる現金に対する権利のみを有するので，これは現金を受け取る契約上の権利という金融資産に相当する。一方，仮に企業が，サッカー・チームのチケット販売権を購入して，収益を得るためのチケットそのものの販売に対して責任を負う場合，これは無形資産に相当するといえる。

ケーススタディⅢ－1－2 ▶ 知的財産に係るロイヤルティ収入

[前 提]

企業Ｂは，知的財産（特許など）を創出して資産化し，その使用権を第三者に有料で付与している。

[ポイント]

企業Ｂが保有する知的財産は，無形資産か。

[考え方]

知的財産を所有する企業Ｂは，顧客（第三者）の勧誘，および料金の計算方法の決定に対して責任を有している。この料金は，当該第三者の収益の一定割合額，または定額料金となる可能性がある。このロイヤルティ収入は当該知的財産が生み出す経済的便益を表す。知的財産自体は，無形資産に該当する。

第2章

無形資産の識別

1. 範　　囲

　無形資産は，個別に取得したり，企業結合の一部として取得したりすることがあり，また，企業が自ら作り出したりすることもある。IAS第38号は，このような場合に無形資産を識別する範囲の取扱いを示している。

　企業は，次のような無形の資源の取得，開発，維持または強化に対して，資源を消費し，負債を負うことがある。

- 科学上または技術上の知識
- 新しい工程またはシステムの設計および実施
- ライセンス
- 知的財産
- 市場の知識
- 商標（ブランド名や出版表題を含む）

　これらの具体的な例として，IAS第38号では，次のようなものを示している（IAS第38号第9項）。

- コンピュータ・ソフトウェア
- 特許権
- 著作権
- 映画フィルム
- 顧客リスト
- モーゲージ・サービス権

- 漁業免許
- 輸入割当
- フランチャイズ
- 顧客または仕入先との関係
- カスタマー・ロイヤルティ・プログラム
- 市場占有率
- 販売権

これらはすべての無形資産を網羅的に表すものではない。IFRS第3号には，企業結合によって取得される可能性のある無形資産の種類について，より詳細なリストが示されているが，それについては後述の第4章「企業結合により取得した無形資産」（163頁）で解説する。

本章ではIAS第38号に従って，ある項目が無形資産として適格となるために満たす必要のある要件について解説する。

なお，資産の認識規準を満たす開発に係る支出を除き，自己創設無形資産のような一部の項目については，IAS第38号では資産として認識されない場合がある。認識については，第3章以降で検討する。資産の要件を満たさない支出は，発生時に費用として処理される。

2．無形資産の識別

無形資産は，「物理的実体のない識別可能な非貨幣性資産」と定義されている（IAS第38号第8項）。この無形資産の定義を満たし，後述の認識規準を満たす項目が，財務諸表において無形資産として認識される（IAS第38号第18項）。

無形資産の主な特徴は以下のとおりである（IAS第38号第8項）。

 企業により支配される資源であり，企業はその資源から将来の経済的便益を期待している（支配と経済的便益：第3節）

 物理的実体がない（物理的実体の欠如：第4節）

 のれんと区別して識別可能である（識別可能性：第5節）

無形資産の識別にあたっては，これらの3つの特徴を満たす必要がある。次節以降において，これら3つの項目について解説する。

3．支配と経済的便益

IFRSにおいて，資産は過去の事象の結果として企業が支配し，かつ将来の経済的便益が企業へ流入することが期待される資源と定義される。この定義には，支配と将来の経済的便益に対する期待という2つの要素が含まれている。無形資産の1つ目の特徴は，この2つの要素を規定したものである。

(1) 無形資産に対する支配

企業が対象となる資源から生じる将来の経済的便益を獲得するパワーを有し，かつ，当該便益への他者のアクセスを制限できる場合，企業は当該資産に対する支配を有している。支配は通常，法的所有権やライセンスといった，法的強制力のある契約上の権利またはその他の権利により裏付けられる。法的権利がない場合は，支配の立証はより困難となる。企業は，例えば，ノウハウから生じる便益を秘匿することにより支配するなど，何らかの方法で将来の経済的便益を支配する場合がある（IAS第38号第13項）。

企業は通常，人的資源から生じると期待される将来の経済的便益に対して，人的資源を無形資産として認識できるほど十分な支配を有していないとされている（IAS第38号第15項）。

ケーススタディⅢ－2－1 ▶ 新規の従業員に対して支払われる契約金

前 提

A銀行はリテール・バンキングを行っている。この銀行の戦略は，サービスを多様化し，顧客基盤を拡大することである。経営者は，投資銀行部門の立ち上げを計画しており，新たな事業を迅速に魅力あるものとするには知名度の高い従業員を採用する必要があると考えている。銀行は実績のある10名に雇用のオファーを出し，これらはすべて受諾された。契約は5年間であり，相当額の契約金が支

払われる。当該契約金は，契約期間中にその従業員が離職する場合でも返還の必要がない。

|ポイント|

A銀行は，この契約金の支払によって将来の経済的便益に対する権利を確立したかどうかに基づいて無形資産を認識できるか決定する。

|考え方|

当該契約金は無形資産として認識できず，発生時に費用として認識すべきである。契約金の支払によって，銀行が支配を有する将来の経済的便益に対する権利を確立したことにはならない。新規の従業員は，契約期間中に銀行を辞める可能性がある。法的強制力のある競業禁止条項が含まれており，競合企業がこの従業員を雇用する機会を奪われている場合には，無形資産が認識される可能性がある。

PwC's Eyes　顧客との関係

顧客との関係は，期待される将来の経済的便益に対する支配を確立するのが難しい無形資産である。顧客との関係が契約に基づく場合には，支配を裏付けられる可能性がある（例えば，販売契約において，顧客の氏名，住所，供給予定の商品および合意した契約期間が特定されている場合）。しかし，通常，顧客との関係から生じると期待される将来の経済的便益に対する企業の支配は，十分でないことが多い。同一または類似の契約に基づかない顧客との関係についての交換取引（企業結合の一部であるものを除く）がある場合にのみ，支配の証拠が十分であるとされる可能性がある。このような交換取引は，顧客との関係が分離可能であるということの証拠にもなる（本章5．「識別可能性」（123頁）を参照）。実務上，契約に基づかない顧客との関係についての交換取引は稀である。

ケーススタディⅢ－2－2 ▶ 自己創設の顧客リストと企業結合により取得した顧客リストに関する信頼性のある測定の要件

|前　提|

企業Aは，何年にもわたって商売をしており，現在取引している顧客からなる顧客リストを作成した。このリストは顧客情報という観点で膨大かつ網羅的であ

り，経営者はこのリストに重要な価値があると考えている。企業Aは中規模の競合会社を買収し，その会社も顧客の氏名，住所，連絡先および平均的な購入額といった情報を含む膨大な顧客リストを有している。

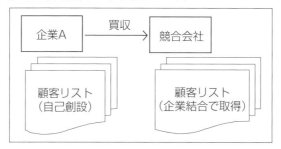

この顧客リストには価値があり，第三者に売却することもできる。その公正価値は信頼性をもって測定することができ，顧客情報の交換または取引を妨げる実質的な法的理由もない。

企業Aは，両方の顧客リストについて，いずれも将来の経済的便益を見込むことができ，当該企業が支配されることから，無形資産として認識したいと考えている。

<u>ポイント</u>
上記の2つの顧客リストを無形資産として認識できるか。

<u>考え方</u>
企業結合により取得した顧客リストは，その公正価値を信頼性をもって測定できる場合，無形資産として認識する必要がある。この顧客リストを売却もしくは交換できるということは，買収で生じるのれんから分離可能であることの証拠となる。

一方，自己創設による顧客リストについては，支配の条件を明確に満たしているものの，無形資産として認識することはできない。IAS第38号は，認識規準の条件を満たす開発に関する支出を除き，自己創設の無形資産の認識を明確に禁止している。これは，顧客リストに係るコストを事業全体を発展させるためのコストから区別できないためである（この認識規準については，第Ⅲ部第3章3.「自己創設無形資産の認識」（132頁）を参照）。

(2) 将来の経済的便益

将来の経済的便益には，製品の販売またはサービスの提供による収益，コスト節減または企業が資産を使用することにより生じる他の便益が含まれる場合がある（IAS 第38号第17項）。

4．物理的実体の欠如

無形資産のもう1つの本質的な特徴は，物理的実体がないことである。しかし，資産を有形と無形のいずれに分類するかが難しい場合もある。無形資産の中には，物理的実体に収録されているものもある。例えば，次のようなものである。

- コンパクトディスクに含まれるコンピュータ・ソフトウェア
- 法的書類で証明されるライセンスや特許
- 建物に付与された取引の認可
- 撮影しDVDに収められた映画
- コンピュータ・システムに含まれるデータベース

このような場合，有形の要素と無形の要素は分離できない可能性があり，いずれの要素がより重要なのかを判定するために判断が求められる。無形の要素がより重要な場合には，当該資産は無形資産として扱う必要がある（IAS 第38号第4項）。

例えば，特定のソフトウェアがなければ機械を稼働できない場合，ソフトウェアは機械の不可欠な一部であるとみなされ，有形資産として取り扱われる。対照的に，有形資産が無形資産の付随的なものである場合，有形の要素も無形の要素もともに無形資産として取り扱われる。これには，例えば，ソフトウェアを収めたコンパクトディスクのように，有形資産が単にソフトウェアまたはその他の無形資産を収めるためだけの手段であり，それ以外に用途がない場合が挙げられる。

(図表Ⅲ-2-1) 有形・無形の分類が難しい資産

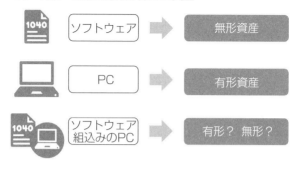

　有形の要素と無形の要素がそれぞれ独立に稼働することはできないが，各要素の取得原価が重要である場合もある。そのような状況では，それぞれの要素を別々に会計処理することが適切となる場合がある。例えば，高額なコンピュータのハードウェアにデータベースが含まれており，ハードウェアの取得原価がデータベースの取得原価とは別々に識別可能であり，それぞれの要素は異なる耐用年数を有する場合がある（例えば，ハードウェアが陳腐化した場合でもデータベースは別のコンピュータ・システムに移行できる場合がある）。そのような場合，コンピュータの2つの構成要素はいずれも重要な構成要素であるため，ハードウェアは有形固定資産，データベースは無形資産に分類し，別々に会計処理することが適切である。

5．識別可能性

　無形資産の3つ目の特徴は，識別可能性である。無形資産は，のれんと区別して識別可能でなければならない。無形資産は，以下のいずれかの場合に識別可能であるといえる（IAS第38号第12項）。
　①　分離可能である場合
　②　契約またはその他の法的権利から生じている場合
　①は，企業から分離または分割して，単独で，または関連する契約，資産もしくは負債とともに，売却，移転，ライセンス供与，賃貸または交換することができる場合を意味する。また，②では，当該権利が譲渡可能なのかどうかや，

企業または他の権利および義務から分離可能なのかどうかは問わないものとされている。

個別にまたは他の資産とともに分離して売却可能な無形資産は，識別可能性の規準を満たしているとみなされる。契約上の権利または法的権利により生じる資産は，事業から分離できない場合でも，識別可能である（IAS 第38号 BC9項，BC10項）。例えば，一部の国や地域では，事業内のライセンスを，事業全体を売却する時以外は譲渡できないことがある。

資産が契約上の権利や法的権利から生じていない場合もある。しかし，こうした資産に係る交換取引がある場合（例えば，契約に基づかない顧客関係で構成されるポートフォリオの売却がある場合），こうした資産は識別可能性の規準を満たしているとみなされる。同一または類似の資産に係る交換取引は，企業が支配を有し，その項目が分離可能であることの証拠を提供することになる（IAS 第38号 BC11項～BC14項）。

ケーススタディⅢ－2－3 ▶ 売却または交換できない配信ネットワークのマップ

前 提

企業 A は通信業に携わっており，メンテナンスを必要とする広範囲の配信ネットワークを有している。企業 A はこの配信ネットワークシステムのマップを有しており，メンテナンスの担当者はシステムを構成する資産を識別し配置することが可能である。このマップの開発には相当の支出が行われている。このマップは企業 A にとってのみ価値を有するため，売却や交換はできない。

企業 A は，このマップからもたらされると期待される将来の経済的便益について，資産を認識したいと考えている。

ポイント

マップを資産として認識できるか。

考え方

マップは分離可能ではないものの，経営者はマップに具現化されている知的財産に対する支配を有している。マップは著作権によって保護されている。この知的財産は契約上の権利または法的権利から生じており，識別可能性の要件を満たしている。

企業はマップへのアクセスを有することによってメンテナンスのコストを節減

でき，それにより経済的便益が企業へ流入する可能性がある。したがって，マップを開発するうえで発生したコストは，開発に係る支出として資産化する要件をすべて満たす場合，自己創設無形資産として認識することになる。

なお，開発に係る支出の資産化要件については第3章3.「自己創設無形資産の認識」（132頁）を参照。

6．日本の実務との差異

(1) 無形資産の識別

日本基準では，無形資産にかかる包括的な会計基準は策定されておらず，無形資産の識別についても特別な定めはない。

一方，IFRSではIAS第38号において無形資産を「物理的実体のない識別可能な非貨幣性資産」と定義し（IAS第38号第8項），この定義を満たし，認識規準の要件を満たした項目が，財務諸表において無形資産として認識される（IAS第38号第18項）。

(2) 繰延資産の会計処理

日本基準では，繰延資産として株式交付費，社債発行費，創立費，開業費，開発費が限定列挙されており，有形固定資産とは区別されている。これらは原則として費用処理するが，資産計上して一定期間で償却することも認められている（財務諸表等規則第37条，企業会計原則 第三 四（一）C，繰延資産の会計処理に関する当面の取扱い）。

一方，IFRSでは，繰延資産に関する規定がないため，関連する会計基準の取扱いに従って会計処理する。株式発行費は，関連する税務上の利得を控除した金額で資本から控除する。社債発行費は，負債の公正価値から控除して実効金利に反映し償却する。開発費は，無形資産の定義および認識規準に従って会計処理する。開業準備費用（法人の設立に際し発生する法務および事務費用，開業前／操業前費用）は費用処理する（IAS第38号第10項〜第17項，第21項，第69項(a)，IAS第32号第37項，IAS第39号第43項，IFRS第9号第5.1.1項）。

第3章 無形資産の認識と測定

1．認識規準

(1) 蓋然性規準と信頼性規準

　財務諸表において無形資産を認識するのは，ある項目が無形資産の定義を満たし，かつ，認識規準も満たす場合である。

　無形資産の認識規準は，以下のとおりである。いずれも満たす場合にのみ，無形資産が認識される（IAS第38号第21項）。

① 当該資産に起因する期待される将来の経済的便益が企業に流入する可能性が高い（蓋然性の要件）
② 当該資産の取得原価を信頼性をもって測定することができる

（図表Ⅲ－3－1）　無形資産の認識規準

無形資産の定義（第2章参照）を満たす資産	
将来の経済的便益が企業に流入する可能性が高い（蓋然性規準）	資産の取得原価について信頼性をもって測定できる（信頼性規準）

すべてを満たす場合

無形資産として認識する

これらの認識規準は，無形資産を取得または内部で創出するために当初に発生した当初原価およびその後に追加，一部の取替えまたは保守を行うために発生した原価両方に適用される（IAS第38号第18項，第19項）。認識規準が満たされない場合，それらの原価は費用として処理しなければならない。

> ***PwC's Eyes*** 蓋然性規準の定義
>
> 　経済的便益が企業に流入する程度を示す「可能性が高い（probable）」という用語は，IAS第38号では定義されていない。また，期待される将来の経済的便益の評価方法も特に示されていない。企業は，無形資産に係る会計方針を策定し，当該会計方針の一部として，成功の可能性や将来の経済的便益の金額を考慮し，「可能性が高い」とは何かを定めておくことが適当である。
>
> 　IAS第37号は，「可能性が高い（probable）」という用語を，「起こらない可能性よりも起こる可能性のほうが高い（more likely than not）」と定義している。この定義は，成功の可能性を説明する目的で「可能性が高い」とは何かを検討する際に用いられる。期待される将来の経済的便益が企業に流入しない可能性よりも流入する可能性のほうが高いと考え，それを裏付けられる場合には，この要件が満たされることになる。

（図表Ⅲ－3－2）「可能性が高い」の定義

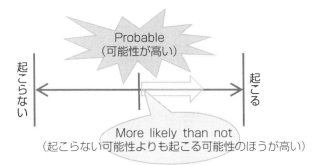

企業は，期待される将来の経済的便益の可能性の高さの評価を，合理的で裏付け可能な仮定を用いて行わなければならない。こうした仮定は，資産の耐用年数にわたって存在するであろう経済状況の組み合わせに関する経営者の最善

の見積りを表すものである必要がある（IAS 第38号第22項）。

資産の使用により期待される経済的便益の流入の確実性の程度を評価するためには，当初認識時において入手可能な証拠に基づいた判断が要求される。外部証拠を，より重視してこの判断を行う必要がある（IAS 第38号第23項）。

資産が他の資産との組み合わせでしか経済的便益を創出しない場合には，IAS 第36号の資金生成単位の考え方を適用する必要がある（IAS 第38号第60項）。

> ***PwC's Eyes*** 経済的便益の可能性の程度の評価と外部の証拠
>
> 期待される将来の経済的便益の可能性の程度の評価において，外部の証拠をより重視するという IAS 第38号の定めは重要である。交換取引は，IAS 第38号全体を通して，無形資産の分離可能性の証拠を提供するものとして扱われている。交換取引は，期待される将来の経済的便益を示す外部の証拠ともなりうる。その他の外部の証拠には，外部の専門家が提供する業界予測，市場分析や競合分析，一般的な情報としてのインフレーション予想や国の成長率などがある。

(2) 無形資産の取得と認識規準

企業は，無形資産を次のようなさまざまな方法により取得することがある。
- 貨幣性の対価またはその他の対価による個別の取得
- 企業結合の一部としての取得
- 他の非貨幣性資産との交換による取得
- 政府補助金を用いての取得
- 資産を内部で開発または生成することによる取得

資産の認識規準は，上記のそれぞれの状況に応じて適用される。各々の状況により，認識規準を満たすかどうかを決定する際に企業が用いる入手可能な証拠の程度および信頼性が異なる。例えば，上記の最初の3つの状況では，経済的便益が企業に流入する可能性が高いことを裏付ける交換取引が存在する。

無形資産は，資産への追加や一部の取替えがないといった性質を持つことが多い。事後の支出は資産を維持するために発生することが多く，通常は資産と

第3章　無形資産の認識と測定　129

しての認識規準を満たさない。事後の支出を，特定の無形資産に配分することが困難であることも多い。したがって，ほとんどの事後の支出は資産として適格ではなく，発生時に費用処理される。また，ブランド，新聞の題字，出版物のタイトル，顧客リストおよび実質的にそれらに類似した項目に対する事後の支出は，常に発生時に費用処理されるとしている。これは，そうした事後の支出は，事業全体を発展させるための支出と区別できないからであり，資産を外部から取得したのか内部で創設したのかにかかわらず適用される（IAS 第38号第20項）。

2．各資産への認識規準の適用

(1)　外部から個別に取得した資産

　蓋然性の認識規準は個別に取得した無形資産の場合，常に満たされるものとみなされる。支払われた価格は，資産から将来の経済的便益が企業に流入する可能性に関する予想を反映している。支払われる価格が大きいほど，資産から生じる将来の経済的便益への期待は高くなる（IAS 第38号第25項）。

(2)　企業結合により取得した資産

　企業結合も交換取引の一種である。企業結合において支払われた価格は，取得した事業全体から生じることが期待される将来の経済的便益に関する予想を反映しているが，企業結合の一部として取得した個別の資産に対する期待を直接には反映していない。

　信頼性をもって測定できるすべての無形資産は公正価値で認識される（IFRS 第3号第37項）。第4章「企業結合により取得した無形資産」（163頁）で解説するとおり，IFRS 第3号および IAS 第38号においては，企業結合により取得した無形資産について測定の信頼性の規準は常に満たされる。無形資産の公正価値は，独立第三者間での価格のように，資産から将来の経済的便益が企業に流入する可能性に関する予想を反映している。そのため，企業結合により取得

した無形資産においても，蓋然性の認識規準は常に満たされると考えられる。

　なお，取得した研究開発プロジェクトに係る事後的な支出の会計処理における認識および測定の規定についても第4章において検討する。

(3) 交換取引により取得した資産

　貨幣性の対価による取得と同様に，非貨幣性資産との交換により個別に取得した無形資産についても，蓋然性の認識規準を満たすとみなされる。非貨幣性資産との交換取引により取得した資産は，引き渡した対価の公正価値で測定し，その公正価値は将来の経済的便益が企業に流入する可能性に係る期待を反映することになる。

(4) 政府補助金により取得した資産

　政府補助金を使用して，無償または名目価格で無形資産を取得することがある。政府補助金により取得する資産はさまざまであるが，国によっては，空港の発着権，排出権，テレビまたはラジオ局の事業免許，輸入免許および割当枠などがある。このような資産は，取得原価（ゼロまたは名目的な金額となる）または公正価値で認識することができる。

　企業がこれらの資産を公正価値で認識することを選択する場合，補助金を公正価値で認識できるかどうかを評価する必要がある。公正価値で認識するためには，企業が補助金の付帯条件を満たしていることについての合理的な保証が必要である。

　政府補助金を使用して無形資産を取得する場合，交換取引は存在しない。IAS第38号は，政府補助金により取得した無形資産に対する認識規準の適用について特に定めていない。しかし，IAS第20号「政府補助金の会計処理及び政府援助の開示」では，企業が補助金の付帯条件を満たし，かつ補助金を実際に受け取るという合理的な保証が得られるまで，非貨幣性の補助金の公正価値は認識されないとしている（IAS第20号第7項，第8項）。補助金を受け取ること自体は，補助金の付帯条件が満たされたことまたは今後満たされることの決

定的な証拠とはならない。

(5) 自己創設無形資産

内部で開発または創設した資産を無形資産として認識するためにも，1．「認識規準」で解説した認識規準を満たす必要がある。しかしながら，以下の理由により，自己創設無形資産が認識規準を満たすかどうかの判定が困難な場合がある（IAS第38号第51項）。

- 期待される将来の経済的便益を生成するかどうか不確実である。
- 資産の取得原価を信頼性をもって決定できない，またはそうした資産の取得原価を，企業の自己創設のれんの維持または増強のためのコストや，企業の日常業務の運営のコストと区別できない。

ケーススタディⅢ－3－1 ▶ 特定の製品に配分できない研究開発費

前提

ある大手の製菓会社には，チョコレートおよびキャンディーという2つの事業分野がある。チョコレート部門は5つのブランドを有しており，キャンディー部門には3つのブランドがある。また，経営者は新規顧客の獲得を継続的に模索している。

当該企業では顧客の嗜好調査，既存商品のデザインのバリエーションおよび新商品のデザインといった新商品の研究開発に対する支出が発生している。研究開発支出としてチョコレート部門では100百万円，キャンディー部門では160百万円が当期に発生した。こうした支出は特定の製品に対して個別に配分できないが，事業部門には関連させることができる。

ポイント

この研究開発費を自己創設無形資産として資産化できるか。

考え方

この研究開発費は，自己創設無形資産として資産化すべきではない。無形資産の認識規準を満たすためには，無形資産は識別可能で，特定の製品またはプロジェクトに帰属させることのできるものでなければならない。認識する個別の無形資産のそれぞれについて，流入する将来の経済的便益を特定できる必要がある。

> 個別の製品またはプロジェクトを識別できない場合は，無形資産の認識規準を満たすことはできない。

3．自己創設無形資産の認識

　IAS第38号は，自己創設無形資産が認識されるべきかどうかを決定するための詳細な規定を提供している。こうした規定は，開発支出以外の自己創設無形資産の認識を禁じている。開発支出について，自己創設開発支出を資産化するには，無形資産の一般的な認識および当初測定の要件を充足することに加えて，IAS第38号で規定されている厳しい条件も満たさなければならない。以下では，それらの規定を解説する。

(1) 研究開発の概要

　無形資産の創出過程は，研究局面と開発局面に分類される。これら2つの局面が区別できない場合，資産に係るすべての支出は研究局面に帰属させる必要がある（IAS第38号第52項，第53項）。
　「研究」と「開発」は，それぞれ以下のように定義されている（IAS第38号第8項）。

研究	新規の科学的または技術的な知識および理解を得る目的で実施される基礎的および計画的調査
開発	商業ベースの生産または使用の開始前における，新規のまたは大幅に改良された材料，装置，製品，工程，システムまたはサービスによる生産のための計画または設計への，研究成果または他の知識の応用

① 研究局面

研究活動の例には，次のものがある（IAS 第38号第56項）。
- 新しい知識の獲得を目的とする活動
- 研究成果または他の知識に適した応用の調査，応用の評価および適切な応用の最終的な選択
- 材料，装置，製品，工程，システムまたはサービスに関する代替的手法の調査

次の**図表Ⅲ－3－3**は，これらの活動ごとの具体的な例を示している（IAS 第38号第56項）。

（図表Ⅲ－3－3）　研究活動とその例示

活動内容	例　示
新しい知識の獲得を目的とする活動	特定の遺伝子の存在が人間の特定の疾病の発生にどのように影響するかを発見することを目的とする生命工学の研究
研究成果または他の知識に適した応用の調査，応用の評価および適切な応用の最終的な選択	化学物質の特定の相互作用による効果の発見を，特定の病気の治療法の開発に用いることができるかどうかについて，治療により期待される効果，費用，代替できる既存の治療法といった判断規準を用いて決定する場合
材料，装置，製品，工程，システムまたはサービスに関する代替的手法の調査	企業の社会的責任を向上させる取組みの一環としての環境に優しい代替的手法の調査

　研究局面では，企業は将来の経済的便益を立証できない。将来の経済的便益の可能性がないということは，支出が無形資産の定義も認識規準も満たしていないことを意味する（IAS 第38号第55項）。

　したがって，内部プロジェクトの研究局面に関する支出は，発生時に費用処理する必要がある。研究，または内部プロジェクトの研究局面から生じた無形資産を認識することはできない（IAS 第38号第54項）。

　研究は，科学的または技術的な知識に係るものと定義されている。市場調査

または顧客調査といった他の形態の調査においても，発生時に費用として認識するという同様の会計処理が適用される。

なお，企業結合の一部として取得した研究プロジェクトは取扱いが異なる（IAS第38号第34項）。企業結合で取得した場合，通常，資産が認識される。

② 開発局面

開発活動の例には次のものがある（IAS第38号第59項）。

- 生産の前段階または使用の前段階の試作品およびモデルに関する設計，建設およびテスト
- 新規の技術を含んだ，工具，治具，鋳型および金型の設計
- 実験工場の設計，建設および操業で，商業生産が経済的に実行可能ではない規模のもの
- 新規のまたは改良された材料，装置，製品，工程，システムまたはサービスに関して選択した，代替的手法等についての設計，建設およびテスト

企業は研究開発プロジェクトの工程で用いる特許およびその他の権利を購入する場合がある。これらの権利を研究活動に用いる場合あっても，個別に取得される無形資産として認識規準を満たすことになる。個別に取得される無形資産は，「将来の経済的便益」の認識規準を自動的に満たすものとみなされるためである。

(2) 開発局面の取扱い

プロジェクトが開発段階へ進むにつれて将来の経済的便益がより明らかになる場合がある。プロジェクトの開発局面は研究局面よりも進んだものである。企業は，場合によっては，開発局面において無形資産を識別することができる（IAS第38号第58項）。開発または内部プロジェクトの開発局面から生じた無形資産は，企業が次のすべてを立証できる場合に，かつ，その場合にのみ，認識

しなければならない（IAS 第38号第57項）。

(a) 使用または売却に利用できるように無形資産を完成させることの技術上の実行可能性
(b) 無形資産を完成させて，使用するかまたは売却するという意図
(c) 無形資産を使用または売却できる能力
(d) 無形資産が可能性の高い将来の経済的便益を創出する方法。とりわけ，企業が，当該無形資産の産出物または無形資産それ自体についての市場の存在や，無形資産を内部で使用する予定である場合には，当該無形資産の有用性を立証できること
(e) 開発を完成させて，無形資産を使用するかまたは売却するために必要となる，適切な技術上，財務上およびその他の資源の利用可能性
(f) 開発期間中の無形資産に起因する支出を，信頼性をもって測定できる能力

（図表Ⅲ－3－4） 研究開発プロセスと資産化タイミングの参考例

研究開発プロセス例

一般的なフェーズ区分	研究		開発				量産
	フェーズ1 基礎研究	フェーズ2 応用研究	フェーズ3 開発計画	フェーズ4 商品・プロセス概要設計	フェーズ5 商品・プロセス詳細設計	フェーズ6 製造開始準備	フェーズ7 大量生産
内容	✓理論的または実験的研究	✓基礎研究に基づき，特定の目標を定めて実用化の可能性を確かめる研究	✓顧客要求の理解 ✓試作品とシミュレーション（任意） ✓顧客の提案書作成 ✓顧客への提案 ✓新規事業計画の策定，承認	✓製品要求決定 ✓製品と製造プロセスの概要設計 ✓製品コンセプト整合性確認 ✓試作品とシミュレーション ✓仕様に適合した設計書 ✓顧客要求確認	✓製品と製造プロセスの詳細設計 ✓詳細設計の顧客承認 ✓プロトタイプ ✓一連の製品定義書（設計書等）	✓リソースや機械設備等の量産準備 ✓量産の内部／顧客承認 ✓初回サンプル作成と量産プロセスの安定 ✓顧客への納品体制の準備	✓量産スタート ✓プロジェクト終了
技術的実行可能性					✓		
完成・売却の意図				✓			
使用・売却可能性					✓		
経済的便益					✓		
リソース			✓				
測定可能性						✓	

←──── 費用処理 ────→ ←── 資産計上 ──→ ←原価／費用→

経営者は以下のケーススタディが示すように，製品のライフサイクルを考慮して，ライフサイクルの段階ごとに上述のIAS第38号第57項に列挙された認識規準を適用すべきである。

> **ケーススタディⅢ－3－2 ▶ 製品のライフサイクルの各段階における認識規準の適用**
>
> [前 提]
>
> 製造工場で使用予定の新技術の開発について検討する。開発プロセスは以下の段階に分けられる。
> ① 新技術の必要性および新技術による便益を識別する。
> ② 新技術を調査するプロジェクトを立ち上げる。
> ③ 市場において利用可能な他の技術を調査する。
> ④ 競合他社が使用している他の技術を調査する。
> ⑤ 代替的な種類の新技術の設計を依頼し，実行可能性について製造サイドからの意見を聴く。
> ⑥ ⑤から代替的技術の候補リストを作成し，開発コストを作り込む。
> ⑦ 新技術の予算を作成し，候補リストおよび技術の置換えに合意する。
> ⑧ 候補リストを各ラインのマネージャーに送付し，彼等からの意見をもとに3つの代替技術を選定する。
> ⑨ 選定された3つの技術を取締役会に提示し，最終判断を仰ぐ。
> ⑩ 最終的に選ばれた技術の開発計画を確定する。
> ⑪ 新技術を開発する。
> ⑫ 新技術をテストする。
> ⑬ 新技術について従業員を訓練する。
> ⑭ 新技術を製造ラインに展開する。
>
> [ポイント]
>
> 経営者は，どの段階でプロジェクトに係るコストの資産化を開始すべきか，認識規準がすべて満たされる時点によって判断するため，各段階で認識規準を検討する必要がある。
>
> [考え方]
>
> 認識規準がすべて満たされる時点以降のコストについて資産化を開始すべきである。認識規準を満たした時点から，企業は直接付随費用をすべて資産化する必要がある。

- ⑤の段階：無形資産を使用するために完成させる実行可能性および企業がそれを使用する能力が確認されているため，前述の規準(a)および(c)を満たす。
- ⑦の段階：予算が作成され，技術の置換えを進めることについて合意に達し，開発を完了させるための資源が存在するため，この段階の終わりに規準(a)，(c)，(d)および(e)が満たされる。
- ⑩の段階：上記に加え，取締役会がプロジェクトを承認し（資産を完成させる意図の証明－規準(b)），予算に基づいた開発計画が，支出を信頼性をもって測定できる（規準(f)）ことを証明しているため，この段階ですべての規準が満たされる。

多くの企業が開発に関して多額の支出を行っているが，無形資産として認識される額は，その事業の性質や開発される製品の性質により大きく異なる。事業の性質別で開発費にそれぞれどのような特徴があるかの例をまとめたものが，次の**図表Ⅲ－3－5**である。

（図表Ⅲ－3－5） 事業別の開発費の特徴

事業の種類	事業内容	開発費の認識の特徴
長期請負契約	顧客のための大規模なコンピュータシステム開発	➢契約条件において，製品またはシステムの開発活動が履行義務の一部となっていると規定している場合がある。 ➢その場合の開発コストは，一般に IAS 第38号に基づいて会計処理するのではなく，IFRS 第15号に基づき履行義務を充足するためのコストの一部として会計処理される。 ➢ただし，開発活動が履行義務の一部ではないが，顧客に明示的に課金されるような場合には（例えば，履行義務の充足時に知識が使用されるが，それ自体は履行義務の一部とならない場合など），契約履行コストに関するガイダンスと IAS 第38号のいずれを適用するかを分析する必要がある。
量産品の製造販売	自動車などの一般に販売される製品の製造	➢新モデルの開発に多額の支出を行っている場合がある。 ➢認識規準を満たす場合には，こうした企業は認識規準を満たした後に発生する開発コストを資産化

		するので，多額の開発コストを無形資産として計上している場合がある。
先端技術品の製造販売	新薬またはワクチンの開発	➤多額の研究開発費を負担したうえで，製品開発の成功を確信できる段階に達する場合がある ➤新薬の発売は法律により厳しく規制されており，市場で販売可能となるために多くの臨床試験を通らねばならないため，企業は支出のほとんどを費用化しなければならない場合がある ➤このような企業内で生じる開発費の資産化について明確な開始時点の定めはないので，経営者は各プロジェクトの事実と状況に基づいて判断しなければならない。 ➤新薬の発売は法律により厳しく規制されており，市場で販売可能となるために多くの臨床試験を通らねばならないため，企業は通常，規制当局から薬の最終的な認可を得るまでは開発支出を資産化できない。これは，この段階の前では，企業がプロジェクトを完成させることの技術上の実行可能性を立証できないためである。 ➤これらの企業は，技術上の実行可能性を立証できるまでは，研究開発に係る支出をすべて費用処理しなければならない。 ➤ただし，当局に対して最終的な認可を求める申請の提出は，IAS第38号の認識規準を満たしている可能性を強く示唆し，プロジェクトを完成させる技術上の実行可能性というもっとも立証困難な規準を証明する強固な証拠となる。

PwC's Eyes　規制上の要件と無形資産の認識規準

　製薬業のような特定の業種では，規制上の要件が，無形資産の認識規準を満たす企業の能力を制限する大きな要因となっている。しかし，他の業種では，そのような制限があったとしても，それほど影響しない場合がある。例えば，法律に基づく安全上の基準を満たすために新しい種類の電車が必要となった場合，それ自体では，企業が将来の経済的便益の流入の可

能性が高いと結論付けることの妨げにはならないだろう。電車は確立された輸送手段であり，まったく新しい製品というわけではない。設計上の欠陥があっても安全上の基準を満たすように修正することができる。対照的に，まったく新しい製品が規制上の要件を満たさない場合，それはプロジェクト全体の失敗を意味する可能性がある。

プロジェクトが無形資産としての認識規準を満たす前に発生した支出は，発生時に費用として処理しなければならない。プロジェクトが資産を認識しなければならない段階に達した場合，それより前に費用処理された支出を，無形資産の一部として認識してはならない（IAS 第38号第71項）。

PwC's Eyes 新しい製品やシステムの影響

　新しい製品やシステムが，企業が所有する既存の製品やシステムに取って代わったりそれらを陳腐化させたりする場合がある。企業は，新しい製品またはシステムによって取り替えられる，またはそれ以外の方法で影響を受ける製品またはシステムから得られる将来の経済的便益を再評価する必要がある。計画的な取替えは，IAS 第36号の減損の兆候に該当する可能性がある。また，新しい製品が既存の資産の減損または耐用年数の短縮につながる可能性もある。例えば，アナログ技術を置き換えるデジタル技術の導入などが挙げられる。

(3) 自己創設無形資産として資産化できない支出

　一部の無形資産は，自己創設無形資産の認識規準を満たすことができない。これには，内部で創出したブランド，題字，出版表題，顧客リストおよび実質的にこれらに類似する項目などが含まれる。これは，それらに係るコストを事業全体を発展させるコストと区別することが極めて困難であるためである。このため，規準ではこのような項目を無形資産として認識することを禁止している（IAS 第38号第63項）。

Short Break 欧州連合の REACH 規則（化学物質の登録，評価，認可及び制限に関する規則）により発生する費用

　欧州では，欧州連合（EU）により，製造業者，輸入業者等に対して化学物質の登録，評価，許可および制限を求める REACH（リーチ，Registration, Evaluation, Authorisation and Restriction of Chemicals）と呼ばれる規則が制定され導入されている。この規則は，欧州化学物質庁が公表したリストに基づく高懸念物質に係る化学物質について認可を求めている。登録されていない化学物質の生産や輸入を認めず，また，認可されていない物質の使用も禁止している。

　こうした REACH 規則により必要となる登録や認可に係る手数料は無形資産の定義を満たし，資産化することができる。ただし，発生した支出が登録または認可に直接起因するものであり（すなわち，日常業務を処理するための支出から区別できるものであり），信頼性をもって測定できる場合に限られる。

　欧州連合以外においても，同様の環境問題に関する規制をすでに制定済みまたは制定過程の地域がある。これらの地域の規制によって必要となる類似の費用についても，無形資産として資産化することができる。

　同様に，企業が認証マーク（*）を取得する際に発生したコストは，認識規準を満たしていれば，無形資産として資産化することができる。企業がそのような資産から（売上の増加を通して）将来の経済的便益が流入する可能性が高いと考える場合，特定の認証を取得するためのコストをそれが法律上または登録により保護されるのであれば，無形資産として認識することができる。

（*）IFRS 第3号の付録において「商品又はサービスの地理的生産原地又はその他の特徴を証明する」ために使用すると定義されているもの。例えば，英国規格の認証など

ケーススタディⅢ－3－3 ▶ カスタマー・ロイヤルティ・プログラム

前提

　あるスーパーマーケットは，市場を独占する3社の大手スーパーマーケット・チェーンのうちの1社である。市場での競争が激しいため，利益率は低い。

　このスーパーマーケットは市場シェアを拡大するため，カスタマー・ロイヤルティ・プログラムを開始した。このプログラムに登録する顧客には，購入額に基づいて換金可能なポイントを獲得できるポイントカードが発行される。ポイントは将来の購入に用いるか，または景品の取得に用いることができる。

このスーパーマーケットは，当該プログラムの構築のための支出を無形資産として資産化したいと考えている。

|ポイント|
　このプログラムの構築のための支出を無形資産として資産化できるか。

|考え方|
　カスタマー・ロイヤルティ・プログラムは内部で創設されたものであるため，無形資産として認識することはできない。このプログラムに係る支出は事業を全体として発展させるためのコストから区別することはできないためである。

(4) 企業結合によって取得した自己創設項目で無形資産として認識すべきでないもの

　IFRS第3号には，企業結合により取得した無形資産の定義を満たす項目のリストが含まれている（例えば，商標や顧客リストなど）。こうした項目は，信頼性をもって公正価値を見積もることができる場合に，のれんと区別して認識される。

　一方，企業結合において取得した自己創設項目について，個別に認識するための識別可能性の規準を満たさないことなどから，無形資産として認識すべきでないものもある。図表Ⅲ－3－6では，そうした無形資産として認識すべきでない項目の一覧とその理由を示している。

（図表Ⅲ－3－6）　無形資産として認識すべきでないもの

項　目	理　由
顧客サービス能力	企業の顧客サービス能力は，企業によって支配される資源ではない従業員に依存しているため。
企業にとって識別可能でない顧客集団からなる顧客基盤（例：小売業者における飛び込みの顧客）	契約上または法律上の権利がないことに加え，小売業者が顧客を識別できないか，または顧客に連絡を取れないということは，その顧客から生じることが期待される経済的便益に対して企業が十分な支配を有していないことを意味するため。

地理的市場または所在地における存在感	地理的市場や所在地への第三者の参入を妨げるものは何もないことから、企業は地理的市場や所在地に係る便益を支配する立場にないため。
労働組合がない状態または強固な労使関係	労働組合がないことから生じる将来の経済的便益（例えば、従業員の管理費や給与の削減）を識別できる可能性もあるが、従業員は企業により支配される資源ではないため。
継続的な教育研修または採用プログラム	教育研修費に係る支出は、事業を全体として発展させるための原価から区別できないため。 また、企業は継続的な教育研修および採用プログラムにより将来の経済的便益につながる従業員の能力向上を識別できる可能性もあるが、従業員は企業により支配される資源ではないため。
非常に高い信用格付けまたは資本市場へのアクセス	信用格付けまたは企業の信用力は、契約上または法的な権利により保護されていないため。企業は好ましい信用格付けまたは資本市場へのアクセスの結果としてもたらされることが期待される経済的便益に対して十分な支配を有しておらず、第三者に売却できないので分離可能でもないため。
政府との良好な関係	政府は企業により支配される資源ではないため。なお、一部の国では企業が積極的に政府に対してロビー活動を行うことが慣行になっており、その結果として企業に特定の経済的便益が流入する場合がある。
集合的な人的資源	企業は集合的な人的資源の構成の変更を防ぐことができないため、企業は集合的な人的資源から生じる便益を支配できない。

　事業を全体として発展させるためのコストから区別できないため、発生時に費用処理すべき支出の種類の例として、以下が挙げられる。
　➢ 開業準備活動に関わる支出（ただし、IAS第16号「有形固定資産」に従って有形固定資産の取得原価に含まれる場合を除く）。発生時に費用として認識すべき支出は、法人の設立費用、新規の施設または事業を開始するための支出（例えば、開業前費用）および、新規業務の開始や新製品または工程の開始のための支出などである。
　➢ 訓練に関する支出

➤通信販売のカタログを含む広告宣伝および販売促進に関する支出
➤移転に関する支出
➤企業の一部または全体の組織変更に関する支出

PwC's Eyes 広告費支出およびカタログの取扱い

　認識規準を満たさない支出には，賃金および給与，維持管理費ならびに広告やカタログに係る支出のような，事業を維持するうえで日常的に発生する一般的な支出が含まれる。

　広告宣伝および販売促進活動は，ブランドまたは顧客との関係を強化または創出し，収益を生むことにつながる。広告宣伝または販売促進活動を行うために取得した財またはサービスには，それらの活動を行う以外の目的はない。これらの財またはサービスの唯一の便益は，ブランドまたは顧客との関係の開発または創出であり，それらは収益を生む。内部で創出したブランドまたは顧客との関係は，無形資産としては認識されない。

　このような場合，企業は，まだ発表していない広告宣伝について，資産を認識すべきではない。広告宣伝を発表した結果として企業に流入する可能性のある唯一の経済的便益は，企業が強化または創出するブランドや顧客との関係により，企業に流入する可能性のある経済的便益と同じものである。将来の広告宣伝または販売促進活動に関して受け取った財またはサービスを，資産として認識してはならない（IAS 第38号 BC46B 項～BC46C 項）。

　通信販売カタログの主要な目的は，流通ネットワークを作り出すことではなく，顧客に商品を宣伝することにある。通信販売カタログは広告宣伝活動の一例であり，資産化することはできない（IAS 第38号 BC46G 項）。

Short Break 広告宣伝または販売促進活動のために取得した物品

　2017年6月の IFRS 解釈指針委員会会議において，販売促進活動の一環として配布する物品を企業が取得し，報告日現在で未配布のままになっている場合に，どのように会計処理するのかの明確化を求める要望について議論された。すなわち，購入時にいったん資産を認識し引渡し時に費用処理する方法と，購入時に費用処理する方法のいずれが適切かに関して明確化が求められた。

　企業が宣伝または販売促進活動を行うために使用する物品を取得する場合，それ

らの物品の企業にとっての唯一の便益は，ブランドまたは顧客関係を開発もしくは創出することにあり，それが収益を生み出すもとになると考えられる。

IAS 第38号第69項では，販売促進活動だけのために取得した物品にアクセスする権利を企業が有している場合には，当該物品に対する支出を企業が費用として認識することを要求している。また第69A項では，企業が物品を所有している場合には，アクセスする権利を有しているとしている。したがって，企業はこれらの物品を所有しているか，または物品を配布するかどうかにかかわらずアクセスする権利を有している場合，その時点で，当該物品に対する支出を費用として認識することになる。

したがって IFRS 解釈指針委員会は，この要望について，IAS 第38号の要求事項が会計処理のための適切な基礎を提供していると判断し，アジェンダに追加しないことを決定している。

(5) 自己創設のれん

自己創設のれんを資産として認識してはならない（IAS 第38号第48項）。自己創設のれんは，信頼性をもって測定できるような，企業が支配している識別可能な資源ではない。すなわち，分離可能でなく，契約その他の法的権利から生じたものでもないことから，資産として認識されない（IAS 第38号第49項）。

また，企業の時価総額と純資産価値が，時には大きく乖離することがある。こうした差額は，経営者の力量や評判，内部で創設されたブランドの価値，原価計上されている取得したブランドの価値の向上，買収の憶測といった企業価値に影響を与える幅広い要因による可能性がある。しかし，このような差額は，企業が支配している識別可能な無形資産を表すものではない（IAS 第38号第50項）。

4．当初測定

(1) 当初測定の基礎

無形資産は，当初認識時に取得原価で測定しなければならない（IAS 第38号第24項）。取得原価とは，資産の取得時または建設時において，当該資産の取

得のために支出した現金もしくは現金同等物の金額，または他の引き渡した対価の公正価値と定義されている。取得原価は，IFRS 第 2 号等の他の IFRS の別段の要求事項に従って当初認識した資産に帰属する額をいう場合もある（IAS 第38号第 8 項）。

　無形資産は，さまざまな方法により取得されることがある。
- 貨幣性またはその他の対価による個別の取得
- 企業結合の一部としての取得
- 他の非貨幣性資産との交換による取得
- 政府補助金を用いての取得
- 資産を内部で開発または生成することによる取得

　上記のそれぞれの状況において取得原価を決定する方法を以下で説明する。なお，企業結合の一部としての取得に関しては，第 4 章「企業結合により取得した無形資産」（163頁）において解説する。

(2) 個別に取得した無形資産の測定

　個別に取得した無形資産（仕掛中の研究開発プロジェクトを含む）の原価は，通常は信頼性をもって測定できる。現金で取得した資産は，特に信頼性をもって測定できる（IAS 第38号第26項）。

① 取得原価の構成

　個別に取得した無形資産の取得原価は，以下から構成される（IAS 第38号第27項）。
- 購入価格（輸入関税や還付されてない購入税を含み，値引き・割戻を控除後）
- 資産を意図した利用のために準備することに直接起因する原価

　資産の取得原価の構成は**図表Ⅲ－ 3 － 7** のとおりである。

（図表Ⅲ－3－7） 無形資産の取得原価の構成

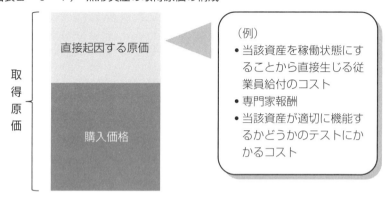

　直接起因する原価の例は次のとおりである。ただし，これらに限られない（IAS 第38号第28項）。
- 当該資産を稼働状態にすることから直接生じる従業員給付（IAS 第19号で定義）のコスト
- 専門家報酬
- 当該資産が適切に機能するかどうかのテストのコスト

　直接起因する原価は，個別に取得する無形資産よりも自己創設する無形資産において発生することが多い。後者の原価については，本節(5)「自己創設無形資産」（153頁）で詳細に検討する。個別に取得する無形資産についても，その資産を稼働状態にするために支出が必要となることがあるため，そのような状況においては，直接起因する原価に関する取扱いが参考になる可能性がある。

② 原価の一部とならない支出

　無形資産の原価の一部ではない支出の例は，次のとおりである（IAS 第38号第29項）。
- 新製品またはサービスを導入するためのコスト（広告および販売促進活動のコストを含む）
- 事業を新たな地域でまたは新たな顧客層に対し行うためのコスト（職員訓練のコストを含む）

● 管理費および全般的な間接費

資産が経営者の意図する方法で稼働可能となった場合は，対象コストの資産化は中止すべきである。当該資産の使用またはその他の使用方法への転換や別の地域への移動により発生するコストは資産化されない。このようなコストには，資産が経営者の意図した方法で稼働できるようになっている間に発生したコストや当初の営業損失（資産の産出物に対する需要が構築される間に生じた損失など）が含まれる（IAS第38号第30項）。

無形資産の開発中に行われる活動の中には，当該資産を意図した稼働状態にするために必要ではないものもある。そのような必要ではない付随的な営業活動に係る収入および支出は資産化するのではなく，費用処理する必要がある（IAS第38号第31項）。

> **PwC's Eyes　無形資産の購入に係る変動対価または条件付対価の取扱い**
>
> 　企業は，無形資産を取得する際に，当初支払額に加えて，将来の事象，結果または取得する資産の所定価格での最終的な売却に応じた追加の支払額を上乗せする場合がある。このような企業は，通常，将来において事象または状況が発生した場合に，追加の支払を行う契約上または法令上の義務を負う。これは，資産に係る変動対価または条件付対価と呼ばれることが多い。
>
> 　IFRS解釈指針委員会は，資産に係る条件付対価の会計処理について議論していたが，現在，審議を中断しており，この問題について結論を出していない（IFRIC IC 2016年3月）。
>
> 　実務上，資産に係る条件付対価の会計処理はさまざまであり，現在のところは主に以下の2つのアプローチがみられる。
>
> 　① 　原価累積モデル
> 　② 　金融負債モデル
>
> 　①では，条件付対価を，資産の認識時には考慮せず，条件付対価の発生時または関連する負債がキャッシュ・フローの変動によって再測定されるときに資産の原価に計上する。
>
> 　②では，条件付対価の将来支払う見積額を，資産の当初認識時に，対応する負債とともに計上する。実務では，原価累積モデルのほうがより一般的であると考えられる。

> いずれのアプローチも条件付対価に関する会計処理として許容される。これは，会計方針の選択であり，類似する取引すべてに対して継続適用し，適切に開示しなければならない。

③ 支払の繰延べ

無形資産に対する支払が正常な信用供与期間を超えて延払である場合には，当該資産の取得原価は現金価格相当額（すなわち，割引後の金額）である。この割引後の金額と合計支払額との差額は，信用供与期間にわたって利息費用として取り扱われる。ただし，IAS第23号で定める借入コストの資産化要件を満たしている場合を除く（IAS第38号第32項）。

④ 株式による資産の取得

株式によって取得した無形資産の取得原価は，IFRS第2号に基づいて測定される。株式との交換により受け取った財またはサービスは，その財またはサービスの公正価値で測定することが要求される。従業員以外の相手先との取引については，公正価値は信頼性をもって測定できるという反証可能な推定がある。しかし，財またはサービスの公正価値が信頼性をもって測定できないという稀な場合には，企業は付与した資本性金融商品の公正価値を参照して，財またはサービスの公正価値を間接的に測定しなければならない（IFRS第2号第13項）。

(3) 非貨幣性資産との交換で取得した無形資産

非貨幣性資産との交換または非貨幣性資産と貨幣性資産の組み合わせとの交換により取得した無形資産は，以下のいずれかの場合を除いて，公正価値で当初に認識する（IAS第38号第45項）。

- 交換取引が経済的実質を欠く場合
- 交換されるいずれの資産の公正価値も信頼性をもって測定できない場合

ケーススタディⅢ－3－4 ▶ 特許の交換

前 提

企業Aは帳簿価額が3,000百万円の特許を保有している。企業Aは当該特許を企業Bの特許と交換することに合意した。企業Aの特許の公正価値は，両当事者により5,000百万円と評価されている。企業Bの特許は信頼性をもって測定できない。この交換においてこの他の貨幣性または非貨幣性の対価は含まれていない。

ポイント

企業Aは取得した企業Bの特許をどのような価額で計上すべきか。

考え方

企業Aは取得した特許を，5,000百万円の取得原価で計上する。一方の資産の公正価値を信頼性をもって測定できない場合，信頼性をもって測定できる資産の公正価値を両当事者の対価の価値として用いる。企業Aはこの取引により生じた2,000百万円の利得を損益計算書上で認識する。この金額は，企業Aがもともと保有していた特許の帳簿価額（3,000百万円）と，引き渡した特許の公正価値（5,000百万円）の差額である。

なお，特許は本質的に独自のものであるので，この交換には経済的実質があるといえる。

受け取った対価または引き渡した対価が非貨幣性資産と貨幣性資産の組み合わせの場合，受け取ったまたは引き渡した貨幣性資産（例えば，現金）の金額について調整する必要がある。

ケーススタディⅢ－3－5 ▶ 対価が非貨幣性資産と貨幣性資産との組み合わせの場合

前 提

企業Aは，ある製品の日本における販売権（帳簿価額100百万円，公正価値120百万円）を，50百万円の現金と同一製品の欧州における販売権（公正価値は70百万円）と交換する。50百万円の現金は，実質的に，交換した資産の公正価値の差額（120百万円－70百万円）である。

ポイント

企業Aは，この交換取引をどのように会計処理すべきか。

> **考え方**
>
> 欧州における販売権は，日本における販売権の公正価値である120百万円から，受け取った現金の50百万円を差し引いた額に等しい70百万円で計上する。この取引により生じた20百万円の利得は，損益計算書上で認識される。

　取引が経済的実質を有するかどうかの決定は，当該取引の結果として将来キャッシュ・フローが変化すると見込まれる程度に依存する。キャッシュ・フローの構成とは，キャッシュ・フローのリスク，時期および金額を意味する。以下のいずれかの場合で，かつ，その場合の差額が交換した資産の公正価値に対して大きいとき，交換取引は経済的実質を有している（IAS第38号第46項）。
- 受け取った資産のキャッシュ・フローの構成が，引き渡した資産のキャッシュ・フローの構成と異なっている場合
- 企業の営業活動のうち当該取引の影響を受ける部分の企業固有価値が，当該交換により変化する場合

> ***PwC's Eyes*　研究開発プロジェクトと販売権の交換**
>
> 　企業によっては，研究開発プロジェクトを，特許付きの製品の販売権と交換する場合がある。開発済みの製品からのキャッシュ・フローは，研究開発プロジェクトからのキャッシュ・フローの構成が異なる（例えば，開発に係る支出の追加のキャッシュ・アウトフローがない）。したがって，このような交換は，経済的実質を有しているといえる。

　上記の「企業固有価値」は，「企業が資産の継続的な利用および耐用年数の終了時における処分から生じると予想する，または負債を決済する際に生じると予想するキャッシュ・フローの現在価値である」と定義されている（IAS第38号第8項）。

　企業固有価値は「使用価値」とは異なる。「使用価値」は，IAS第36号において，「資産又は資金生成単位から生じると見込まれる将来キャッシュ・フローの現在価値」と定義されている（IAS第36号第6項）。最も重要な相違の1つは，企業固有価値は，税引後のキャッシュ・フローを用いて算定されるのに対し，使用価値は，税引前のキャッシュ・フローを用いて測定される点である。

第3章 無形資産の認識と測定　151

ケーススタディⅢ－3－6 ▶ 電話免許の交換

　前　提

　企業Ａは，5年前に政府から取得した事業免許に基づき，固定電話サービスを提供している。企業Ａは免許の条件として，7年目までに特定の地域の少なくとも67％にサービス提供することを要求されている。これを達成できない場合，違約金の支払に加えて免許取消しの可能性もある。現在のところ，当該企業のサービス範囲は31％までしか達していない。政府は新規参入者に対して，固定電話と携帯電話の両方のサービスを提供することができる，新しい事業免許を売り出している。この新しい免許では，サービス提供の最低範囲を設定していない。既存の運営会社には，既存の免許をこの新しい免許と交換する権利が与えられている。経営者は，携帯電話サービスへ事業を拡大する意図はないものの，保有する免許を交換することを決定した。

　ポイント

　この交換取引による会計処理は必要か。

　考え方

　この交換取引は経済的実質を有すると考えられる。当該企業が，既存の免許が要求するサービス提供範囲を達成することは厳しいだろう。達成できない場合は，違約金の支払が発生し，免許が取り消される可能性がある。交換取引の結果当該取引の影響を受ける事業の一部について，企業固有価値が変化する。新たな固定／携帯電話免許のもとで，企業が携帯電話サービスへ事業を拡大する意図がないという事実は無関係である。

　上記の**ケーススタディⅢ－3－6**のようなキャッシュ・フローの分析結果は，企業が詳細な計算を行わなくとも明らかな場合もある（IAS第38号第46項）。この取引の前後で企業の状態に変化がなく，企業の純資産に重要な変化が生じていない場合には，この交換取引による利得または損失は認識されず，新たな資産の取得原価は，引き渡した資産の帳簿価額となる。しかし，受け取った資産の公正価値が，引き渡した資産に係る利得または減損のいずれかが発生していることの証拠を提供している場合がある。受け取った資産の価値が異なる場合，その交換取引は経済的実質を有する。そのような場合には，取得した資産を公正価値で計上すべきである。また，取得した資産の価値が引き渡した資産の価値を下回る場合は，資産の処分による損失を認識すべきである。

市場取引が存在しないからといって，公正価値が確立できないことにはならない。以下のいずれかに該当する場合は，引き渡した資産または受け取った資産のいずれかの公正価値を信頼性をもって測定することができる。
- 合理的な公正価値の見積りの範囲が大きく変動しない（すなわち，見積りの範囲が合理的に狭い）
- 合理的な見積りの範囲は狭くはないが，当該範囲内のさまざまな見積りの確率が，公正価値の見積りにあたって合理的に評価でき，かつ利用できる

引き渡した資産の公正価値と受け取った資産の公正価値の両方を同程度の信頼性をもって見積もることができる場合には，引き渡した資産の公正価値を，受け取った資産の取得原価の測定に用いる（IAS第38号第47項）。

(4) 政府補助金により取得した無形資産

無形資産を政府補助金により無償または名目的な価格で取得する場合がある。例えば，排出権などが考えられるが，国によっては空港の発着権の割当と輸入割当枠などが該当する場合もある。このような無形資産は，公正価値または名目的な金額のいずれかで認識することができる。これは，IAS第20号に基づく会計方針の選択である。当該資産を意図した用途に使用するための準備に直接起因する支出も，無形資産の当初測定に含める。企業が当該資産を公正価値で認識することを選択する場合，その公正価値を適切な方法を用いて算定する（IAS第38号第44項）。

> ***PwC's Eyes*** 寄付された資産の取得原価
>
> 特殊な状況において，企業は，対価の支払や株式の発行を伴わずに，寄付や拠出によって資産を取得する場合がある。IFRSにはこの種の取引について具体的なガイダンスはない。実務上は一般に次の2つのアプローチがみられる。
> ① 当該資産を企業がその支配を獲得したときの公正値価で認識する。
> ② 当該資産をゼロの価値として認識する。
> 企業は，会計方針を策定し，継続して適用する必要がある。

(5) 自己創設無形資産

① 自己創設無形資産の測定

　無形資産は，取得原価で当初測定しなければならない（IAS第38号第24項）。認識規準を満たす自己創設された無形資産の取得原価は，当該資産の生成，製造および当該資産を経営者の意図した方法で稼働可能にする準備に直接起因して発生した支出の合計である（IAS第38号第66項）。

　図表Ⅲ－3－8はIAS第38号第66項で挙げている，直接起因する原価の例を示したものである。

（図表Ⅲ－3－8） 自己創設無形資産の取得に直接起因する原価の例

- 無形資産を創出する際に使用または消費した材料およびサービスの原価
- 資産の創出から直接生じる従業員給付のコスト（IAS第19号で定義）
- 特許登録料など，法的権利を登録するために支払われる手数料
- 資産を創出するために用いられる特許およびライセンスの償却
- 取得原価の一部としての資産化に適格な範囲での借入コスト（借入コストについては第Ⅱ部第3章「借入コストの資産化」（46頁）を参照）。

ⅰ．従業員給付のコスト

　従業員給付は，IAS第19号において，従業員が提供した勤務と交換に，企業が与えるあらゆる形態の対価と定義されている（IAS第19号第8項）。従業員給付の種類としては，短期従業員給付，退職後給付，その他の長期従業員給付，解雇給付などがある（IAS第19号第5項）。

　これらのコストは，経営者が意図した方法で資産を操業するのに必要な条件を満たすために発生する場合には，直接起因する原価となる。従業員持株制度の費用，社会保障費用，企業年金への拠出なども直接起因する原価とみなされる場合がある。

　直接起因する原価の例示のうち，資産を稼働状態にすることから直接生じる従業員給付のコストは，増分コストである必要はない。したがって，従業員給付を資産化するために，従業員を特別に雇って，資産を意図した使用のために

準備をさせる必要はない。従業員が関連するプロジェクトに従事し，時間を費消しているだけで十分である。

なお，解雇給付については，資産化に関連することはほとんどない。

解雇給付は，本質的にこれから退職する，またはすでに退職した従業員に提供されるものであり，彼らが資産の開発に貢献する可能性は低いためである。

ⅱ．試運転段階のコスト

経営者の意図した方法で資産が稼働可能となる前の，試運転の段階においても，追加の資産化が可能な場合がある。資産が適切に機能するかどうかのテストのコストは，個別に取得した無形資産についての直接起因する原価である（IAS 第38号第28項）。テストのためのコストは，自己創設無形資産に関しても妥当な原価であるといえる。

② 自己創設無形資産の取得原価を構成しない原価

自己創設無形資産として資産化できるのは，無形資産の創出に直接起因する原価のみである。**図表Ⅲ－3－9**は「直接起因」しない操業のための一般的な原価であり，かつ自己創設無形資産の取得原価を構成としない原価の例を示している（IAS 第38号第67項）。

(図表Ⅲ－3－9) 自己創設無形資産の取得原価を構成しない原価の例

- 販売，管理およびその他の全般的な間接費支出（ただし，この支出を資産の使用のための準備に直接帰属させることができる場合を除く）
- 非能率ロスおよび資産が計画した稼働に至るまでに発生した当初の操業損失
- 当該資産の操業に必要な職員の訓練に関する支出

ケーススタディⅢ－3－7 ▶ 企業のデータベースに係る販売促進費用と営業損失

前 提

企業 A は，2014年から2020年の間に25歳の誕生日を迎える専門職の人々の氏名と住所のデータベースを開発した。経営者は，若手管理職向けに生活改善のための製品や解決方法（ソリューション）を提供する業者に，こうした情報を販売す

ることによって，このデータベースを活用したいと考えている。このような解決方法を提供する業者（例えば，アドベンチャーツアーを企画する企業など）にデータベースを売り込むために企業に販売促進費用が発生している。また，相当の管理費が発生している一方で，まだ利益は出ておらず，損失が発生している。

ポイント

　顧客基盤が確立するまでデータベースは経営者が意図した通りには稼働していないが，企業は販売促進費用と営業損失について資産化できるか。

考え方

　当該販売促進費用は，無形資産の取得原価の一部として資産化するのに適格ではない。データベースはすでに経営者の意図した方法で稼働可能である（すなわち，経営者が活用したいと考えている情報を提供することができる状態にある）。顧客基盤の構築は，資産から見込まれる将来の経済的便益の獲得を確実にするために不可欠ではあるが，データベースを稼働させるために不可欠というわけではない。また，当初の損失も，データベースの生成に直接起因する原価ではないため，資産化に適格ではない。

③　自己創設無形資産を資産化する期間

　IAS第38号は自己創設無形資産の取得に直接起因するコストを資産化する期間についてのガイダンスを提供している。これらのコストの資産化は，資産が「経営者の意図した方法で稼働可能」な状態に置かれた時に中止する。資産が内部で創設（建設）されていて，経営者の意図した方法ですぐに稼働できるものの，利用するまでには至っていない場合もあるが，資産が遊休状態にある間に発生するコストを資産化することはできない（IAS第38号第30項）。例えば，あるプロジェクトの開発局面における人件費は，資産化の要件を満たす可能性があるが，その開発プロジェクトが完了して，従業員が別の研究プロジェクトの作業を開始する段階では，こうした従業員の費用を資産化することはできない。また，当初の営業損失（資産の産出物に対する需要が構築される間に発生した損失など）も資産化すべきではない（IAS第38号第30項）。

④　ウェブサイトのコスト

　社内または社外とのアクセスのために開発されるウェブサイトは，IAS第38

号に基づく自己創設無形資産である。SIC 第32号「無形資産－ウェブサイトのコスト」は，このトピックについてより詳細な指針を提供している。ウェブサイトのコストを資産として認識するためには，IAS 第38号の無形資産の認識規準を充足しなければならない。

　ウェブサイトが，収益を生み出すことができる場合には（電子商取引を通じて直接的な収益を生み出す場合など），可能性の高い将来の経済的便益（IAS 第38号第57項(d)）を満たすことになる。ウェブサイト自体に販売されている製品（例えば，情報）が含まれていて，料金を支払って登録することによりそれへのアクセスが提供される場合もある。しかし，企業の製品またはサービスの販売促進あるいは宣伝を唯一の目的として開発されたウェブサイトは，認識規準を満たさない。そうしたウェブサイトに係るすべての支出は，発生時に費用として認識しなければならない（IAS 第38号第57項(d)，SIC 第32号第8項）。

　ウェブサイトの開発の各段階において発生するコストについては，発生時に費用処理すべきかまたは資産化すべきかを決定するために評価しなければならない。SIC 第32号はその付録で，各段階で発生するであろう支出の性質と適切な会計処理を詳細に説明しており，**図表Ⅲ－3－10**はその内容を示したものである（SIC 第32号第8項）。

(図表Ⅲ－3－10)　ウェブサイト開発の各段階で発生するコストの会計処理

段階／支出の性質	会計処理
企画段階 ● フィージビリティ・スタディの実行 ● ハードウェアおよびソフトウェアの仕様書の作成 ● 代替的な製品および供給者の評価 ● 優先手段の選択	発生時に費用として認識する（IAS 第38号第54項）。
アプリケーションおよびインフラストラクチャーの開発段階 ● ハードウェアの購入または開発 ● ドメイン名の取得 ● 運用ソフトウェアの開発（例えば，オペレーティング・システムおよびサー	IAS 第16号を適用する。 当該支出は，次に該当する場合を除き，発生時に費用として認識する。 ● 経営者が意図した方法でウェブサイトを稼働するための準備に直接帰属させ

第3章　無形資産の認識と測定　　157

バーソフトウェア） ● アプリケーションコードの開発 ● 開発したアプリケーションのウェブサーバーへのインストール ● ストレス・テスト	ることができ，かつ， ● ウェブサイトが無形資産の認識規準（IAS 第38号第21項および第57項）を満たす場合
グラフィックデザインの開発段階 ● ウェブページの外観（例えば，レイアウトおよび色調）の開発	当該支出は，次に該当する場合を除き，発生時に費用として認識する。 ● 経営者が意図した方法でウェブサイトを稼働するための準備に直接帰属させることができ，かつ， ● ウェブサイトが無形資産の認識規準（IAS 第38号第21項および第57項）を満たす場合
コンテンツの開発段階 ● ウェブサイトが完成する前にウェブサイトに載せるためのテキストまたはグラフィック情報の創造，調達，準備（例えば，リンクの作成およびタグの識別）および設定。コンテンツの例として，企業情報，製品や販売サービス情報，購読者がアクセスするトピックスなどが含まれる。	製品のデジタル写真など，コンテンツが企業自身の製品およびサービスの広告宣伝や販売促進のために開発されている場合には，IAS 第38号第69項(c)に従って発生時に費用として認識する。 それ以外の場合には，当該支出は，次に該当する場合を除き，発生時に費用として認識する。 ● 経営者が意図した方法でウェブサイトを稼働するための準備に直接帰属させることができ，かつ， ● ウェブサイトが無形資産の認識規準（IAS 第38号第21項および第57項）を満たす場合
運用段階 ● 画像の更新およびコンテンツの変更 ● 新たな機能，特性，コンテンツの追加 ● ウェブサイトへの検索エンジンの登録 ● データのバックアップ ● セキュリティアクセスのレビュー ● ウェブサイトの利用分析	支出が無形資産の定義および認識規準（IAS 第38 号第18項）を満たす場合には，当該支出をウェブサイト資産の帳簿価額に含める。

⑤ 個別にまたは企業結合で取得した研究開発プロジェクトに係る事後的な支出

個別にまたは企業結合の一部として取得した研究開発プロジェクトは，信頼性をもって測定できる場合は，無形資産として認識される。これにより，このような資産の多くが，自己創設無形資産であった場合よりも早い段階で認識されることになる。

研究開発プロジェクトに伴って取得した無形資産に関連する事後の支出は，自己創設無形資産に係る IAS 第38号のガイダンスに従う。すなわち事後の支出を以下のように取り扱うことになる（IAS 第38号第42項，第43項）。

- 事後の研究支出は，発生時に費用として認識する。
- 事後の開発支出は，資産としての認識規準を満たさない場合には，費用として認識する。
- 資産としての認識規準を満たす事後の開発支出は，無形資産の帳簿価額に加算する。

ケーススタディⅢ－3－8 ▶ 個別に取得した研究プロジェクト

　前　提

企業 A は，新しいタイプの燃料を開発するプロジェクトの研究支出として100百万円を負担し，これを費用として処理している。企業 B は，当該研究プロジェクトを，企業 A によって登録されている特定の特許を含めて150百万円で購入し，これを無形資産として認識する。その後，企業 B は研究局面を完了させるために200百万円の支出を負担し，製品を商業ベースで開発することを決定する。

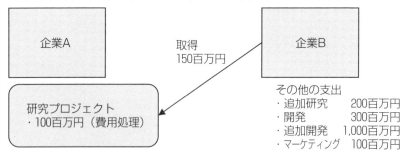

企業 B は，開発支出を自己創設無形資産として認識するための要件を満たす段階にこの製品を到達させる過程で，さらに300百万円の支出を負担する。その後，

企業Bは，この製品を経営者の意図した方法で使用可能な状態にする過程で，1,000百万円の支出を負担する。そして，この製品が広く流通する前に，200百万円の当初マーケティング費用と当初損失が発生した。

ポイント

企業Bはどの支出を資産化できるか。

考え方

それぞれの支出について，企業Bは以下のとおり処理する必要があると考えられる。

- 150百万円を取得した研究プロジェクトの取得原価として認識する（IAS第38号第24項，第25項）。
- 事後の研究支出の200百万円は資産として認識せず，発生時に費用として処理しなければならない（IAS第38号第42項，第54項）。
- 事後の開発支出の300百万円は認識要件を満たさないので，発生時に費用として処理する（IAS第38号第42項，第57項）。
- 追加の開発支出の1,000百万円は，認識要件を満たすため，無形資産として認識する必要がある（これらの支出を費用処理する選択肢はない）（IAS第38号第42項(b)，第57項）。なお，以前に費用処理した開発支出は戻し入れない（IAS第38号第71項）。
- マーケティング費用と当初損失の200百万円は，発生時に費用処理する（IAS第38号第67項，第69項）。

以上より，製品の製造および販売が開始される時点における無形資産の帳簿価額は1,150百万円となる。

仮に，企業Bが当該資産をすべて自己創設していた場合にはIAS第38号の認識規準を満たした後に発生した開発費支出のみが資産化されるので，無形資産の帳簿価額は1,000百万円のみということになる。

5．日本の実務との差異

(1) 無形資産の定義および認識規準

IFRSでは，無形資産を識別可能性・資産に対する支配・将来の経済的便益の存在という3つの要件を満たすものと定義している。また，無形資産は，資

産に起因する期待される将来の経済的便益が流入する可能性が高く，資産の取得原価を信頼性をもって測定できる場合に認識される（認識規準）（IAS 第38号第10項～第17項，第 21項）。

一方，日本基準では無形資産の一般的な定義はなく，例示列挙（借地権，営業権，特許権，地上権，商標権など）されているのみである（財務諸表等規則第27条，企業会計原則 第三 四（一）B）。

(2) 取得対価に含まれる支払利息相当額の費用処理

IFRS では，無形資産の購入代金の支払が正常な信用供与期間を超える場合，IAS 第23号に従って利息が資産計上される場合を除き，取得原価は現金価格相当額（割引現在価値）で認識し，当該金額と支払額との差額を信用供与期間にわたって費用処理する（IAS 第38号第32項）。

一方，日本基準では取得対価に含まれる支払利息相当額の処理に関して，明確な規定はない。

(3) 交換により取得した無形資産の取得価額

IFRS では，原則，引渡資産の公正価値を取得資産の取得価額とする。ただし，交換取引によりキャッシュ・フローが変わらないなど経済的実態を欠いている場合，または，引渡資産，取得資産のいずれの公正価値も測定できない場合は引渡資産の帳簿価額で測定する（IAS 第38号第45項～第47項）。

一方で，日本基準では同一種類・同一用途の固定資産を取得した場合，譲渡資産の帳簿価額とされる。また，異種資産の交換は，原則として譲渡資産または取得資産の公正な市場価額を取得原価とすると考えられる（圧縮記帳に関する監査上の取扱い，連続意見書第三 第一 四 4）。

(4) 自己創設無形資産の識別

IFRS では，自己創設無形資産は無形資産の認識規準（IAS 第38号第21項，

第22項,第57項)を満たす場合に認識する。そのため,研究開発活動の研究段階において発生した費用は発生時点で費用処理する。開発段階において,一定の認識規準を満たした場合には,それ以降の開発費を資産計上する。また,自己創設ソフトウェア,ウェブサイトのコスト,特許権などは資産化の対象になりうる(IAS 第38号第48項～第67項,SIC 第32号第8項)。

一方,日本基準では研究開発費は費用処理することとされ,ソフトウェアについては一定の要件を満たすものを資産計上するとされるが,IFRS とは認識の要件が異なる(研究開発費等に係る会計基準 三)。

(5) 特定の研究開発目的にのみ使用される機械装置などの資産の認識

IFRS では,特定の研究開発目的で取得した資産であっても,有形固定資産の定義および認識規準を満たすのであれば,有形固定資産として計上する(IAS 第16号第6項,第7項)。

一方,日本基準では特定の研究開発目的にのみ使用され,他の目的に使用できない機械装置などを取得した場合の原価は,取得時の研究開発費とする(研究開発費等に係る会計基準 注1)。

(6) 市場販売目的または自社利用ソフトウェアの資産計上

IFRS では,自己創設の無形資産の認識規準を満たした日以降に発生する支出を資産化する(材料・サービス,従業員給付,法的登録手数料,特許・ライセンスの償却費など)(IAS 第38号第65項,第66項)。また,自社開発によって生じる企業自身のウェブサイト費用で,社内または社外のアクセスのためのものは,IAS 第38号の自己創設の無形資産の認識規準を満たすのであれば,IAS 第38号の規定に従って会計処理する(SIC 第32号第8項,第9項)。

一方,日本基準では市場販売目的のソフトウェアは,製品マスターの制作費について研究開発部分を除き,資産計上する。また,自社利用のソフトウェアの場合,将来の収益獲得または費用削減が確実であれば,ソフトウェアの製作費用を資産計上することとされている(研究開発費等に係る会計基準 四 2,

3)。

(7) 広告宣伝および販促活動に係る支出

IFRSでは，カタログなどの広告宣伝および販促活動に係る支出は，発生時（財貨へのアクセス権を有した時，サービス受取時）に費用として認識する（IAS 第38号第69項，第69A 項）。

一方，日本基準では実務上，カタログなどの広告宣伝および販促活動に係る支出は貯蔵品などの勘定で，広告宣伝活動などで実際に使用される時点まで資産として計上する場合がある。

(8) 無形資産の評価方法

IFRSでは，有形固定資産同様に原価モデルと再評価モデルを会計方針として選択できる（IAS 第38号第72項）。

一方，日本基準では原価モデルのみが認められている（企業会計原則 第三五 E，研究開発費等に係る会計基準 四 5）。

第4章 企業結合により取得した無形資産

　取得企業は，企業結合前に被取得企業が無形資産を認識していたかどうかにかかわらず，企業結合により，被取得企業の無形資産を認識することになる（IAS 第38号第34項）。

　企業結合で取得した無形資産については，認識規準における蓋然性規準と信頼性規準は常に満たされているものとみなされる。無形資産の公正価値は，当該資産の将来の経済的便益が企業に流入する可能性についての取得日現在での市場参加者の予想を反映する。また，資産が分離可能である場合または法的権利から生じている場合には，当該資産を信頼性をもって測定するための十分な情報が存在しているといえる（IAS 第38号第33項）。なお，被取得企業の仕掛中の研究開発プロジェクトが以下に該当する場合には，当該プロジェクトを無形資産として認識する必要がある（IAS 第38号第34項）。①資産の定義を満たしており，かつ，②識別可能である（すなわち，分離可能であるか，または契約その他の法的権利から生じている）。

1．企業結合により取得した識別可能な無形資産

　次頁の図表Ⅲ－4－1は，主な分類ごとの無形資産のリストとその資産が主として契約法律規準または分離可能性規準のどちらを満たすかを示している。無形資産の中には，識別可能性に係る両方の規準を満たすものもあるが，以下の表では特定の無形資産が認識される時に満たすであろう主たる規準を示している。このリストはすべてを網羅することを意図したものではなく，のれんと区別して認識するための規準を満たすその他の無形資産も含まれている可能性

がある（IFRS 第 3 号 B31項～B40項, IE16項～IE44項）。

（図表Ⅲ－4－1）　一般的に個別認識の規準を満たす無形資産

無形資産の種類	契約法律規準	分離可能性規準
(1)　マーケティング関連無形資産		
■商標，商号	✓	
■サービスマーク，団体マーク，認証マーク	✓	
■トレードドレス（独特な色彩，形またはパッケージデザイン）	✓	
■新聞の題字	✓	
■インターネットのドメイン名	✓	
■非競合契約	✓	
(2)　顧客関連無形資産		
■顧客契約および関連する顧客関係	✓	
■契約に基づかない顧客関係		✓
■顧客リスト		✓
■注文または製品受注残高	✓	
(3)　芸術関連無形資産		
■演劇，オペラ，バレエ	✓	
■書籍，雑誌，新聞，その他の文学作品	✓	
■作曲，作詞，CMソングなどの音楽作品	✓	
■絵画，写真	✓	
■映画，音楽テープ，テレビ番組を含むビデオおよび視聴覚データ	✓	
(4)　契約に基づく無形資産		
■使用許諾，ロイヤルティおよび使用禁止契約	✓	
■広告，建設，マネジメント，サービスまたは供給契約	✓	
■リース契約	✓	

■建設許可	✓	
■フランチャイズ契約	✓	
■営業および放送権	✓	
■採掘，水道，空調，鉱物，材木伐採および通行権などの使用権	✓	
■住宅ローンなどのサービシング契約	✓	
■雇用契約	✓	
(5) 技術に基づく無形資産		
■特許技術	✓	
■研究開発		✓
■コンピュータ・ソフトウェアおよびマスク・ワーク	✓	
■特許化されていない技術		✓
■データベース		✓
■（秘密製法，プロセス，レシピなど）取引上の機密	✓	

（注）　特定の無形資産が認識される典型的なケースにおいて充足される主たる規準に✓を付している。

2．企業結合により取得した識別可能な無形資産の種類と特徴

(1) マーケティング関連無形資産

　マーケティング関連無形資産は，主に製品やサービスのマーケティングまたは販売促進に利用される。通常，これらは法的手段により保護されており，個別にまたは企業結合において取得される場合には，無形資産として個別に認識するための契約法律規準を一般的に満たしている（IFRS第3号 IE18項）。以下では，企業結合において認識され測定される一般的なマーケティング関連無形資産について解説する。

① 商標，商号およびその他のマーク

商標，商号およびその他のマーク（認証マークなど）は，政府機関への登録によりまたは未登録でも別の方法を通じて保護されていることが多い。いずれの場合でも，それらは一定の法律上の保護があるため，契約法律規準を満たすといえる。法的に保護されていない場合でも，類似の資産の売却や交換を示す証拠があれば，それらは分離可能性規準を満たすことになる（IFRS第3号IE20項）。

② ブランド

ブランドは，商標または商号に関連する資産のグループを指す用語として使われることが多い。取得企業はブランドのような相互補完的な無形資産のグループについて，それらが同様の耐用年数を有し，契約法律規準または分離可能性規準のいずれかを満たす場合には，のれんとは切り離して単一の資産として認識することができる（IFRS第3号IE21項）。

③ トレードドレス

トレードドレスとは，製品の独特な色彩，形またはパッケージデザインを意味する（IFRS第3号IE18項）。トレードドレスが法的に保護されている場合，契約法律規準を満たす。法的に保護されていないが類似の資産の売却を示す証拠がある場合，または，例えば商標などの関連する資産と併せて売却されている場合には，トレードドレスは分離可能性規準を満たすことになる。

④ 新聞の題字

新聞の題字は，商標と同様に通常は法的権利により保護されているので，契約法律規準を満たすといえる。法的に保護されていない場合，企業は分離可能性規準が満たされるかを判断するために，題字の交換または売却が行われるかどうかを検討することになる（IFRS第3号IE22項）。

⑤ インターネットのドメイン名

インターネットのドメイン名は，特定のインターネット・サイトまたはイン

ターネット・アドレスを識別するために使用される独特の名前である。こうしたドメイン名は一般に登録されているので,契約法律規準を満たすことになる(IFRS 第 3 号 IE22 項)。

⑥ 非競合契約

非競合契約は,人または事業に対し,特定期間に特定の市場で,ある企業と競合することを禁止する法的な合意である。買収時に,被取得企業が買収前から有している非競合契約が存在する場合がある。こうした契約は,契約法律規準を満たしており,企業結合の一部として認識される取得資産となる。非競合契約の契約条件や強制力は,無形資産に割り当てられる公正価値に影響する可能性があるが,無形資産の認識には影響しない。被取得企業の元従業員に対する支払が,競合を禁止することへの支払とされている場合もあるが,実際には企業結合後の期間に提供されるサービスに対する報酬である場合があるため,精査が必要となる。

(2) 顧客関連無形資産

顧客関連無形資産には,次のものが含まれる(ただし,これらに限定されるわけではない(IFRS 第 3 号 IE23 項))。
 (i) 顧客契約および関連する顧客関係
 (ii) 契約に基づかない顧客関係
 (iii) 顧客リスト
 (iv) 注文または製品受注残高

被取得企業が有する顧客との関係は,2 種類以上の無形資産(例えば,顧客契約および関連する顧客関係,顧客リストと受注残高)を含む場合がある。同一の顧客に関連するさまざまな種類の無形資産が相互に関係していることにより,その認識および測定が困難な場合がある。ブランドや商標といった他の無形資産に帰属する価値も,顧客関連無形資産の評価に影響を及ぼすことがある。また,資産の経済的便益が消費される耐用年数とそのパターンは異なることがあるため,単一の顧客関係に関連するものであっても,無形資産を別個に認識

する必要がある場合もある（IFRS 第 3 号 IE27項）。

① 顧客契約および関連する顧客関係

顧客関係（customer relationship）は，次のいずれも備えている場合に，企業と顧客との間で存在することになる（IFRS 第 3 号 IE28項）。
(i) 企業が顧客についての情報を保有し，顧客との間で定期的なコンタクトを有している
(ii) 顧客が企業と直接的なコンタクトを行う能力を有している

企業が契約を通じて顧客関係を築く慣行を有している場合，取得日に契約（例えば，発注書や販売注文書）がなくとも，当該顧客関係は無形資産を個別に認識するための契約法律規準を満たすことになる。外回りの販売員やサービス提供者が定期的に顧客にコンタクトするという慣行も顧客関係を生じさせる場合がある。顧客関係は，契約法律規準または分離可能性規準を満たす場合，認識すべき無形資産が存在することを示唆している（IFRS 第 3 号 IE28項）。

ケーススタディⅢ−4−1 ▶ 解約可能および解約不能な顧客契約

[前提]
　企業 A は，商業用機械および関連する補修用の部品や部材を製造する企業 B を取得した。企業 B（被取得企業）の商業用機械は同社の売上のおよそ70％を占め，解約不能な契約を通じて販売されている。補修用の部品や部材は企業 B の売上の残りのおよそ30％を占め，こちらも契約を通じて販売されているが，顧客はいつでも契約を解約できる。

[ポイント]
　顧客が契約を解約できるかどうかは，無形資産の認識における契約法律規準の評価に影響するか。

[考え方]
　企業 B は，商業用機械の販売および補修用の部品や部材の販売に関して，顧客と契約上の関係を確立する慣行を有している。補修用の部品や部材を購入する顧客がいつでも契約を解約できる点は，無形資産の測定において考慮されることになるが，無形資産の認識の観点における契約法律規準を満たすかどうかには影響しない。

ケーススタディⅢ－4－2 ▶ 取得日時点で交渉中の潜在的な契約

前 提

被取得企業である企業Cは,取得日時点で多くの新規顧客と契約交渉中であるが,価格,製品の仕様およびその他の重要な契約条件については,当事者の間でまだ合意に至っていない。

ポイント

取得企業は,企業Cの交渉中の契約について,無形資産を認識すべきか。

考え方

取得企業はこれらの見込み契約に価値があると考えるかもしれないが,新規顧客との潜在的な契約は,取得日においてそれらに関連する契約上のまたは法律上の権利がないため,契約法律規準を満たさない。また,潜在的な契約は,売却,移転または交換することができず,取得した事業から区分可能ではないので,分離可能性規準も満たさない。こうした潜在的な契約の価値はのれんに含まれることとなる。取得日後に潜在的契約の状況に変化があったとしても,のれんから無形資産へ再分類されることはない。

PwC's Eyes 顧客への特典またはカスタマー・ロイヤルティ・プログラム

顧客への特典またはカスタマー・ロイヤルティ・プログラムが,被取得企業と顧客との関係を生み出す場合があり,顧客関連無形資産の価値を向上させることがある。このようなプログラムでは,当事者が特定の条件に合意していたり,過去に契約上の関係があったりするため,「契約上の」という定義を満たすと予想される。取得企業は,これらのプログラムについて,顧客関連無形資産を認識し測定する必要があるかどうかを判断することに加えて,取得日においてこれらのプログラムに関連して引き受けた負債を認識し測定する必要があるかどうかを別途検討する必要がある。顧客への特典またはカスタマー・ロイヤルティ・プログラムに関連する契約条件は多岐にわたるためそれらに関連する無形資産の認識および測定の評価は慎重に行う必要がある。

> **PwC's Eyes　顧客の重複**
>
> 　取得企業が被取得企業と同一の顧客関係を有している場合がある。これは,「顧客の重複」とも呼ばれる。顧客関係が契約法律規準または分離可能性規準を満たす場合,取得企業が同一の顧客関係を有していたとしても,被取得企業の顧客関係について無形資産を認識する必要がある。そのような顧客関係の価値の評価は,市場参加者がそれらと同一の顧客関係から便益を得られるかどうかを含む要因に依存する可能性がある。

② 契約に基づかない顧客関係

　契約に基づかない顧客関係（non-contractual customer relationship）は契約法律規準を満たさないものの,そのような関係を,取得した事業を売却することなく,売却または交換できる場合もあり,そのような場合には分離可能性規準を満たすこととなる。契約に基づかない顧客関係が分離可能性規準を満たす場合,そのような顧客関係は無形資産として認識される（IFRS第3号IE31項）。

> **PwC's Eyes　顧客関係が分離可能である証拠**
>
> 　契約に基づかない顧客関係が分離可能であることを示す証拠には,同一の種類の資産または類似の種類の資産の交換取引などがある。契約に基づかない顧客関係をのれんから区別して無形資産として認識するために,こうした取引が必ずしも頻繁に行われている必要はない。契約に基づかない顧客関係を分離して売却または譲渡可能かどうかが,無形資産として認識できるかどうかに影響する（IFRS第3号B33項）。例えば,顧客基盤,市場シェア,識別できない「予約なしで現れる」顧客など,契約に基づかない顧客関係で個別に認識されないものは,のれんに含まれることになる。

③ 顧客リスト

　顧客リスト（customer list）とは,既存の識別可能な顧客のリストであり,通常,顧客の名称や連絡先などの情報が含まれているものである。顧客リストは,顧客に関するその他の情報（例えば,注文履歴や人口統計上の情報など）を含むデータベースの形式である場合もある。

通常，顧客リストは契約上またはその他の法律上の権利から生じるものではないため，一般的には契約法律規準を満たさない。しかし，顧客リストは，貸与されたり交換されたりすることも多く，通常，分離可能性規準を満たす。被取得企業が顧客情報を貸与したり交換したりすることが，守秘義務またはその他の契約により禁じられている場合，取得した顧客リストは分離可能性規準を満たさない（IFRS第3号 IE24項）。

> **PwC's Eyes　顧客基盤**
>
> 顧客基盤（customer base）とは，把握されていないまたは識別可能でない顧客のグループを表す。例えば，売店で新聞を買う顧客，またはファーストフードのフランチャイズ店やガソリンスタンドの顧客などである。顧客基盤は「予約なしで現れる」顧客とも表現される。顧客基盤は，契約上のまたは法律上の権利から生じておらず，かつ，分離可能でもないため，通常個別に無形資産としては認識しない。しかし，さまざまな顧客に関する情報を入手している場合には，顧客基盤が顧客リストとなることもある。

④　注文または製品受注残高

注文または製品受注残高は，未履行の購入契約または販売注文契約から生じるものであり，製造業または建設業などの特定の業界では重要となる場合がある。企業結合で取得した注文または製品受注残高は，購入契約または販売注文契約が解約可能であるとしても，契約法律規準を満たすので，無形資産として個別に認識することが可能な場合がある。しかし，契約が解約可能であるという事実は，関連する無形資産の公正価値の測定に影響する可能性がある（IFRS第3号 IE25項）。

ケーススタディⅢ－4－3 ▶ 注文書による顧客関連無形資産の識別

前　提

企業Mは企業結合により企業Yに取得された。企業Mの顧客は次の2社である。
- 顧客A社は企業Mと注文書を通して継続的な取引を行っている顧客である。

取得日において，一部の注文書は未履行である。
- 顧客B社は企業Mと注文書を通して継続的な取引を行っている顧客である。ただし，取得日において，未履行となっている注文書はない。

[ポイント]
企業Yは企業Mの顧客との取引について無形資産を認識すべきか。

[考え方]
企業Yは，取得した顧客との間に存在する顧客関係全般のさまざまな要素を評価する。企業Yは顧客Aと顧客Bについて契約法律規準に基づき無形資産を認識する。顧客Aとの顧客関係は，取得日において契約または合意が存在しているので契約法律規準を満たす。顧客Bとの顧客関係も，取得日において未履行の注文書はなくても，企業Mが顧客Bと注文書を通じて取引してきた過去の経緯があるので，契約法律規準を満たす。

(3) 芸術関連無形資産

芸術関連無形資産は，一般的に著作権またはその他の契約および法的手段により保護されている創造的な資産である。芸術関連無形資産は，著作権のような契約上のまたは法律上の権利から生じるものである場合には個別に認識する（IFRS第3号IE33項）。芸術関連無形資産には，例えば，次のようなものがある（IFRS第3号IE32項）。

(i) 演劇，オペラ，バレエ
(ii) 書籍，雑誌，新聞，その他の文学作品
(iii) 作曲，作詞，CMソングなどの音楽作品
(iv) 絵画，写真
(v) 映画またはフィルム，音楽テープ，テレビ番組を含むビデオおよび視聴覚データ

著作権は第三者に譲渡または一部をライセンス化することができる。著作権によって保護された無形資産とそれに関連する譲渡契約または使用許諾契約については，それらの資産の耐用年数が同様であれば，単一の相互補完的資産として認識することができる（IFRS第3号IE33項）。

(4) 契約に基づく無形資産

　契約に基づく無形資産は，契約上の取決めから生じる権利の価値を表す。顧客契約は，契約に基づく無形資産の1つのタイプである。契約に基づく無形資産には，例えば次のようなものがある（IFRS 第3号 IE34項）。

(ⅰ) 使用許諾，ロイヤルティ，および使用禁止契約
(ⅱ) 広告，建設，マネジメント，サービスまたは供給契約
(ⅲ) 建設許可
(ⅳ) フランチャイズ契約
(ⅴ) 営業および放送権
(ⅵ) 金融資産のサービシング契約
(ⅶ) 雇用契約
(ⅷ) 使用権
(ⅸ) リース契約

　市場と比較して有利な条件の契約だけでなく，条件がアット・ザ・マネーである契約も，契約に基づく無形資産となる可能性がある。市場と比較して不利な条件の契約である場合には，取得企業は企業結合で引き受けた負債を認識することになる。

　なお，リース契約や有利な条件の契約の詳細については次節で解説する。

① 金融資産のサービシング契約

　金融資産のサービシング契約には，以下のようなものがある。

- 債務者からの元本・利息・エスクロー支払の回収
- エスクロー資金からの税金および保険料の支払
- 延滞状況のモニタリング
- 必要に応じた担保権の行使
- 未分配資金の一時的な投資
- 保証人，信託受託者，その他のサービス提供者への報酬の送金
- 金融資産の受益権保有者のための会計記録の作成および元利金の送金

　サービシングはすべての金融資産に固有のものであるが，(ⅰ)原金融資産（例

えば債権) が売却または証券化され,かつ,サービシング契約が売手に留保される場合,または(ii)サービシング契約が個別に購入あるいは引き受けられている場合を除き,個別の無形資産としては認識されない (IFRS 第 3 号 IE35項)。

担保付住宅ローン,クレジットカード債権またはその他の金融資産が,こうした資産のサービシング契約とともに企業結合で取得された場合,前述のいずれの規準も満たさないので,サービシング権を独立の無形資産としては認識しない。ただし,サービシング権は,原資産である担保付住宅ローン,クレジットカード債権またはその他の金融資産の公正価値の測定には含まれる (IFRS 第 3 号 IE36項)。

② 雇用契約

雇用契約が,契約に基づく無形資産または負債となることはほとんどない (IFRS 第 3 号 IE37項)。雇用契約は,サービシング契約などと同様に,市場の条件と比較して有利だったり不利だったりする場合がある。しかし,従業員が比較的短い通知期間で離職を選択できること,雇用契約は一般に強制力を持たないこと,そして,特定の従業員の報酬の相場は裏付けが難しいことから,雇用契約を無形資産および負債として認識することは実際には稀である。

> **PwC's Eyes** プロスポーツクラブの買収と雇用契約
>
> 雇用契約が無形資産および負債として認識されることは稀であるが,例えば,プロのスポーツクラブが買収される時は例外となることがある。選手との契約は雇用契約に関する無形資産および負債となる可能性がある。スポーツ選手は多くの場合,プロフェッショナルとしての制約のもとで働いているので,プロとしての地位を維持するために,契約チームを自由に辞めて他のチームで競技することはできない。選手契約は,観察可能な市場取引にさらされる場合が多いので,分離可能である可能性もある。取得した事業に買収前から存在する雇用契約に競業避止義務条項が含まれている場合もある。このような競業避止義務条項に価値がある場合があるため,こうした契約が企業結合の一部である場合には,当該条項を無形資産として個別に評価する必要がある。

（図表Ⅲ－4－2） プロスポーツクラブの買収と雇用契約に関する無形資産

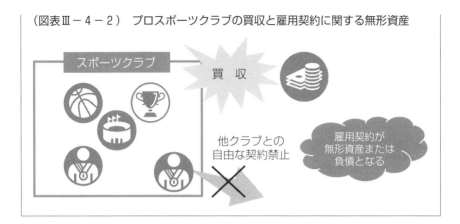

Short Break 集合的な人的資源

　集合的な人的資源は，取得企業が取得した事業を取得日から継続して運営できるようにする既存の従業員の集合体と定義される（IFRS第3号B37項）。個々の従業員は被取得企業と雇用契約を結んでおり，当該契約は少なくとも理論的には個別に認識および測定されることがありうるが，集合的な人的資源全体としては，そのような雇用契約は存在しない。したがって，集合的な人的資源は契約法律規準を満たさない。さらに，IASBは，集合的人的資源を被取得企業の事業を中断することなしに，売却または譲渡することはできないため，分離可能とはみなされないと結論づけている（IFRS第3号BC178項）。結果として，企業結合においては（資産の取得においても），集合的な人的資源は個別に認識されるべき識別可能な無形資産ではなく，したがって，集合的な人的資源に帰属する価値はすべてのれんに包含される。

　熟練した人的資源により創出されてきた知的資本は，こうした無形資産に関連する権利を雇用主が所有しているために，取得日に認識される企業のその他の無形資産の公正価値の一部となっている場合がある。例えば，独自の技術やプロセスの公正価値を測定する際には，それらに内包されている従業員グループの知的資本が考慮されることになる（IFRS第3号BC180項）。

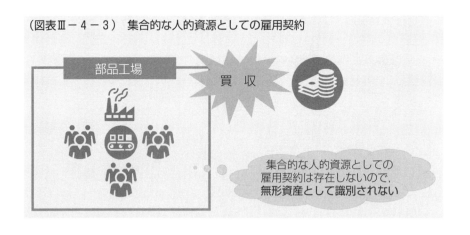

(図表Ⅲ－4－3) 集合的な人的資源としての雇用契約

③ 使用権

採掘，水道，空調，鉱物，材木伐採および通行権などの使用権は，契約に基づく無形資産である。使用権は有形資産と無形資産の両方の特徴を有する場合があるという点で独特である。使用権はその性質に基づいて有形資産または無形資産のいずれかとして，公正価値で認識する（IFRS第3号 IE38項）。

(5) 技術に基づく無形資産

技術に基づく無形資産とは，通常，製品またはサービスの革新（イノベーション）を表すが，電子的に保持される情報の集積が含まれる場合もある（IFRS第3号 IE39項）。

① 特許技術および特許化されていない技術

特許技術は法的に保護されており，無形資産として個別に認識するための契約法律規準を満たす。特許化されていない技術は通常，法的または契約上の手段によって保護されておらず，契約法律規準を満たさない。しかし，特許化されていない技術は，商号または秘密製法などのその他の無形資産とともに売却されることが多い。関連する資産とともに売却されることが多いため，特許化されていない技術は通常，分離可能性規準を満たすことになる。

② 取引上の機密

　取引上の機密とは，製法，パターン，レシピ，調整，プログラム，工夫，方法，技法またはプロセスなどを含む情報で一般に知られていないことによる独立した経済的価値があり，その機密性を維持するために合理的な努力がなされているものをいう。企業結合で取得した取引上の機密からもたらされる将来の経済的便益が，法的に保護されている場合には，その資産は契約法律規準を満たす。法的に保護されていない場合でも，企業結合で取得した取引上の機密は，分離可能性規準を満たすことから識別可能である可能性がある。取引上の機密を他者に売却またはライセンス化できる場合は，売却が頻繁には行われていなくても，あるいは取得企業に取引上の機密を売却またはライセンス化する意思がなくとも，当該取引上の機密は資産として認識されることになる（IFRS 第 3 号 IE44項）。

③ コンピュータ・ソフトウェアおよびマスク・ワーク

　マスク・ワークは，読取り専用メモリー・チップで永久に保存されるソフトウェアである。マスク・ワーク，コンピュータ・ソフトウェアおよびプログラム・フォーマットは，特許，著作権またはその他の法的手段によって法的に保護されていることが多い。法的に保護されている場合，これらは契約法律規準を満たす。法的または契約上の手段によって保護されていない場合，こうした種類の資産は，同一または類似の種類の資産の売却または交換を示す証拠があれば，分離可能性規準を満たす可能性がある（IFRS 第 3 号 IE41項）。

④ データベース

　一般的に，データベースは電磁的に保存される情報の集積である。原作者のオリジナル作品を含むデータベースは，場合によっては，著作権などの法的手段によって保護されることがあり，そのような場合は契約法律規準を満たす。データベースは顧客情報，科学的データまたは信用情報などの通常の事業活動を通して収集される情報であることも多い。顧客リストと同様に，データベースは他者に売却またはリースされることが多く，分離可能性規準を満たす（IFRS 第 3 号 IE42項）。

3．その他企業結合で取得した識別可能な無形資産

(1) 有利および不利な契約

　リース契約などの特定の契約では，その契約条件が現在の市場の条件に対して有利または不利な場合，無形資産または負債を認識することがある。契約条件を取得日の市場価格と比較し，無形資産または負債を認識すべきかを決定する必要がある。取得した契約の条件が市場の価格と比較して有利な場合は無形資産を認識する。反対に，取得した契約の条件が市場の価格と比較して不利な場合は負債を認識する（IFRS 第 3 号 IE34項）。

　有利および不利な契約を測定する際の判断において重要となるのは，契約の更新または延長の条件を含めるかどうかという点である。更新または延長を含めるかどうかを検討する際には以下の要因を考慮する必要がある。

- 更新または延長が，主要な契約条件を再交渉することなく可能な裁量的なものか，または被取得企業の支配下にあるものか。被取得企業の支配下にある更新または延長は，その条件が取得企業にとって有利な場合には，無形資産の測定に含めることになる可能性が高い。
- 更新または延長が更新権の保有者に経済的便益をもたらすかどうか。更新権の保有者は，被取得企業であれ取引相手であれ，自己の最善の利益のために行動する可能性が高い。例えば，取得企業が貸手側に有利なオペレーティング・リースの貸手である場合，取得企業は，通常，借手が自身にとって不利なリースを更新するとは推定しないことになる。
- 契約が更新されるまたは更新されない可能性を示唆するその他の要因があるかどうか（例えば，更新履歴など）。

(図表Ⅲ－4－4) 有利および不利な契約

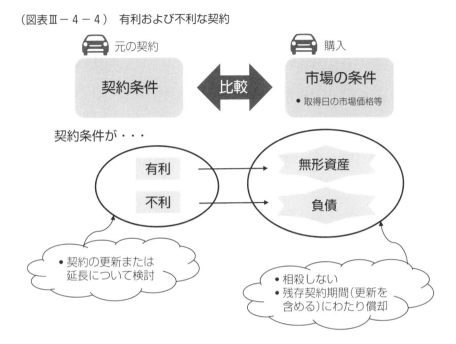

　個々の契約は個別に認識し測定する。結果として生じる有利な契約と不利な契約の金額は相殺しない。有利な契約および不利な契約条件に関連する無形資産または負債の公正価値は、一般的に現在価値の手法に基づいて決定する。行使が見込まれる更新期間を含めた残存契約期間における契約価格と市場価格の差額を算出し、それを割り引いて正味現在価額を算出する。そのうえで、無形資産または負債の公正価値を、更新期間（該当する場合）を含めた残存契約期間にわたって償却する。

ケーススタディⅢ－4－4 ▶ 有利な購入契約

前　提

　企業Nは企業結合により企業Oを取得する。企業Oは購入契約に基づき電力を購入しており、現在は、契約期間5年の3年目である。企業Oには、当初契約期間の終了時に、購入契約の5年間の延長を選択できる自由裁量権がある。当初の契約における年間電力料金は80百万円であり、5年の延長期間では年間110百万

円となる。取得日現在における年間電力料金の市場価格は200百万円であり，市場価格は将来も安定的と予想されている。企業Nは当該契約をデリバティブとして会計処理していない。

| ポイント |

　企業Oの有する契約は，有利な契約に該当するか。

| 考え方 |

　企業Oの電力購入契約は有利な契約に該当する。企業Oは当初の契約条件でも延長条件でも，現在の市場価格である200百万円を下回る金額で電力を購入することができる。したがって企業Nは，当該オプションを行使し，契約をさらに5年間延長する可能性が高いといえる。

| ケーススタディⅢ－4－5 ▶ 不利な購入契約 |

| 前　提 |

　取得日現在における年間電力料金の市場価格は50百万円であり，市場価格は将来も変わらないことが予想されている。それ以外の前提は，**ケーススタディⅢ－4－4**と同じと仮定する。

| ポイント |

　企業Oの有する契約は，不利な契約に該当するか

| 考え方 |

　企業Oの購入契約は，不利な契約に該当する。当初の契約条件でも延長条件でも，企業Oは，年間電気料金として市場価格である50百万円を上回る金額を支払う必要がある。したがって，企業Nは当初の契約期間の残り2年について負債を認識し測定しなければならない。ただし，延長期間については，企業Nは契約を延長しないことを選択できるため，不利な契約を測定する際には延長期間を考慮しないことになる。

| *PwC's Eyes*　アット・ザ・マネーの契約 |

　アット・ザ・マネーの契約については，個別に認識する必要のある無形資産かどうかを評価すべきである。アット・ザ・マネーの契約条件は取得日における市場の条件を反映している。こうした契約は，将来経済的便益をもたらすことから，市場参加者が当該契約に対して自発的にプレミアム

を支払うという価値がある可能性がある(IFRS 第 3 号 B30項)。企業は，図表Ⅲ－4－5に示したような質的な理由や特徴を考慮する必要がある。こうした特徴がある場合には，当該契約はより価値のあるものとなる可能性があり，結果として市場参加者がプレミアムを自発的に支払いたいと考えるようになる。空港のゲートのリースや家庭用防犯業界の顧客契約は，観察可能な交換取引により購入または販売され，個別の無形資産として認識されるアット・ザ・マネーの契約の例である。

(図表Ⅲ－4－5) アット・ザ・マネーの契約と考慮すべき項目

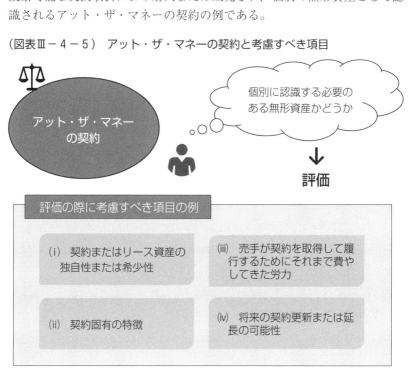

(2) 企業結合で引き受けたリース契約

図表Ⅲ－4－6は，企業結合において，リース契約に関連して資産および負債を認識する際に考慮すべき典型的な項目を要約したものである。

(図表Ⅲ-4-6) 企業結合で引き受けたリース契約について考慮すべき項目

リースの分類	考慮すべき項目
被取得企業が借手の場合	● IFRS第16号に従って,取得日においてリースを新規のリースとして会計処理する。 ● 残存リース料に係るリース負債を認識する。 ● リース負債の金額で使用権資産を測定し,有利または不利な賃料を反映するように調整する。
被取得企業がオペレーティング・リースの貸手の場合	● リースの条件を考慮してリース資産(テナントによる改良を含む)を認識する。 ● 顧客関係(テナント)を識別する。
被取得企業がファイナンス・リースの貸手の場合	● 正味リース投資未回収額を表す債権を認識する。 ● 顧客関係(テナント)を識別する。

　リースは,資産を使用する権利を一定期間にわたり対価と交換に移転する契約または契約の一部である。取得日に存在するリース契約は,契約法律規準に基づく個別の無形資産など,さまざまな資産や負債の認識をもたらす可能性がある。リースの分類(例えば,オペレーティング・リースかファイナンス・リースか)および被取得企業が借手であるか貸手であるかは,企業結合において認識される可能性のあるさまざまな資産や負債に影響を及ぼす。

① 被取得企業が借手の場合

　取得企業は,IFRS第16号に従ってリースに係る使用権資産およびリース負債を認識する(ただし,リースが取得日から12か月以内に終了する場合,または原資産が少額である場合を除く)。取得企業は,取得したリースを取得日における新規のリースであるかのように,リース負債を残存リース料の現在価値で測定する。取得企業は,リース負債と同額で使用権資産を測定し,市場の条件と比較した場合の当該リースの有利または不利な条件を反映するように調整する(IFRS第3号第28A項,第28B項)。

② 被取得企業が貸手の場合

　取得企業は,リースの条件に基づき,オペレーティング・リースの貸手の資

産を，取得日の公正価値で測定する（IFRS 第 3 号 B42項）。有利または不利な条件に関連する別個の無形資産または負債，および既存のリースに関連する価値については認識されるものの，リース資産の価値に含まれる。ただし，有利または不利なリースの条件に関連する金額を個別に償却することが適切となる場合もある（IAS 第16号第44項）。

被取得企業が，ファイナンス・リースの貸手の場合もある。取得企業は，当該リースにおける正味リース投資未回収額について債権を認識し測定する。当該投資額は，リース契約の条件に基づき，IFRS 第 3 号に従って認識される。

企業結合で引き受けたリースで被取得企業がそのリースの貸手の場合，当該リースから生じる資産と負債は，取得日の公正価値で測定する。リース契約の開始日に決定したリースの分類は，リースの条件が変更されない限り，企業結合を理由に変更してはならない（IFRS 第 3 号第17項）。リースの条件は，契約開始時のリースの分類を確立するうえで重要な前提条件である。例えば，開始時のリース期間に更新オプションを含めることは，当初のリース分類に影響を与えることがある。

ケーススタディⅢ－ 4 － 6 ▶ 企業結合によって取得されたリースに関連する認識可能な無形資産および有形資産

| 前 提 |

　企業 A は，さまざまなオペレーティング・リースの対象資産である商業用オフィスビルの貸手であり，20X0年に企業 G によって買収された。企業 A は複数の第三者が20X9年まで全室を賃借している建物を所有している。取得日において一部のリースは市場価格を上回っているが，その他のリースは市場価格を下回っている。すべてのリースはリース開始時の被取得企業の決定に基づいてオペレーティング・リースに分類されている。

| ポイント |

　企業 G は企業 A のリース契約をどのように認識すべきか。

| 考え方 |

　企業 G は，以下を考慮して，リース契約に関連する資産および負債を認識し測定することになる。
- 建物——取得日に存在しているリース契約を考慮して有形資産を認識し，公

正価値で測定する。取得企業は有利または不利なリース，もしくは既存のリースの価値について，個別の無形資産または負債を認識しない。ただし，市場条件と比較して有利または不利なリース契約に関連する金額を，IFRS第16号に基づいて個別に特定し償却することが適切な場合もある。
- 顧客関係（テナント）——該当する場合，取得日に既存の顧客基盤（テナント）に関連する価値を無形資産として認識する。そのような価値には，見込まれるリースの更新や賃貸スペースの拡張等が含まれる。

(3) 相互補完的な無形資産およびその他の無形資産のグループ化

　個別の無形資産は，他の無形資産と一体で機能したり，相互に補完し合うことがある。取得企業は，取得日における公正価値による当初測定，事後の償却，減損テストのために，こうした相互補完的な無形資産をグループ化したいと考える可能性がある。ブランドやブランド名が例として挙げられるがIFRSではグループ化が許容されるのは限定的である。

　ブランドとは，商標およびそれに関連する商号，製法，レシピおよび技術のような相互補完的な無形資産のグループを指す一般的なマーケティング用語である。こうしたグループを構成する資産が，個別に認識するための識別可能規準を満たし，かつ同様の耐用年数を有する場合，取得企業はこれらの資産を単一の無形資産として認識することができる（IFRS第3号IE21項）。さらに，取得企業は，相互補完的な無形資産で構成されるブランド以外の他のグループを単一の資産として認識することもある。このような取扱いは，グループを構成する資産の耐用年数が同様である，ブランド以外の資産にも適用されることがある。耐用年数が同様な場合に，単一の資産として認識することができる資産の例は以下のとおりである。
- 原子力発電所およびその発電所を運転するライセンス（IFRS第3号B32項(b)）
- 著作権および関連する譲渡契約または使用許諾契約(IFRS第3号IE33項)
- 海港およびその運営のための関連する免許および許可
- ガス・パイプラインのための一連の地役権

取得企業は構成資産を識別し，それぞれの構成資産の耐用年数を決定して，それらの耐用年数が同様かどうかを評価する。

4．日本の実務との差異

(1) 企業結合により取得した無形資産の識別

IFRSでは分離可能である場合，または契約その他の法的権利から生じている場合には，被取得企業の財務諸表で資産として認識されていなかったとしても，のれんと区別して無形資産を認識する。

企業結合で取得した識別可能な無形資産の公正価値は，十分な信頼性をもって測定できるとみなしている（例えば，ブランド名，特許または顧客関係などが無形資産として認識される場合がある）（IAS第38号第11項，第12項，第34項～第37項，IFRS第3号第13項）。

一方，日本基準では法律上の権利など，分離して譲渡可能な無形資産は，被取得企業の財務諸表で資産として認識されていなかったとしても，のれんと区別して無形資産を認識する。

分離して譲渡可能であるためには，企業または事業と独立して売買可能であり，当該無形資産の独立した価格を合理的に算定できなければならない（例えば，特許が無形資産として認識される場合がある。なお，コーポレート・ブランドは，事業と密接不可分であるため，無形資産として計上することは通常困難であるとされる）（企業結合に関する会計基準第29項，第100項，企業結合会計基準及び事業分離等会計基準に関する適用指針第58項，第59項，第367項，第370項）。

第5章 当初認識後の測定

　無形資産について，企業は，当初認識後に，原価モデルと再評価モデルのいずれかを，会計方針として選択することができる。本章では，無形資産の当初認識後の測定について解説する。

1．原価モデルと再評価モデル

(1) 概　　要

　企業は，無形資産を当初に認識した後，原価モデルと再評価モデルのいずれかを会計方針として選択することができる。ただし，再評価モデルは，無形資産が活発な市場で取引されている場合にのみ採用できるものであるため，頻繁に用いられる方法ではない。再評価モデルの会計方針は，同じクラスに属する個別の無形資産ごとに適用するのではなく，同じクラスの無形資産全体に適用する必要がある（ただし，個別の資産に活発な市場がない場合を除く（IAS第38号第72項））。

　当初認識後，原価モデルでは，無形資産を取得原価から償却累計額および減損損失累計額を控除した額で計上する（IAS第38号第74項）。再評価モデルでは無形資産を，活発な市場を参照して測定した公正価値で計上する。再評価は，当該資産の帳簿価額が，貸借対照表日における公正価値を用いて決定される価額と，大きく異ならないような十分な規則性をもって行われなければならない（IAS第38号第75項）。

(2) 無形資産のクラス

　企業は，IAS第38号で示している，「企業の営業活動において類似の性質及び用途を有する資産のグループ」という定義を満たす場合に，無形資産のクラスとして扱うことができる（IAS第38号第73項）。この定義は，地理的な基準による資産のクラスの決定を除外しているほかは，かなり柔軟である。企業は，その事業に適した，企業にとって意味のあるクラスを採用することができる。大半の企業には，いくつかの大きく区分された無形資産のクラスがある。

　無形資産のクラスの例は次の**図表Ⅲ－5－1**のとおりである（IAS第38号第118項）。

（図表Ⅲ－5－1）　無形資産のクラスの例

- ブランド名
- 題字，出版表題
- ライセンスおよびフランチャイズ
- 著作権，特許権およびその他の工業所有権，サービスおよび営業上の権利
- 配合，製法，モデル，デザインおよび試作品
- 開発中の無形資産
- 排出権
- のれん

　財務諸表利用者にとって目的適合性の高い情報となる場合，上記のリストにおける項目を，さらに分解したり集約したりする場合がある（IAS第38号第119項）。**図表Ⅲ－5－2**は上記のリストの項目をさらに分解または集約することにより生じ，個別の無形資産のクラスとして取り扱われる可能性のある追加のカテゴリーの例である。

（図表Ⅲ－5－2）　無形資産の追加のカテゴリーの例

- ウェブサイトおよびアプリケーションの開発コスト
- コンピュータのソフトウェア
- データベース

- 航空機の着陸権
- 映画または音楽のライブラリー
- 携帯電話の事業免許

2．無形資産への再評価モデルの適用

(1) 無形資産の再評価モデル

　無形資産を取得原価で当初認識した後にのみ，再評価モデルを，当該資産の測定に適用することができる。この方法を，当初認識時に取得原価以外の価値で無形資産を計上するために用いることはできない（IAS第38号第76項）。

> **ケーススタディⅢ－5－1 ▶ これまで無形資産として認識していないライセンス**
>
> 前　提
>
> 　企業Aは長年にわたり，活発な市場で取引されているのと同種の複数のライセンスを，名目価格で蓄積してきている。しかし，それらは取得した時点では個別に重要なライセンスではなかったため，企業Aは無形資産を認識していない。最近になってこうしたライセンスの市場価格が著しく上昇しており，企業が保有するライセンスの価値も大幅に増加している。
>
> ポイント
>
> 　企業Aはこのライセンスに再評価モデルを適用できるか。
>
> 考え方
>
> 　これまでライセンスを資産として認識していないため，企業AはIAS第38号の再評価モデルを当該ライセンスに適用することはできない。

　再評価モデルは，政府補助金により取得して当初認識時に名目的な価額で測定した資産にも適用できる（IAS第38号第77項）。当該資産を無償で受け取った場合，名目的な価額はゼロとなる。
　活発な市場が存在しなくなり，再評価した無形資産の公正価値を活発な市場を参照して測定することができなくなる場合がある。その場合の帳簿価額は，最後の再評価日時点の再評価額に据え置くべきである。その後，その帳簿価額

を通常の方法で償却し減損する。活発な市場を参照して測定することが不可能になった場合でも，これまでの再評価剰余金の戻入れは行わない（IAS 第38号第82項）。また，活発な市場が存在しないことは，減損の兆候があり，減損テストを行う必要があることを示唆している可能性がある（IAS 第38号第83項）。その後，再び当該資産について活発な市場を参照して評価することが可能となった場合は，その日から当該資産をその資産の属するクラスに適用される再評価モデルに基づいて再評価すべきである（IAS 第38号第84項）。

　許容される唯一の評価の基礎は，活発な市場を参照して決定する公正価値である。活発な市場の定義は，IFRS 第13号「公正価値測定」に定義されている。

　活発な市場が存在するのは，わずかな種類の無形資産だけであり，再評価モデルを使用できるのは，そのような市場が存在する場合のみである。一部の法域では自由に譲渡可能なタクシーのライセンス，漁業免許または生産割当枠について，活発な市場が存在する可能性がある。また，排出権も活発な市場が存在する可能性のある例の1つである（IAS 第38号第78項）。

　ブランド，新聞題字，音楽およびフィルムの出版権，特許または商標については，活発な市場は存在しえない。こうした資産はそれぞれが独特だからである。このような独特な無形資産は，売買されることはあっても，その価格は活発な市場で値付けされているものではなく，個々の買手および売手の間で交渉されるものである。このような売買取引の件数は比較的少ない。そのため，1つの取引においてある資産に対して支払われた価格が，別の資産の公正価値の適切な指標にはならない可能性がある（IAS 第38号第78項）。例えば，タバコのブランド名の売買の場合，当該資産は独特で，かつ，活発な市場がないため，支払われる価格は，他のタバコブランドの公正価値の信頼性のある指標とはならない。

(2) 再評価の頻度

　再評価モデルを採用する場合，評価を毎期行うことは求められていないが，有意義な評価となるよう，最新の評価を維持する必要がある。再評価は，帳簿価額が貸借対照表日における公正価値と大きく異ならないよう，十分な規則性

をもって行わなければならない（IAS 第38号第75項）。

　再評価の頻度は無形資産の公正価値の変動の程度に左右される。無形資産の公正価値が帳簿価額と大幅に異なる場合には，さらに再評価が必要となる。無形資産の中には，市場価格が大きく乱高下し，そのため毎年の再評価が必要となるものもあると考えられる。その場合，市場価格の入手は比較的容易なはずであり，年次ベースでの再評価も難しいものとはならない。比較的安定した市場価格を有する無形資産であれば，このような頻繁な評価は要求されない（IAS 第38号第79項）。

（図表Ⅲ－5－3）　再評価の頻度

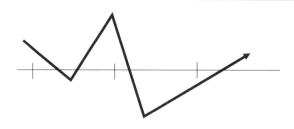

市場価格が大きく乱高下するケース → 毎年の評価が必要

市場価格が比較的安定しているケース → 毎年の評価は不要

(3) 再評価モデルにおける償却累計額の取扱い

　無形資産を再評価する場合，その帳簿価額を再評価額に修正する。再評価日に，当該資産を次のうちのいずれかの方法で処理する必要がある。

● 帳簿価額（償却累計額控除前）を，当該資産の帳簿価額の再評価と整合的な方法で修正する。例えば，帳簿価額（償却累計額控除前）を，観測可能な市場データを参照して修正再表示するか，または帳簿価額の変動

> に比例的に修正再表示することができる。
> - 再評価実施日の償却累計額は，減損損失累計額を考慮に入れた後の当該資産の帳簿価額（償却累計額控除前）と帳簿価額との差額と等しくなるように修正する。
> - 償却累計額を，当該資産の帳簿価額（償却累計額控除前）と相殺消去する。

償却累計額の修正額は，再評価に係る利得または損失の一部として会計処理される，帳簿価額の増額または減額の一部を構成する（IAS 第38号第80項）。

3．再評価に係る利得と損失

(1) 再評価に係る利得

再評価による増加額は，その他の包括利益に認識され，再評価剰余金として資本に累積される。ただし，再評価剰余金が，過去に費用として認識した同じ資産の再評価による減少額の戻入れとなる場合は，この限りではない。過去の再評価による減少額の戻入れは，減少額を費用として認識した範囲内で，純損益に計上する（IAS 第38号第85項）。

資本に含まれる再評価剰余金は，当該剰余金が実現された時点で（すなわち，当該資産を除去または処分した時点で），利益剰余金に直接振り替えることができる（IAS 第38号第87項）。

剰余金の一部は，資産を企業が使用している間に（すなわち，剰余金が実現されるにつれて），純損益に直接振り替えられることもある。その際の振替金額は，当該資産の再評価後の帳簿価額に基づく償却額と，当該資産の当初の取得原価に基づく償却額との差額である。この金額は，再評価剰余金から利益剰余金に直接振り替えることができる（IAS 第38号第87項）。

(2) 再評価に係る損失

　再評価による減少額は，純損益に認識すべきである。しかし，当該資産に係る再評価剰余金に貸方残高がある場合は，当該減少額はその他の包括利益に認識すべきである。当該その他の包括利益の減少額は，再評価剰余金として資本に累積されている金額も減額することになる（IAS第38号第86項）。

第6章 無形資産の減価償却，減損，認識の中止

1. 無形資産の減価償却の概略

　無形資産の減価償却と有形固定資産の減価償却の考え方に，特に大きな違いはない。IAS第38号において，償却および償却可能額は，次のように定義されている（IAS第38号第8項）。

> 償却…無形資産の償却可能額を規則的にその耐用年数にわたって配分すること
> 償却可能額…資産の取得原価（または取得原価に代わる他の価額）から残存価額を控除した額

　適用する償却方法は，当該資産の将来の経済的便益を企業が消費すると見込むパターンを反映したものである必要がある。そのパターンを信頼性をもって決定できない場合には，定額法を採用しなければならない。その際，償却額を費用として認識することになるが，IAS第38号または他の基準で，他の資産の帳簿価額に含めることが認められているか要求されている場合にはそれに従う（IAS第38号第97項）。

(1) 償却の対象資産

　無形資産が取得原価または公正価値のどちらで評価されていても，耐用年数

を確定できない無形資産を除いて、すべての無形資産に償却が適用される（IAS第38号第89項）。耐用年数を確定できない無形資産は、償却してはならない（IAS第38号第107項）。

(2) 償却の開始

償却は、資産が使用可能になった時点、すなわち、当該資産が経営者の意図した方法で稼働可能となるのに必要な場所および状態に置かれた時に開始しなければならない（IAS第38号第97項）。

ケーススタディⅢ－6－1 ▶ 製品販売権の償却

前提

ある企業は、20X0年1月1日に製品販売権を含むライセンスおよび商標を取得する。この時点ではまだ、ライセンスと製品販売権は規制当局の承認が必要である。20X0年3月1日、企業は製品を販売するための承認を規制当局から得る。経営者はこれらの権利の償却を、20X0年3月1日から開始するつもりである。

ポイント

償却は無形資産が使用可能になった時点で開始すべきである。この場合、無形資産の償却はいつから開始すべきか。

考え方

償却は、無形資産が使用可能になった時点で開始する必要がある。

取得した無形資産の償却を遅らせることができるのは、無形資産が使用可能となる時点までである。取得した権利は、20X0年3月1日から一定期間にわたって消費されるため、この期間にわたって償却する必要がある。

---

(3) 償却額の取扱い

無形資産の償却額は、通常、費用として純損益に認識されるが、無形資産が他の資産（棚卸資産や有形固定資産など）を生産するために使用される場合は、その償却額を当該他の資産の取得原価に含めることが適切となる可能性がある（IAS第38号第99項）。

(4) 償却の中止

　償却は，無形資産の認識の中止をした日，またはIFRS第5号に従って当該資産を売却目的保有に分類した日のいずれか早い時点で中止しなければならない（IAS第38号第97項）。すなわち，無形資産は，処分する時点で認識を中止するか，または当該資産の使用から将来の経済的便益が見込めなくなった時点で減損する。また，無形資産がIFRS第5号の売却目的保有の分類要件を満たす場合は，IFRS第5号に従って当該無形資産を売却目的保有に分類する。償却は，資産を保有しているが，もはや使用しなくなった場合であっても中止しない。ただし，当該無形資産の償却を完了したかまたはIFRS第5号に従って売却目的保有に分類した場合を除く（IAS第38号第117項）。しかし，資産からの将来の経済的便益が見込まれないために当該資産をもはや使用しない場合や資産を一時的に使用しない場合，それらは当該資産に関連する資金生成単位にとって減損の兆候となるので，減損を検討する必要がある。

2．耐用年数と償却

(1) 耐用年数の定義

　無形資産の耐用年数は，資産の償却可能額を配分する期間である。毎期の償却費の算定上，耐用年数の見積りは重要な要素である。耐用年数は，次のいずれかと定義されている（IAS第38号第8項）。

- 資産が企業によって利用可能であると予想される期間
- 企業が当該資産から得られると予測される生産高またはこれに類似する単位数

> **PwC's Eyes　耐用年数と経済的耐用年数の相違**
>
> 　耐用年数には，資産が経営者の意図する方法により稼働可能であるが，いまだ使用されていない取得後の期間も含まれる。
> 　資産の耐用年数の終了は，必ずしも経済的耐用年数の終了を意味しない。経済的耐用年数とは，資産が経済的便益を生み出す期間であり，その時点で誰が資産を使用しているかは関係しない。これに対し，耐用年数は，企業が当該資産を使用する期間である。企業が経済的耐用年数が10年の資産を100百万円で購入したが，当該資産を6年しか使用する意図がない場合，この資産に割り当てる耐用年数は10年ではなく6年となる。企業は，6年目の終了時点の残存価額を見積もることが必要となる。

　経営者は，無形資産の耐用年数を確定できるかどうか判定しなければならない。次の場合には，当該無形資産の耐用年数は確定できないものとみなす必要がある。それは，関連するすべての要因に基づいて，無形資産が企業への正味のキャッシュ・インフローをもたらすと期待される期間について予見可能な限度がない場合である（IAS第38号第88項）。

　IAS第38号では，耐用年数を見積もるにあたって考慮すべき次のような要因を示している（IAS第38号第90項）なお，括弧内の例は，関連する例示を示している。

- 企業が見込んでいる当該資産の使用方法，および当該資産を他の管理者チームが効率的に管理できるかどうか
- 当該資産の典型的な製品ライフサイクル，および類似の方法で使用されている類似の資産の耐用年数に関して公表されている情報（例：類似の資産を使用する類似の事業を営む企業の財務諸表に開示されている耐用年数と比較など）
- 技術上，工学上，商業上またはその他の要因による陳腐化
- 当該資産が稼働している産業の安定性，および当該資産から産出される，あるいは当該資産に関連する，製品またはサービスに対する市場の需要の変化
- 実際の競争相手または潜在的な競争相手の予想される行動

- 当該資産の稼働能力を維持するために必要となる維持管理の水準，および経営者にそうした水準の維持を行う意図があるかどうか（例：商標の価値を維持するための広告宣伝費の水準など）
- 企業が当該資産を支配する期間，および当該資産の使用に関する法的制限または同様の制限（例：リースやライセンスの契約満了日や地理的制限など）
- 当該資産の耐用年数が企業の他の資産の耐用年数に左右されるかどうか（例：商標権やブランドの使用は，その商標権やブランドを表した物品の製造を中止した時点で終了となる場合もあるなど）

図表Ⅲ－6－1は，無形資産の種類ごとに考慮すべき耐用年数の要因と予想される耐用年数を示している。

（図表Ⅲ－6－1） 無形資産の種類ごとの要因と予想される耐用年数

種　類	要　因	予想される耐用年数
非競合契約	例えば，契約の強制力の制限などの契約条件	確定される耐用年数は契約から便益がもたらされる期間に限られる。
顧客リスト	顧客情報の性質，他の情報源からの情報入手の難易度および便益がもたらされる期間	比較的短い。便益がもたらされる期間に関する経営者の最善の見積りを用いるべきである。
更新を必要とする法的権利	更新を得られるであろうという証拠	法的権利が更新されるという証拠がない場合には，権利の満了後にまで耐用年数を延ばすことはできない。

（図表Ⅲ-6-2） 耐用年数が確定できる場合の償却

耐用年数が確定できる場合

償却開始
- 当該資産が経営者の意図した方法で稼働可能となるのに必要な場所および状態に置かれたとき

償却中止
- 無形資産の認識の中止をした日，またはIFRS第5号に従って当該資産を売却目的保有に分類した日（いずれか早いほう）

(2) 耐用年数が確定できない場合

　耐用年数を確定できないと決定した無形資産は，償却してはならない（IAS第38号第107項）。確定できないことと，無限（期間に限りがない）とは同じではない。「確定できない」とは，報告企業のキャッシュ・フローへの寄与が見込まれる期間について，予見可能な限度がないということである。

　無形資産の耐用年数は，当該資産の耐用年数の当初見積時に評価した資産の稼働能力をそのままに保つために必要となる，将来の維持管理の水準（ならびにこうした維持管理を実行する経営者の能力および意思）のみを反映する。耐用年数の見積りにおいては，当該資産の稼働能力を維持するために必要となる支出を超過した将来の支出の計画は考慮しない（IAS第38号第91項）。

> ***PwC's Eyes*** **耐用年数を確定できない無形資産**
>
> 　耐用年数を確定できない無形資産とするには，一般的に安定した過去の実績と高い参入障壁のある事業，産業および製品である必要がある。これに加えて，経済的便益を提供し続けることが期待される期間まで当該無形資産の使用を延長するという，長期投資の継続に関する経営者の確約も必要である。例えば経済環境の変化の中で生き残る能力を証明してきた老舗ブランドなどは，耐用年数を確定できないことを正当化できる可能性があ

る。比較的新しいブランド（例えば映画スターなど）や個人の評判に依存するブランド，またはファッションや技術の変化の影響を受ける可能性の高い変化の大きい業界で事業を行うブランドなどでは，有限の耐用年数が適切となることが多い。

ケーススタディⅢ－6－2 ▶ 顧客関係の耐用年数

前提

企業Ａは，テレビチャンネルを運営する企業Ｂを取得した。企業Ｂは，主に大手企業である広告スポンサーと直接，放映時間の販売交渉を行っている。広告契約は毎年交渉されており，経営者はこの関係が確定できない程の期間にわたって継続するであろうと考えている。

企業Ａの経営者は，この顧客関係を無形資産として認識し，確定できない耐用年数を有する資産として扱うつもりである。

ポイント

このような顧客関係を耐用年数を確定できない無形資産として扱うことができるか。

考え方

確定できない耐用年数となるのは，資産がキャッシュ・インフローをもたらすと期待される期間について予見可能な限度がない場合である（IAS第38号第88項）。顧客関係については，顧客の所有権が変わったり，戦略が変わったり，企業Ｂの市場にさらなる競合企業が参入することもあるので，その耐用年数が確定できないことになる可能性は低い。

企業Ａの経営者は，この顧客関係の耐用年数を，過去の経験，契約期間，競合企業，ライフサイクルなど，関連するすべての要因を考慮して決定する必要がある。

(3) 耐用年数の決定

コンピュータのソフトウェアやウェブサイトといった多くの種類の無形資産は，技術の急速な変化による技術的陳腐化の危険性が高い。したがって，それらの耐用年数は確定でき，比較的短いことが多い（IAS第38号第92項，SIC第

32号第10項)。不確実性は，無形資産の耐用年数の見積りを慎重に行う正当な理由となるが，非現実的に短い耐用年数を選択することの正当な理由とはならない（IAS第38号第93項）。

また，無形資産によっては，その耐用年数が，契約上またはその他の法律上の権利を有している期間によって制限されている場合もある。このような資産の耐用年数は，経済的要因により決定される期間と契約またはその他の法律的要因により決定される期間のいずれか短いほうとなる（IAS第38号第95項）。

ケーススタディⅢ－6－3 ▶ 経済的耐用年数を上回る法定年数を有する著作権

前提

企業Cは，残存法定年数が50年の著作権を取得する。企業Cは著作権の経済的耐用年数を30年（すなわち，当該著作権が経済的便益を創出する期間は30年のみ）と判断した。

ポイント

企業Cは当該著作権をどのように償却すべきか。

考え方

企業Cは，著作権を30年にわたって償却しなければならない。耐用年数は，企業がその資産を使用すると予想する期間と定義されており，当該資産に関しては30年間に限定される。30年経過後，企業Cは当該資産を使用しないため，その使用による予定した将来の経済的便益が期待できなくなった時点で，資産の認識を中止しなければならない。

---

(4) 主要な業種でみられる無形資産と耐用年数の典型的な特徴の概要

次の**図表Ⅲ－6－3**は，主要な業種でみられる典型的な無形資産とそれらの耐用年数の典型的な特徴を示している。この表は概要を示すにとどまり，ある業種の事業者に，または特定の状況において存在する可能性のある無形資産を網羅的に示すことを意図したものではない。

（図表Ⅲ－6－3） 主要な業種でみられる無形資産と耐用年数の典型的な特徴の概要

業　種	重要な無形資産の典型的な例	耐用年数の典型的な特徴
小売および消費財	商号およびブランド名	● 商号およびブランド名は，持続可能な場合は，長期または確定できない耐用年数となることもある。それ以外の場合は，短期から中期である。 ● 供給業者との契約は，契約上の期間に基づくが，適宜，更新を前提とする（再取得した権利は除く）。 ● 契約上の関係（流通ネットワークを含む）は，契約期間に基づくか，あるいは割安な費用で更新できる場合はそれよりも長くなる。 ● 技術およびノウハウは，短期から長期までさまざまである。
	顧客および供給業者との契約	
	顧客および供給業者との関係（流通ネットワークを含む）	
	有利／不利な契約	
	プロセスに係る技術およびノウハウ	
	酒類に関する販売ライセンス	
	顧客関係（例えば，薬局の処方箋ファイル）	
	顧客リスト	
	インターネットのドメイン名	
工業製品	商号	● 商号は，持続可能な場合は，長期，または確定できない耐用年数となることもある。それ以外の場合は，短期から中期である。 ● 契約上の関係は，契約期間に基づくか，あるいは割安な費用で更新できる場合は，それよりも長くなる。 ● 技術およびノウハウは，短期から長期までさまざまである。
	顧客および供給業者との契約	
	有利／不利な契約	
	プロセスに係る技術およびノウハウ	
不動産	賃借人との関係	● リース期間および賃借人の更新の見込みにより決定する。
	有利／不利なリース契約	
	既存のリース契約	
銀行	コア預金無形資産（CDI）	● CDIは，顧客離れの程度に基づいて，短期から中期となる
	販売チャネル（例えば，代理店）	

		ブランド名および商号	が，米国以外の国を基盤とする銀行であれば，より長くなることがある。 ● ブランド名および商号は，持続可能な場合は，長期または確定できない耐用年数となることもある。その他は通常，短期から中期である。 ● 契約上の関係は，契約期間により決定する。
		顧客関係（購入されたクレジットカード関係を含む）	
		顧客リスト	
保険		短期保険契約の更新権，抱き合わせ販売の機会，および顧客／会員名簿などの顧客関係	● 顧客関係および販売チャネルは中期である。 ● 商号は，持続可能な場合は，長期または確定できない耐用年数となることもある。それ以外の場合は，短期から中期である。 ● 保険業のライセンスの中には，多額の費用なしに無期限に維持することができるものがある。
		販売チャネル（新規顧客から新たな事業を創出する代理店の能力を含む）	
		保険業のライセンス	
		サービス契約およびプロバイダー契約（特に医療保険会社に関連する）	
		ブランド名および商号	
		プロセスに係る技術およびノウハウ	
資産運用		商号	● 商号は，持続可能な場合は，長期または確定できない耐用年数となることもある。それ以外の場合は，短期から中期である。 ● 顧客関係は中期であるが，主な顧客が個人ではなく機関投資家であれば，より長くなる。 ● ファンド・マネージャー契約とファンドの顧客関係は，相互に依存しているため，特別な分析が必要となる。ファンド・マネージャー契約の耐用年数は，
		顧客関係	
		ファンド・マネージャー契約	

		ファンドとの契約更新の見込みによって決定するが，中期から長期となる可能性が高い。
テクノロジー	商号	●商号は，持続可能な場合は，長期，または確定できない耐用年数となることもある。それ以外の場合は，短期から中期である。 ●契約上の関係は，契約期間によって決定するか，あるいは割安な費用で更新できる場合には，それよりも長くなる。 ●技術およびノウハウは，短期から長期までさまざまである。 ●仕掛中の研究開発は，資産が製品として使用されるか事業に供されるまで，耐用年数を確定できない（使用可能ではない）無形資産である。資産が製品として使用されるか事業に供されると，耐用年数は製品により異なるが，短期から中期となる可能性がある。
	顧客および供給業者との契約	
	有利／不利な契約条件	
	プロセスに係る技術およびノウハウ	
	コンピュータのソフトウェアおよびマスク・ワーク	
	インターネットのドメイン名およびウェブサイト	
	データベース	
	仕掛中の研究開発（IRP&D）	
ライフサイエンスおよび製薬	ブランド名および商号	●ブランド名および商号は，製品のポートフォリオ（すなわち，識別可能な資産の残存法定年数）によって異なるが，短期から中期となる可能性がある。例外として，ブランド名および商号に価値があって，かつ持続可能な場合は，長期または確定できない耐用年数となることもある。 ●仕掛中の研究開発は，資産が製品として使用されるか事業に供されるまで，耐用年数を確定できない（使用可能ではない）無
	特許，製品の権利およびノウハウ	
	パートナーおよび提携契約	
	仕掛中の研究開発	
	顧客関係および顧客基盤	
	供給業者との契約	

		形資産である。資産が製品として使用されるか事業に供されると，耐用年数は製品により異なるが，短期から中期の耐用年数となる可能性がある。
エンタテイメントおよびメディア	商号／商標	● 商号／商標，一部のライセンスおよび芸術的資産は，持続可能な場合は，おそらく長期のものとなり，または確定できない耐用年数となることもある。
	芸術的資産（例えば，アニメのキャラクター，著作権）	
	ライセンス（例えば，放送免許，プログラムのマテリアルに係るライセンス）	
	有利／不利な契約条件	
電気通信	商号	● 商号は，持続可能な場合は，長期または確定できない耐用年数となることもある。それ以外の場合は，短期から中期となる。 ● その他の無形資産は，更新の可能性および陳腐化のリスクによって，短期のもの（技術）から長期または確定できないもの（ライセンス）までさまざまである。
	顧客との契約および関係	
	ライセンスおよび使用権	
	設置基盤	
	技術	
エネルギーおよび資源（石油とガスを含む）	下流の事業（例えば，小売分野）が存在する場合の商号およびブランド名	● 商号またはブランド名は，持続可能な場合は，長期または確定できない耐用年数となることもある。それ以外の場合は，短期から中期となる。 ● 契約上の関係は，契約期間によって決定するか，あるいは割安な費用で更新できる場合には，それよりも長くなる。
	契約上の関係	
	有利／不利な契約条件（例えば，採掘契約）	
	取決め（フランチャイズ・サービス，相互接続，運営およびメンテナンス，鉄道の踏切）	
	契約（購入電力，燃料およびその他の供給契約）	

地役権,敷設権および使用権	
探鉱権,環境に関連するライセンス,およびその他のライセンス	

(5) 更新した場合の取扱い

　一部の無形資産では,法的権利の効力が無期限に続くか,または法的権利を継続的に更新することができる(例えば,ブランド名を保護する商標)。その他の無形資産では,市場における製品の地位を保護する法的権利が,一定期間の後に消滅(すなわち,法的権利は更新不可能)し,それ以降は競合企業が同様の製品を販売することができる(例えば,医薬品の特許)。事業免許は,企業にある事業活動を一定期間にわたって行う権利を与えるが,企業は更新を申請はできるものの,事業免許が更新される保証はない(例えば,放送事業免許)。

　契約上または法律上の権利は,一定の期間に限定して付与されることが多い。そうした法的権利が更新可能で,かつ,企業が多額のコストなしに更新できるという証拠がある場合に限り,関連する無形資産の耐用年数を,その一定の期間を超えた期間とすることができる(IAS第38号第94項)。多額のコストなしに更新できることを裏付ける証拠には,以下のようなものがある(IAS第38号第96項)。

- 契約上または法律上の権利が更新されるという,実績などに基づく証拠。これには第三者の同意が必要な場合には,そうした同意が得られるという証拠が含まれる。
- 更新を得るのに必要な条件がすべて満たされるという証拠。
- 企業にとっての更新のコストが,更新により企業に流入すると期待される将来の経済的便益に比して多額ではないという証拠

　更新のコストが,企業に流入すると期待される将来の経済的便益に比して多額である場合には,事実上,当該コストは更新日現在で新たな無形資産を取得するための原価を表す(IAS第38号第96項)。更新によって置き換えられる無

形資産の帳簿価額は，更新日までにすべて償却し，その更新のコストについては，それが認識規準を満たす場合に，新たな無形資産として資産計上する。なお，企業結合で再取得した権利（例えば，これまで取得企業が被取得企業に与えていたフランチャイズ権）の耐用年数は，その権利を付与した契約の残存契約期間であり，更新期間を含めるべきではないとされている（IAS第38号第94項）。

ケーススタディⅢ－6－4 ▶ 更新が確実な放送免許

[前 提]

企業Dは，5年後に期限が切れる放送免許を取得した。当該免許はほとんどコストを掛けずに更新することができ，過去にすでに二度，更新している。当該免許をさらにもう一度更新しないことを示唆する要因は何もなく，企業Dは更新するつもりである。当該免許は確定できない程の期間にわたって，企業のキャッシュ・フローに寄与すると予測される。

[ポイント]

この放送免許の耐用年数はどのようなものとなるか。

[考え方]

この場合，当該無形資産の耐用年数は確定できないものとみなされ，放送免許は償却されないことになる。法定年数に制限がある無形資産は，企業が多額の費用なしに更新することができ，かつ，更新が予想される場合には，確定できない耐用年数を有するものとして扱うことができる。

ケーススタディⅢ－6－5 ▶ 更新が確実でない放送免許

[前 提]

企業Eは，5年後に期限が切れる放送免許を取得した。当該免許の更新は確実ではなく，更新の可能性が高いともいえない。放送事業の免許交付当局は，今後，免許を更新する時には，自動更新ではなく，競争入札にすることを決定している。免許交付当局がこのような決定をしたのは，企業Eの放送免許の残存期間が3年の時だった。

[ポイント]

この放送免許の耐用年数はどのようなものとなるか。

|考え方|

　この場合，更新は不確実であり，更新のコストも同様に不確実であるため，当該免許を残存期間の3年にわたって償却する。

(6) 企業結合の取得企業が使用することを意図していないかまたは他の市場参加者とは異なる方法で使用することを意図している無形資産の耐用年数

　企業結合で取得した無形資産のうち，取得企業に積極的な使用の意図はないが，他者の使用を妨げる意図があるものは，一般的に「防御的資産」または「ロックアップ資産」と呼ばれる。こうした資産は取得企業が所有する他の資産のキャッシュ・フローの増加に寄与している可能性がある。なお取得した無形資産のうち，取得企業に積極的に使用する意図も，他者の使用を妨げる意図もないものは防御的資産ではない。

|ケーススタディⅢ-6-6 ▶ 防御的無形資産と他の無形資産との区別①|

|前　提|

　消費財の製造業者である企業Aは，企業Aの既存製品の1つと競合する製品を販売している企業を買収する。企業Aは今後6か月以内に，この競合製品の販売を終了する計画である。企業Aはその商号を競合他社が使用することを妨げるため，最小限の費用で商号の権利を維持する。

　企業Aの既存製品は市場シェアの拡大が期待されている。また，企業Aには現在のところ，取得した商号を将来再び利用する計画はない。

|ポイント|

　企業Aが取得した商号は防御的無形資産に当たるか。

|考え方|

　企業Aには取得した商号を積極的に使用する意図はないが，商号の権利を保有することで，競合他社使用を妨げる意図があるため，この商号は防御的無形資産の定義を満たす。商号の耐用年数は，企業Aが商号に関する権利を保有する期間となる。

> **ケーススタディⅢ－6－7 ▶ 防御的無形資産と他の無形資産との区別②**
>
> 前提
>
> 　企業Aはある事業を買収した。買収した資産の1つは，被取得企業が自己使用のために開発した請求書作成ソフトウェアである。企業Aは，6か月の移行期間後に，この被取得企業が内部で開発した請求書作成ソフトウェアの使用を終了する計画である。企業Aは，市場参加者であれば請求書作成ソフトウェアを，その資産グループの他の資産とともに，経済的耐用年数の残存期間にわたって使用するだろうと判断している。企業Aには当該資産を，最高かつ最善の使用方法で使用する意図はない。企業Aは，そのソフトウェアについて，取得したその他の資産と一緒でない限り第三者には売却できないと考えている。
>
> ポイント
>
> 　企業Aが取得したソフトウェアは防御的無形資産に当たるか。
>
> 考え方
>
> 　企業Aは内部開発したソフトウェアを，競合企業の使用を妨げることを目的として所有しているわけではない。したがって，この内部開発ソフトウェアは防御的無形資産の定義を満たさない。これにより，企業Aが当該ソフトウェアを使用できる期間は，6か月が限度となる。

(7) 耐用年数を確定できない無形資産から確定できる無形資産への変更

　耐用年数を確定できる無形資産の耐用年数は，少なくとも各事業年度末に再検討しなければならない。耐用年数の変更は，IAS第8号に従って，会計上の見積りの変更として会計処理する必要がある（IAS第38号第104項）。見積りの変更は，将来に向かって会計処理し，その影響は当期および将来の期間に認識する（IAS第8号第38項）。

　耐用年数が確定できない無形資産については，見直しを毎年実施して，事象および状況が，当該資産の耐用年数を確定できないという判定を引き続き裏付けているかどうかを再検討しなければならない。その裏付けがない場合には，耐用年数を確定できないものから確定できるものに変更し，上述のとおりIAS

第 8 号に従って，見積りの変更として会計処理する必要がある（IAS 第38号第109項）。

なお，耐用年数の確定できない無形資産から確定できる無形資産への変更は，IAS 第36号において減損の兆候となる。そのような変更を行う場合，企業は，IAS 第36号に基づいて減損テストを実施しなければならず，回収可能価額が帳簿価額に満たない場合にはその差額を減損損失として計上しなければならない（IAS 第38号110項，IAS 第36号第12項(f)）。

ケーススタディⅢ－6－8 ▶ 商標の耐用年数についての「確定できない」から「確定できる」への変更

前 提

企業 E はある商標を数年前に取得し，耐用年数が確定できない無形資産として取り扱ってきた。これは，確定できないほどの期間にわたって関連する事業が継続すると予測されており，耐用年数を確定できない無形資産として取り扱う条件をすべて満たしていたためである。しかし，ここにきて経営者は，当該事業を今後4年で廃止することを決定した。

ポイント

当該商標について，確定できる耐用年数に変更し償却する必要があるか。

考え方

企業 E は，当該無形資産について使用する残りの4年間にわたって償却すべきである。無形資産の耐用年数の評価が「確定できない」から「確定できる」ものへと変わる場合，当該無形資産を確定できる耐用年数の残存期間にわたって償却する必要がある。また，この変更時には，当該資産の減損テストを実施しなければならない。

ケーススタディⅢ－6－9 ▶ 耐用年数が確定できない商標の予測される将来キャッシュ・フローの変動

前 提

10年前に取得した商標について，これまでその耐用年数を確定できないと評価してきたが，競争の激化によって予測される将来のキャッシュ・フローが20％減少している。

しかし，キャッシュ・インフローが20％減少するとしても，この商標に関連する事業は，企業になお正味のキャッシュ・インフローをもたらすことが見込まれており，当該商標と関連する事業は依然として確定できないほどの期間にわたって継続することが予測されている。

ポイント

当該商標について，耐用年数が確定できる資産に変更し償却する必要があるか。

考え方

この場合，当該商標は，依然として確定できない程の期間にわたって継続することが予測されており，その耐用年数は引き続き確定できないものと扱われる。耐用年数を確定できない無形資産を取り巻く状況に何らかの変化があれば，耐用年数が確定できないものとして取り扱うことが引き続き正当かどうかを判断するために，状況の変化を慎重に検討する必要がある。

3．残存価額

残存価額は，次のように定義されている（IAS第38号第8項）。

> 残存価額とは，当該資産の耐用年数が到来し，耐用年数の終了時点で予想される当該資産の状態であったとした場合に，企業が当該資産を処分することにより現時点で得るであろう見積金額（処分コストの見積額を控除後）

耐用年数を確定できる無形資産の残存価額は，次のいずれかに該当する場合を除き，ゼロと推定される（IAS第38号第100項）。
- 第三者が当該資産を耐用年数の終了時に購入する約定がある場合
- 無形資産に活発な市場が存在し，かつ，次の両方に該当する場合
  - ➢当該市場を参照することにより残存価額を算定することができる
  - ➢そのような市場が当該資産の耐用年数の終了時にも存在している可能性が高い

残存価額が，ゼロより大きいということは，企業が資産をその経済的耐用年数（耐用年数ではなく）の終了まで使用しないことを前提としている（IAS第

(図表Ⅲ-6-4) 残存価額の見積り

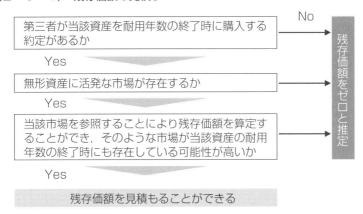

38号第101項)。

残存価額は,実際の検討対象である資産と同様の方法で稼働し,耐用年数の終了に到達した資産を前提として決定する(IAS第38号第102項)。

> **PwC's Eyes** 残存価額とインフレ
>
> 残存価額は,その見積日現在の価格に基づくことになる。そのため,残存価額は見積日後の予想される将来のインフレは考慮しない。
> 資産の耐用年数が終了する時点において,当該資産を第三者が購入する約定がある場合,その残存価額は,第三者によって支払われる金額から将来のインフレの影響を除いたものとなる。

残存価額は,少なくとも事業年度ごとに見直す必要がある。残存価額の変更は,IAS第8号に従って,見積りの変更として会計処理する(IAS第38号第102項)。

残存価額が増加し,当該無形資産の帳簿価額と同じか,またはそれ以上となる場合がある。その残存価額が帳簿価額を下回る金額まで減少しない限り,また,その時点までは,償却費はゼロである(IAS第38号第103項)。こうした残存価額の変動は,残存価額をゼロと推定するという規定に対する前述の2つの例外のいずれかが該当する場合にのみ生じる。ただし,耐用年数を確定できる

無形資産について，償却しないことになる可能性はほとんどないといえる。

> **ケーススタディⅢ−6−10 ▶ 残存価額が確約されている特許の残存期間**
>
> 前　提
> 　企業Aは，経済的耐用年数が15年の特許を取得する。企業Aは当該特許を5年間使用すると予想しており，5年後に当該特許を企業Bに売却する意向である。企業Bは，当該特許を企業Aの取得原価の60％で購入することを確約している。
>
> ポイント
> 　企業Aは当該特許について，どのように償却すべきか。
>
> 考え方
> 　企業Aは，当該無形資産の償却可能額を，企業Aにとっての耐用年数である5年間にわたって償却する。償却可能額は，残存価額が資産の取得原価の60％であるため，取得原価の40％となる。
> 　償却可能額は，償却すべき額（すなわち，取得原価から残存価額を控除した額）である。第三者が5年後に当該資産を購入することを確約しているため，無形資産の残存価値はゼロであるという仮定も反証することができる。

4．無形資産の償却方法

(1) 償却方法の選定

① 償却方法の種類と選定

　無形資産の償却方法には有形固定資産と同様，定額法，定率法，生産高比例法など，さまざまな方法がある（IAS第38号第98項）。適用する償却方法は，無形資産の将来の経済的便益を企業が消費すると見込むパターンを反映したものである必要がある。そのパターンを信頼性をもって決定できない場合には，定額法を採用しなければならない（IAS第38号第97項）。

> ***PwC's Eyes*** 　無形資産の適切な償却方法
>
> 　償却方法は，無形資産から生じると予想される将来の経済的便益の消費パターンに基づいて選択される。将来の経済的便益の消費が，時間の経過によるものである場合（例えば，一定の年数だけ有効な特許や免許），定額法が最も適切な償却方法であることが多い。しかし，将来の経済的便益の消費が，使用または生産を通じたものである場合（例えば，鉱物の採掘），生産高比例法が最も適切な償却方法となる可能性がある。使用する償却方法は，資産の経済的便益の消費についての企業の予想と資産の予想される使用量または生産量を信頼性をもって測定する企業の能力に応じて異なる。消費パターンを信頼性をもって決定できない場合，定額法が既定の償却方法となる。

　定額法による償却は，各会計期間に規則的に費用を計上するために，資産の取得原価または再評価額から残存価額を控除した金額を，資産の耐用年数にわたって配分する。耐用年数または残存価額が変わらない限り，各期間に同じ金額が計上される。

② 収益に基づく償却方法

　無形資産の償却方法は，その使用などの活動から生み出される収益を基礎とすることはできないという反証可能な推定がある。そうした活動により生み出される収益は，通常，当該無形資産の経済的便益の消費と直接結び付かないと考えられる。例えば，収益は他のインプットやプロセス，販売活動，販売数量や販売価格の変動などの影響を受ける。収益の価格要素はインフレの影響を受ける場合もあるが，これは資産が消費される方法とは関係しない（IAS 第38号第98A 項）。ただし，収益に基づく方法が不適切であるという推定は，以下のいずれかの場合には反証できる可能性がある（IAS 第38号第98A 項）。

- 無形資産が収益の測定値として示される場合
- 収益と無形資産の経済的便益の消費との相関が高いことを立証できる場合

> ***PwC's Eyes*** **無形資産に固有の支配的な限定要因**
>
> 　企業は，適切な償却方法を決定する際に，無形資産に固有の支配的な限定要因（predominant limiting factor）を考慮することができる。例えば，無形資産の使用が特定の期間または生産ユニット数により制限されている場合がある。一方，その支配的な限定要因が収益である場合もある。例えば，企業が有料道路の運営権を，通行料による所定の総収益額が創出されるまでの間，保有している場合などである。こうした場合には，収益が支配的な限定要因であることを考慮すると，創出される収益は無形資産の償却の適切な基礎となる可能性がある。

> ***Short Break*** **許容可能な償却方法の明確化のための修正**
>
> 　IASBは，収益に基づく償却方法が適切となる可能性のある状況を明確化するため，2014年5月に，IAS第16号とIAS第38号の修正を行った（2016年1月1日以後に開始する期間から適用されている）。
>
> 　もともとは，IFRIC第12号「サービス委譲契約」の範囲に含まれるサービス委譲契約の無形資産（公共道路の運営権など）の適切な償却方法を決定する際の懸念として指摘されたものであったが，IASBは，この論点をサービス委譲契約から生じる無形資産に限定せず，幅広く扱うこととし，修正を公表したものである。
>
> 　この修正は，資産の使用により生み出される収益を基礎として資産の償却を行うことは適切でないことを明確化したものである。収益を基礎とした償却方法とは，償却可能額を，ある会計期間に生み出される収益（予想される価格変動も考慮に入れたもの）に基づいて，資産の耐用年数にわたり生み出されると見込まれる収益の合計額の一定割合で各期に配分する方法である。
>
> 　なお，審議の過程では，収益を基礎とする償却方法が適切となるような無形資産もあるとの意見も寄せられ，無形資産については，2つの例外規定（収益を基礎とする償却方法が適切となる場合）が設けられた。
>
> ① **無形資産が収益の測定値として示される場合**
> 　無形資産に固有の支配的な限定要因が，収益閾値の達成である場合には，生み出される収益が償却の適切な基礎となりうるとされている。無形資産の使用に係る契約において，収益が支配的な限定要因として設定されている場合には，生み出される収益は，無形資産の償却の適切な基礎となる可能性がある。ただし，契約において，償却を決定する基礎となる生み出される収益の固定された合計額を定めていることが条件となる。基準では，以下の2つの例を挙げている（IAS第38号98C項）。

(例1) 金鉱を探査して金を採掘する権利
- このような採掘する権利を取得する際に，採掘の契約の満了が，期間や採掘量ではなく採掘から生じる固定の合計収益額に基づくものとなっている場合（例えば，契約が，金の販売による収益の累計が20億円に達するまで，鉱山からの金の採掘を認めている場合など）

(例2) 有料道路を運営する権利
- このような運営する権利が，課された料金の累計額から生じる収益の固定された合計額を基礎としている場合（例えば，契約が，道路の運営から生み出された料金の累計額が100億円に達するまで，有料道路の運営を認めている場合など）

② 収益と無形資産の経済的便益の消費との相関が高いことを立証できる場合

例えば，映画のフィルムなどは，その知的財産を使用してキャッシュ・フローを生み出すことになるが，複数の活動（例えば，劇場における公開，フィルムのDVDやデジタル・コピーの販売，テレビ放送局への放映権の付与などの活動）に使用され，生産高の単位が同質でないため，生産高比例法の適用は実務上難しい。こうした知的財産のコストを償却する最善の方法は，収益を基礎とする方法である可能性がある。これは，当該知的財産を使用できる複数の活動から受け取られるすべての便益の消費のパターンの適切な代用を反映するための一般的な標準と考えられるためである（IAS第38号 BC72H項）。企業は，収益を基礎とする償却方法を適用するため，収益と無形資産の経済的便益の消費との相関が高いことを示す必要がある。ただし，収益は，他の要素（販売やマーケティングなど）にも影響を受けるため，「相関が高い」ことを示すのに，単純に収益と無形資産の間に関係があるというだけでは十分とならない可能性がある。

ケーススタディⅢ－6－11 ▶ 将来の経済的便益の予想される消費パターンが変化する可能性

前提

企業Aは，最近，医薬品を開発した。企業Aは，当該医薬品の特許を取得し，その特許期間は10年である。10年間，企業Aは当該医薬品の独占販売者となる。企業Aは，市場シェアを確立するのに2年を要すると見込んでいる。一方，ジェネリック医薬品企業が特許に攻勢をかけるため，特許期間の終了が近づくにつれて販売が落ち込むことが予想される。

ポイント

この特許の償却をどのような方法で行うべきか。

> 考え方
>
> この特許は，10年間にわたって独占的なプレミアム・キャッシュ・フローをもたらし，その経済的便益は時の経過に比例して消費される。
>
> この場合，特許の支配的な限定要因は時間である。医薬品が大当たりして予想を上回る利益をもたらす場合でも，利益が生じない場合であっても，特許の経済的便益は時とともに均等に消費される。
>
> したがって，このような場合，定額法による償却が，経済的便益の消費を適切に反映することになる。

(2) 償却方法の変更

償却方法は，将来の経済的便益の予想される消費のパターンに変化がない限り，各期を通じて一貫して適用する。耐用年数を確定できる無形資産の償却方法は，少なくとも各事業年度末に再検討しなければならない（IAS 第38号第104項）。使用する方法の変更は，IAS 第 8 号に従って，見積りの変更として会計処理する必要がある。

ただし，無形資産の消費パターンが，その耐用年数にわたって著しく変化する可能性は低いので，償却方法の変更は稀と考えられる。

なお，償却方法および減価償却方法の例，残存価額と耐用年数に関連する規定の適用例は，本書第Ⅱ部「有形固定資産」でも解説しているが，そこでの例は，多くの場合，無形資産にも当てはまる可能性がある。

5．無形資産の減損

(1) 概　　要

無形資産の減損は，IAS 第36号で取り扱っている。企業は，無形資産が減損していることを示す兆候があるかどうかを，各報告日に評価する必要がある。こうした兆候が存在する場合，企業は資産の回収可能価額を見積もる必要があり，当該資産をその回収可能価額まで減額する（IAS 第38号第111項）。無形資

産の減損の詳細は，第Ⅳ部「資産の減損」を参照。

(2) 耐用年数を確定できない無形資産の減損

　耐用年数を確定できない無形資産については，減損の兆候の有無を問わず，各年次において，減損テストを実施する。研究開発活動に用いられる無形資産は，完了または廃棄されるまで耐用年数を確定できない（未だ使用可能ではない）無形資産に分類する。当該無形資産は，その後の期間において年次の減損テストの対象となる（IAS第36号第10項）。

　なお，無形資産の耐用年数の見積りを，確定できないものから確定できるものへ変更することは，減損の兆候となり，その時点において減損テストの実施が必要となる（IAS第38号第110項）。

6．無形資産の認識の中止

(1) 認識の中止の時期

　無形資産は，次のいずれかの時点で認識の中止を行う（IAS第38号第112項）。
- 処分したとき
- 使用または処分による将来の経済的便益が見込まれなくなったとき

　無形資産の処分は，さまざまな方法で生じる可能性がある。例えば，売却，リース契約の締結，寄付による処分などである。処分日は，IFRS第15号における履行義務の充足時期の決定に関する定めに従って，無形資産の受領者がその支配を獲得する日となる（**図表Ⅲ－6－5参照**）。

　企業にこれ以上使用されない無形資産は，その継続的な使用または処分から将来の経済的便益が見込まれないため，認識の中止を行う必要がある（IAS第38号第112項(b)）。

　なお，IFRS第5号により売却目的保有に分類される無形資産は，IAS第38号の適用範囲外となる。IFRS第5号で売却目的保有に分類される条件を満たす無形資産は，当該基準に従って会計処理される（IAS第38号第3項）。

(図表Ⅲ－6－5) IFRS第15号の履行義務の充足時期の決定に関する要求事項と無形資産の認識の中止時期

IFRS第15号における履行義務の充足時期 ＝ 資産に対する支配を獲得した時期

以下の能力があること
➢ 当該資産の使用を指図できる
➢ 当該資産からの残りの便益のほとんどすべてを獲得できる

無形資産の受領者側が，当該資産に対して使用を指図し，残りの便益のほとんどすべてを獲得できるようになった時が処分日になる

(2) 認識の中止の会計処理

無形資産の認識の中止（すなわち，処分時または使用の終了時）に伴う利得または損失は，正味の処分収入と帳簿価額の差額として算定される（IAS第38号第113項）。

無形資産の認識の中止に伴う利得または損失に含める対価の額は，IFRS第15号の取引価格の算定の要求事項（IFRS第15号第42項〜第72項）に従って決定する。利得または損失に含めた対価の見積額にその後変更が生じた場合には，IFRS第15号の取引価格の変更の要求事項に従う（IAS第38号第116項）。

この点については有形固定資産と大きな違いはない。本書第Ⅱ部第6章「有形固定資産の認識の中止」（103頁）を参照のこと。

認識の中止に伴う利得または損失は，認識の中止時に純損益に認識する。ただし，IFRS第16号におけるセール・アンド・リースバックに該当する場合には，認識の中止に伴う利得または損失の認識に関する異なる取扱いがある（**図表Ⅲ－6－6参照**）（IFRS第16号第100項〜第102項）。

(図表Ⅲ-6-6) セール・アンド・リースバックに該当する場合の資産の認識の中止の会計処理

| リースバックに該当しない場合 | ⇒ | 正味の処分収入と帳簿価額の差額を純損益に認識する |

| リースバックに該当する場合 | ⇒ | 資産の売却処理に加えて，リースバックから生じる使用権資産およびリース負債のオンバランスの会計処理を行う |

> リースバックした部分について，売却損益を計上しないように調整を行う

(3) 表　示

　無形資産の処分による利得または損失は，収益として表示してはならない。通常，それらはその他の収益に利得または損失として表示する（IAS第38号第113項）。

(4) 開　示

　無形資産の認識の中止に伴う利得または損失の金額が，企業のその期間の業績の理解にとって必要となるほどの規模，性質，頻度であるような場合には，その項目の性質および金額を個別に開示する必要がある。IAS第1号では，利得または損失について，個別の開示が必要となる可能性のある状況の例として，有形固定資産の処分を挙げており，これは，同様に無形資産の処分にも当てはまるといえる（IAS第1号第86項，第87項）。

7. 日本基準の実務との差異

(1) 残存価額

　IFRSでは，残存価額は耐用年数終了時点で第三者が購入する約定があるか，資産に活発な市場があり，一定の要件を満たす場合を除き，ゼロと推定する（IAS第38号第100項）。

　一方，日本基準においては，無形資産の残存価額について明確に定めた基準はないが，無形資産は有形固定資産と異なり，利用終了後に外部に売却され，収入が得られるようなことは一般的に少ないことから，残存価額をゼロと推定することも合理的であるとされている（無形資産に関する論点の整理第139項）。

(2) 無形資産の償却年数と償却方法の見直しの頻度

　IFRSでは，耐用年数を確定できる無形資産の償却期間と償却方法は毎期見直さなければならないとされている（IAS第38号第104項）。

　日本基準には償却年数・償却方法の見直しの頻度に関する定めはなく，IFRSのような毎期の見直しは要求されていない。実務上，法人税法に従って処理する場合においては，企業の状況に照らし，耐用年数または残存価額が明らかに不合理と認められない限り，見直しを行わない。

(3) 耐用年数を確定できない無形資産の識別と償却

　IFRSでは，耐用年数を確定できない無形資産は償却しない（放送免許，空路権，商標など）。無限であることを意味するのではないため毎期耐用年数を見直し，状況が変化したら耐用年数を確定できるものへと変更し，償却を行う（IAS第38号第89項，第107項，第109項）。

　日本基準では，耐用年数を確定できない無形資産の概念はない。

⑷ 事後的な支出の費用処理

IFRS では，ブランド，新聞の題字，出版物のタイトル，顧客リストおよび実質的にそれらに類似した項目に対する事後的な支出は，常に発生時に損益として認識する。また，企業結合で取得した研究開発に係る事後の開発費については，自己創設無形資産の認識規準を満たす場合に，資産計上する（IAS 第38号第20項，第43項）。

日本基準では，明確に定められた基準はないが，発生時に費用処理することが一般的と考えられる。

第Ⅳ部

資産の減損

　第Ⅳ部では，資産の減損に関するIAS第36号に従った会計処理について，ケーススタディを用いた詳細な解説を行っている。

　まず第1章から第5章で，一般的な資産の減損に関する説明を行い，第6章では，のれんの減損に特有の論点について解説している。さらに第7章において，日本基準では認められない減損損失の戻入れに関する会計処理の解説を行っている。

第1章 IAS 第36号の概略

1．資産の減損とは

　IAS 第36号「資産の減損」においては，「資産の回収可能価額が帳簿価額を下回っている場合に，かつ，その場合にのみ，当該資産の帳簿価額をその回収可能価額まで減額しなければならない。当該減額は減損損失である。」と規定されている（IAS 第36号第59項）。

　資産の減損の検討においては，対象となる資産の回収可能価額を見積もり，当該見積額と帳簿価額との比較を行うことが必要となる（この手続を，以下「減損テスト」という）。比較の結果，回収可能価額が帳簿価額を下回っている

(図表Ⅳ－1－1)　減損損失

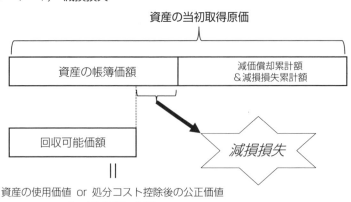

場合には，当該資産が減損しているものと認識され，帳簿価額の回収可能価額までの減額が必要となる。

なお，資産の帳簿価額とは，減価償却（償却）累計額および減損損失累計額の控除後で認識された金額をいい，回収可能価額とは，資産の使用または売却によって実現する金額のいずれか高い金額をいう（IAS 第36号第6項）。ここでいう資産の使用によって実現する金額は「使用価値」，売却によって実現する金額は「処分コスト控除後の公正価値」であるが，それぞれの詳細な解説は，第3章2．「回収可能価額の測定（一般的な事項）」（260頁）を参照いただきたい。

2．IAS 第36号の目的

IAS 第36号は，資産に回収可能価額を超える帳簿価額を付さないための手続を定めることを目的としており（IAS 第36号第1項），特定の資産に対しては毎年，他の非金融資産に対しては，減損の兆候がある場合に減損テストを実施することを要求している。

減損テストの結果，回収可能価額が帳簿価額を下回っている場合，資産は減損しているものとして減損損失を認識することを要求しており，それらの具体的な手続を定めている。

さらに IAS 第36号は，減損損失の戻入れが必要となる状況についての定めも設けている。

その他，減損した資産，減損損失，減損損失の戻入れ，およびのれんまたは耐用年数を確定できない無形資産を含む資金生成単位（CGU）の回収可能価額の算定に用いた主要な見積りや仮定について要求される開示事項を定めている。

3．適用の範囲

IAS 第36号は，その範囲から特に除外していない限り，流動資産を含むすべての資産の減損の会計処理に適用される。除外されている資産は下表のとおり

である（IAS 第36号第 2 項, 3 項, BCZ 8 項）。

(図表Ⅳ－ 1 － 2)　IAS 第36号が適用されない項目

> 棚卸資産（IAS 第 2 号「棚卸資産」で扱われる）
> 顧客との契約から生じる契約資産等（IFRS 第15号「顧客との契約から生じる収益」で扱われる）
> 繰延税金資産（IAS 第12号「法人所得税」で扱われる）
> 従業員給付から生じる資産（IAS 第19号「従業員給付」で扱われる）
> IFRS 第 9 号「金融資産」の範囲に含まれる金融資産（例えば，現金，債権，IFRS 第 9 号に基づいて会計処理されない子会社，関連会社または共同支配企業への投資以外の持分投資（※）が該当する）
> 公正価値で測定される投資不動産（IAS 第40号「投資不動産」で扱われる）
> 農業活動に関連した生物資産で，公正価値で測定されるもの（IAS 第41号「農業」で扱われる）
> IFRS 第 4 号「保険契約」の範囲に含まれる保険契約における，保険者の契約上の権利から生じる繰延新契約費および無形資産
> IFRS 第 5 号「売却目的で保有する非流動資産及び非継続事業」に従って，売却目的保有に分類された非流動資産（または処分グループ）

（※）　IAS 第36号は，原価で計上されている子会社，関連会社および共同支配企業に対する投資にも適用される（IAS 第36号第 4 項）。

　IAS 第36号の適用対象の識別に関して，特に注意を要する項目につき，以下(1)(2)で説明を加える。

(1)　再評価額を帳簿価額とする資産

　IAS 第36号は，IAS 第16号「有形固定資産」および IAS 第38号「無形資産」によって認められた再評価モデルを使用する場合の再評価額（すなわち，再評価日現在の公正価値からその後の減価償却累計額および減損損失累計額を控除した額）を帳簿価額とする資産にも適用される。

　資産の公正価値と処分コスト控除後の公正価値との間の唯一の差異は，当該資産の処分に起因する直接増分コストが含まれているか否かである。再評価額を帳簿価額とする資産につき，当該処分コストが無視できる場合には，回収可

能価額（処分コスト控除後の公正価値および使用価値のどちらか高い金額）は帳簿価額に近いか、またはそれ以上になると考えられる。よって、この場合、減損テストは要求されない。

しかし、資産を処分するのに要する増分コストに重要性がある場合には、帳簿価額は回収可能価額よりも高くなり、減損を生じさせる可能性がある（IAS第36号第5項）。

(2) 売却目的保有へ分類する資産

IFRS第5号に基づく売却目的保有の非流動資産（または処分グループ）も、IAS第36号の範囲から除外される。

売却目的保有に分類された非流動資産（または処分グループ）は、売却目的保有として分類された時点での帳簿価額と、売却コスト控除後の公正価値のいずれか低い金額で測定する（IFRS第5号第15項）。

資産（または処分グループ）を初めて売却目的保有に分類する直前に、これら資産等の帳簿価額を該当するIFRSに従って測定する必要があり（IFRS第5号第18項）、資産の減損も適切に反映しなければならない。

資産の減損は、まず減損の兆候の判定からスタートし（兆候判定については第2章2．「減損の兆候」（232頁）で詳細に説明する）、兆候がある場合に減損テストを実施することとなるが、資産あるいは資金生成単位の処分の計画自体が、減損の内部的な兆候に該当する。よって、売却目的保有に分類される状態になった場合には、分類に先立って、まずは当該資産等についてIAS第36号に従った減損を検討しなければならない。

第2章 減損テストの実施時期（兆候の識別）

1．減損テストの実施時期

　IAS第36号においては，各報告日現在で，資産が減損している可能性を示す兆候があるかを評価しなければならない。減損の兆候がある場合には，基準の範囲に含まれているすべての資産について，減損テストの実施が要求される。減損の兆候の識別に関しては，その詳細を次節で説明する。

　一方，企業結合により取得したのれん，耐用年数を確定できない無形資産および未だ使用可能ではない無形資産（以下，「のれんおよび特定の無形資産」

（図表Ⅳ－2－1）　減損テストの実施時期

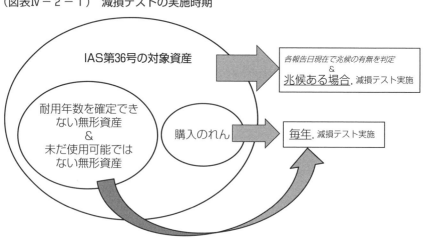

という）については，減損の兆候の有無を問わず，減損テストを毎年実施しなければならない（IAS第36号第10項）。

ここで，減損テストを毎年実施する対象として，償却が行われないのれんおよび耐用年数を確定できない無形資産だけでなく，未だ使用可能ではない無形資産も含まれている。これは，無形資産が帳簿価額を回収するのに十分な将来の経済的便益を生み出す能力についての不確実性は，使用が開始される前のほうが高いことが通常であることを考慮した要求事項である（IAS第36号第11項）。

(1) のれんおよび耐用年数を確定できない無形資産等の減損テストの実施時期

のれん，耐用年数を確定できない無形資産および未だ使用可能ではない無形資産に対する減損テストは，毎年同時期に実施するのであれば，事業年度中のいつ実施してもよい。

無形資産やのれんの減損テストのための各資金生成単位（以下，CGUという。第3章1．「減損の単位」（243頁）参照）は，それぞれ異なる時期に減損テストを実施することもできる。ただし，無形資産またはのれんを当事業年度中に認識した場合には，それらについて，取得した事業年度の末日前に減損テストを実施する必要がある（IAS第36号第10項(a)，第96項）。

また，期末日前に仮定が変わった場合，または減損の要因が追加的に発生した場合には，それに応じて減損の計算を更新する必要がある。

ケーススタディⅣ－2－1 ▶ 減損テストの実施時期

前　提

企業Aは通信会社であり，のれんおよび耐用年数を確定できない無形資産を保有している。企業Aの決算日は12月31日である。

これらの資産については，減損の兆候の有無を問わず，毎年減損テストの実施が要求されるが，減損テストは，毎年同時期に実施するのであれば，事業年度中のどの時期に実施することも認められる。

企業Aは，翌年度の予算編成の完了と同時期である9月30日時点の残高を使用し，減損の検討を行う予定である。

[ポイント]
減損テストの実施時期の決定に際しては，減損検討のための十分な時間の確保，経営者による承認済予算の使用等の要求事項への対応等を総合的に検討する。

[考え方]
9月末残高に基づき減損の検討を実施することにより，企業Aは，計算の根拠となるキャッシュ・フロー，割引率および仮定の適切性を評価するために十分な時間を期末日前に確保することができる。

加えて，これにより経営者は，減損の検討に関連して，判断を要する主要な領域が，適切に検討され，承認されていることを確実なものとすることができる。この点，基準は，使用されるキャッシュ・フローの予測は経営者によって承認された直近のものであることを要求している（IAS第36号第33項(b)）。

さらに，経営者は，広範となる可能性のある開示の要求事項についても期中から検討を始めることができ，そして，期末日前に開示の骨組みを形成し，年次報告書に取り込めるよう準備することができる。

以上を考慮すれば，一般に企業Aの想定する減損テストの実施時期は適切なものと考えられる。

なお期末日現在において，仮定に変更がある場合，または減損の要因が追加的に発生した場合には，減損の計算を更新すべき点には留意しなければならない（ケーススタディⅣ－2－2参照）。

(2) のれんおよび特定の無形資産（減損の兆候を識別した場合）

のれんおよび特定の無形資産について毎年減損テストを実施しなければならないという規定は，減損の兆候がある場合はいつでも当該資産について減損テストを実施しなければならないという基本的な要求事項に，追加的に設けられたものである。毎年減損の検討の実施が要求されるのれんおよび特定の無形資産については，減損の兆候が存在する場合には，減損テストを1年に2回以上実施する必要がある場合がある。

第2章　減損テストの実施時期（兆候の識別）　231

| ケーススタディⅣ-2-2 ▶ 年次の減損の検討後に生じる事象 |

前　提

　企業Aは，自動車部品供給事業を営んでおり，決算日は12月31日である。年次の減損の検討は予算情報に沿って20X1年9月に実施された。

　その後，20X1年10月に，主要顧客2社が長期間事業所を閉鎖することを発表した。減損テストに際して，企業Aはどのような対応を取るべきか。

ポイント

　期中に減損テストを行った場合，その後期末日までに生じた減損の兆候にも対応が必要である。

考え方

　主要な顧客が事務所の長期閉鎖を決定し発表したことは，通常，企業Aにとっては減損の兆候に当たるといえる。

　したがって，企業Aは，当該期間（例えば，最新の予測に基づき，20X2年9月まで待たずに20X1年10月から12月）に追加の減損テストを実施する必要がある。

PwC's Eyes　減損テスト実施日の変更

　状況により，企業は減損テストの実施時期の変更を望む場合がある。例えば，予算策定のサイクルと減損テストの時期を合わせるためなどである。

　基準は，のれんの毎年の減損テストを毎年同じ時期に実施すべきとしているが（IAS第36号第96項），これは減損テストが次回実施されるまでの期間が12か月を超えないことを保証するために定められた乱用防止のための規定と考えられる。したがって，次回のテストまでの期間が1年以内の範囲であり，その変更が不適切な結果の達成，すなわち減損損失の計上の回避を目的とするものでない限り，毎年の減損テストの実施日を変更することは認められると考えられる。

　ただし，乱用防止といった規定の趣旨から，通常，毎年連続して減損テストの実施日を変更することは適切ではない。

　また，(1)で前述したとおり，変更された減損テストの実施日後に減損の要因となる事象が発生した場合には，期末日前に減損テストを再度実施することが必要となる。

> **PwC's Eyes　組織再編成時の減損テストの要否**
>
> 　企業が自社の組織を再編成した場合には，資金生成単位間でのれんを再配分する結果となる可能性がある。毎年の減損テストは再編成の前に実施されていることもある。その場合，期末日前に新しい資金生成単位の構造に基づき，追加で減損テストを実施する必要があるか否かという問題が生じる。
> 　この点，PwCは，組織再編が資金生成単位の将来の経済的便益に負の影響をもたらさない限り，一般に組織再編自体が減損の要因とはならないと考えている。ただし，期末日前に減損の兆候がある場合には，新しい資金生成単位の構造を前提として，減損テストを実施する必要がある。

(3)　期中財務報告における減損テストの実施

　IAS第34号「期中財務報告」は，年度と同じ減損テスト，減損損失の計上および戻入れの規準を，期中報告日に適用することを要求している。ただし，企業は必ずしも詳細な減損の計算を各期中期間末に実施しなければならないというわけではない。

　企業は，詳細な減損の計算が必要か否かを判定するために，各期中報告日に減損の兆候を検討する必要がある（IAS第34号第30項，B36項）。

2．減損の兆候

　企業は，各報告日において，資産が減損している可能性を示す兆候があるか否かを検討しなければならない。兆候が存在する場合には，当該資産の回収可能価額を見積もり，回収可能価額を資産の帳簿価額と比較し，減損損失が発生している場合には，損益計算書において減損損失を認識する（IAS第36号第9項，第59項，第60項）。

　なお，「報告日」という用語には，事業年度の末日のみならず，期中報告日（半期または四半期）も含まれる。したがって，企業は減損テストを1年に2回以上実施することが必要となる場合がある。

(1) 減損の兆候

① 基準における兆候の例示

基準において，減損の兆候を検討する際に最低限考慮すべき情報源や内部要因の例が示されている（IAS第36号第12項～第14項）。これを示したものが**図表Ⅳ-2-2**である。

(図表Ⅳ-2-2) 減損兆候の検討にあたり考慮すべき事項の例

外部の情報源
① 資産の価値が，時の経過または正常な使用によって予想される以上に著しく低下しているという観察可能な兆候がある。…（＊1）
② 企業が営業活動を行っている技術的，市場的，経済的もしくは法的な状況や資産が利用されている市場において，企業に悪影響のある著しい変化が発生したか，もしくは近い将来に発生すると予想される。
③ 市場金利などの市場投資収益率が当期中に上昇し，その上昇が資産の使用価値の計算に用いられる割引率に影響することで資産の回収可能価額を著しく減少させる見込みがある。
④ 企業の純資産の帳簿価額が，その企業の株式市場価値を超過している。

内部の情報源
⑤ 資産の陳腐化または物的損害の証拠が入手できる。
⑥ 資産が使用されている（または使用されると見込まれる）程度または方法に関して，企業にとって悪影響のある著しい変化が発生したか，もしくは近い将来に発生すると予想される。…（＊2）
⑦ 資産の経済的成果が当初の予想より悪化する（または悪化するであろう）ことを示す証拠が内部報告から入手できる。…（＊3）

（＊1）市場価値の変動は，通常，経済状況を反映している。価値の著しい下落は，例えば技術的変化や資産により生産される産出物に対する需要の変化など，より広範囲に影響を及ぼす他の変化が反映されたものである可能性もあるため，少なくともそういった関連性がないかどうかを検討するためにさらなる調査を実施する必要があると考えられる。
（＊2）資産が使用されている程度や方法に関する変化の例
　● 遊休資産化
　● 資産の属する事業の廃止やリストラクチャリングの計画
　● 予想より前に資産を処分する計画

- 資産の耐用年数について、確定できないものから確定できるものとして再判定すること
(＊3) 内部報告から入手できる減損の可能性を示す証拠の例
- 資産を取得するためのキャッシュ・フローまたは資産の操業・維持に必要な資金が当初予算よりも著しく高額である。
- 資産から生じる実際の正味キャッシュ・フローまたは営業損益が、予算よりも著しく悪化している。
- 資産から生じる予算上の正味キャッシュ・フローもしくは営業利益の著しい悪化が生じている。
- 資産に関する当期数値と将来予算数値の合計が、営業損失または正味キャッシュ・アウトフローとなる。

ⅰ．その他の兆候

上表の記載項目は、資産に対して直接的に、または資産が使用されている事業に対し悪影響を与える事象または状況を表しているが、減損の兆候のすべてを網羅するものではない。上記以外にも、事業の特定の状況に関連する減損の兆候が存在する場合がある（IAS第36号第13項）。

例えば、税法の改正、ブランド名に係る評判の影響、計画していた資産用途の変更、関連会社によって認識された減損損失、あるいは新しい競合企業の市場参入によって、資産の回収可能価額の検討が必要となる場合がある。

ⅱ．景気の悪化

経済のグローバル化が進むにつれて、多くの企業が国際的な経済危機の影響を受けるケースが増えている。景気の悪化は、それ自体が常に減損テストの要因となる事象とみなされるわけではない。

しかし、経済危機をもたらしている個々の経済的事象は、多くの企業にとって資産が減損していることを示す兆候となる可能性がある。

特に景気の悪化時に関連して生じると考えられる減損の兆候を以下に例示する。

- 実績値が当初予算よりも著しく低い
- キャッシュ・フローが従前の予測よりも著しく少ない
- 以前の見積りと比較して、中期／長期成長率が著しく下落
- 自社の株価の著しいまたは長期的な下落

- 時価総額が，純資産の帳簿価額よりも低い
- ビジネスモデルの変更，リストラクチャリングまたは事業の廃止に関する発表
- 資本コストの増加
- 市場利率またはその他の市場収益率の変化
- 企業のキャッシュ・フローに影響を与える外国為替相場や商品相場の変動
- 投資プロジェクトの延期

ⅲ．相反する兆候

たとえ資産が減損している可能性と減損していない可能性を示す相反する兆候があるとしても，減損の兆候が存在する限り，減損テストを実施しなければならない点には留意する必要がある。

ⅳ．減価償却への影響

資産が減損している可能性を示す兆候がある場合には，資産の耐用年数，減価償却方法または残存価額を，適切な基準（例えば，IAS 第16号）に従って見直し，必要に応じて修正しなければならない。これは，資産について，結果的に減損が認識されなかった場合においても適用される（IAS 第36号第17項）。

② 設例による検討

以下，いくつかの具体的なケースを示すとともに，それぞれのケースにおいて減損の兆候を検討する際の考え方を説明する。

ケーススタディⅣ－2－3 ▶ 減損の兆候－最近取得した資産の販売価額の下落

前 提

企業 A は市販のコンピュータ・システムを2百万円で購入し，資産計上した。その後間もなく，当該システムの製造業者は，販売価額を1.5百万円に値下げした。

ポイント

資産の市場販売価額の値下げが，当該資産の価値の大きな変化を示唆するケースもある。

考え方

対象資産（コンピュータ・システム）の市場価額が，購入後の短期間に大きく値下げされている。このことは，当該資産の市場価値の大きな変化を示唆するものであり，通常は，減損の兆候となる。

ケーススタディⅣ－2－4 ▶ 減損の兆候－政府による価格統制

前　提

企業Aは全国的な上下水道ネットワークを保有する上下水道会社である。企業Aの支配株主は政府である。

経営者は，最近のコストの増加を補填するために，政府に3％の値上げを容認するよう申し出た。これは規制事業であり，値上げには必ず政府の認可が必要である。

政府は0.5％の値上げのみを認可した。

ポイント

政府による価格統制は，減損の兆候の判断に影響する場合がある。

考え方

この場合，政府が要請どおりに値上げを承認しなかったという事実は，企業Aの事業に悪影響を与えることが考えられ，上下水道ネットワークにおいて使用されている企業の資産が減損している可能性を示す兆候となる。

承認された事業計画に基づき，かつ価格および資産の現在の状態に関する入手可能な情報を利用して，資産の減損テストを実施する必要がある。

ケーススタディⅣ－2－5 ▶ 減損の兆候－資産の用途変更

前　提

企業Xは資産Mを使用し，製品Aを生産している。

顧客の嗜好の変化により，製品Aに対する需要が著しく減少した。

しかし，わずかな設定変更を行うことにより，資産Mは新製品Tの生産に使用することが可能である。

経営者は，その用途変更の可能性も考慮したうえで，資産Mについて減損の評価を実施していない。

第2章 減損テストの実施時期（兆候の識別） 237

> ポイント
> 資産の用途変更自体が，減損の兆候となる。
>
> 考え方
> 上記事案の場合，企業Xの経営者は，減損の兆候を識別し，資産Mに対する減損の検討を実施しなければならない。
> その際，顧客の嗜好の変化および資産の計画された用途変更の双方が資産の回収可能価額に与える影響を評価する必要がある。

> ケーススタディⅣ－2－6 ▶ 減損の兆候－競合企業による優れた製品の発表
>
> 前提
> 企業Qは家庭用コンピュータに使用されるプリンターを製造しており，ここしばらくの間，マーケットリーダーとしての地位を確立していた。
> 主要な競合企業である企業Rが，最近，新製品を開発した。新製品は，書類のコピー，ファックスの送受信，写真のカラープリント機能などを備えており，企業Qのプリンターよりも性能が優れていると広く認知されている。
> 企業Qの経営者は，年間の生産および売上が予算を超過しているという理由で，工場に係る減損の検討を実施していない。
>
> ポイント
> 製品市場の変化（強力な競合製品の登場）も，減損の兆候となる。
>
> 考え方
> 上記事案の場合，企業Qは，工場設備に係る減損の検討を実施する必要がある。
> 製品に係る市場の変化は，工場設備の継続的使用から得られる経済的便益に基づいた設備の価値に，著しい影響を与えるおそれがある。
> （予算を超える売上という）相反する兆候の存在は，減損の検討の必要性を否定するには不十分である。
> 経営者は，この新しい競合製品が，既存製品に対する将来の需要および期待将来キャッシュ・フローに与える影響について評価しなければならない。

③ 兆候の検討における重要性

　IAS第36号は，減損の検討が必要か否かの決定に際して，重要性の原則が適用されると指摘している。

例えば、以前の減損の検討において、資産の回収可能価額が帳簿価額よりも著しく大きいことを示している場合、その超過額を打ち消すほどの事象が起きていないのであれば、減損の検討が必要となる可能性は低い。同様に、以前の検討によって、資産の回収可能価額が減損の兆候の例示（の1つまたはそれ以上）にさほど影響されないことが判明している場合もある（IAS第36号第15項）。

また、市場金利の上昇は、企業が考慮すべき兆候として示されている。しかし、IAS第36号は、短期の利子率の上昇は必ずしも減損の検討を実施する要因とはならないであろうと強調している（IAS第36号第16項）。

利子率の変化については、前回の減損テストにおいて回収可能価額が帳簿価額を上回った水準と、テストされる資産の両方の観点から、考慮する必要がある。長期の資産は、長期金利を反映する割引率を使用してテストされる。また、前回のテストで回収可能価額が帳簿価額を著しく上回っていたのなら、短期の利子率のわずかな上昇が減損損失の計上につながる可能性は低いといえる。

> **Short Break** 純資産簿価＞株式時価総額の場合（減損の兆候）
>
> IAS第36号では、減損の兆候の例示の1つとして、「報告企業の純資産の帳簿価額がその企業の株式の市場価額を超過している場合」が挙げられている。日本基準には、このような例示はなく、IFRSのみで取り扱われている特徴的な項目といえる。
>
> わが国では、PBR（株価純資産倍率）が1未満、すなわち1株当たり純資産簿価＞株価となっている企業が比較的多くみられるが、その場合、基本的には減損の兆候があるとされ、関連するすべてのCGUについて減損テストが必要となる。
>
> ただし、実務上は、純資産の帳簿価額と時価総額の差異原因の分析や、過去の減損テスト時における回収可能価額の水準（帳簿価額との間に十分な余裕があるかどうか）とその後の状況変化などの考慮によって、減損テストの対象を絞り込むといった対応も考えられる。

(2) 後発事象等による兆候の把握

① 後発事象として把握される減損の兆候

後発事象が、報告期間の末日時点において資産が減損していたことを示す兆

候となる場合がある。しかし，当該事象が，減損が報告期間の末日後に発生したことを示している場合には，その兆候を考慮する必要はない。ただし，IAS第10号「後発事象」に従って開示が必要となる場合がある。

i．減損テストの更新が必要となる後発事象

減損テストにおける仮定に重要な変更があり，それが貸借対照表日時点で存在していた状況につき追加で証拠を提供するような後発事象を識別した場合にのみ，減損テストを報告期間の末日後に更新する必要がある。

その際，修正を要する情報と修正を要しない情報とを区別するために，事実および状況の分析が必要である。以前に観察された傾向が継続していれば，その傾向は直近の減損の計算において組み込まれていたはずなので，通常，追加修正は必要とならない。報告期間の末日後の為替や商品価格の変動も，期末の減損の計算を更新する理由となることはほとんどない。

しかし，期末日後に入手可能な情報が，想定していたよりもかなり悪い状況であったことを示している場合は，減損の計算を更新する必要があることを示している可能性がある。

これらの説明について，より具体的な事例を示すと以下のとおりである。

(図表Ⅳ－2－3）　減損テストの更新と後発事象の関係（20X1年12月決算を前提とする）

■20X1年第4四半期における消費者支出の統計数値が，20X2年2月に発表された。それによると，関連産業では，予測値の10％に対して，20％の縮小がみられた。
⇒これは，修正を要する事象となる可能性がある。修正するかどうかは，年度統計結果の悪化に関する貸借対照表日後の情報が，減損テストのためのキャッシュ・フローの予測における仮定に疑念を投じるものであるか否かによる。

■20X2年1月に行われた新製品発売の決定により，キャッシュ・フローの増加が予測される。
⇒これは，修正を要しない事象である。

■経済の冷え込みによる20X2年1月の原油価格のさらなる下落が生じている。
⇒これは，修正を要しない事象である。

なお，報告期間の末日後の変更に関する重要な情報は，その影響が重要である場合には，財務諸表において開示する必要がある。

> **ケーススタディIV－2－7 ▶ 決算日後に発表された顧客の工場閉鎖**
>
> 前提
>
> 企業Aは，自動車生産を行っている企業Zの主要仕入先で，決算日は6月30日である。8月に，企業Zはイギリスの生産工場を2年後に閉鎖すると発表した。
>
> この結果，企業Aの工場及び機械は企業Z向け生産のためだけに使用されていることから，その残存耐用年数は2年のみとなる。さらに，企業Aの工場用地には代替的な用途がない。
>
> ポイント
>
> 後発事象による減損テストの更新の要否の判定にあたり，事象や状況の分析が必要である。
>
> 考え方
>
> 企業Zの工場閉鎖の決定は，減損の兆候に該当する。
>
> 企業Aが8月の発表までこの決定を知らなかった場合には，工場閉鎖による影響は修正を要しない事象であり，閉鎖により生じる可能性のある減損は，企業Zが当該決定を発表した会計年度に認識すべきである。
>
> ただし，企業Aが，企業Zが工場を閉鎖しようとしていることを6月30日時点で知っていた場合には，期末に必要な減損を計上することが適切となる。

② 時間の経過とともに明らかになる減損の兆候

一般的な市況の悪化や企業業績の段階的な低下など，時間の経過とともに，減損の兆候がより重要性を帯びてくることがある。企業はそのような傾向やそれらが減損の兆候となる可能性について留意する必要がある。

減損は，時間の経過とともに進展する経済状況やその他の要因の変化の結果として生じる場合がある。例えば，業界の動向は企業の製品に対する需要の減少を潜在的に示していることがあるが，それは，必ずしも，一報告期間内に減損の兆候として識別されるほど進展するとは限らない。売上高の推移が数年間にわたり毎年5％ずつ減少しているような状況，あるいは企業の主要製品の市場占有率が徐々に減少しているような状況があるかもしれない。マイナスの傾

向を覆すためのあらゆる計画は批判的に評価すべきである。

> **ケーススタディⅣ－2－8 ▶ 市場の傾向（時の経過とともに進展する傾向）**
>
> 前提
> 　企業はCDプレーヤーの製造事業を営んでいる。業界予測によると，MP3プレーヤーなどの競合製品に対する需要が増加しているため，当該企業の製品に対する需要が今後5年間で減少する見通しである。
>
> ポイント
> 　減損の兆候を判断するにあたり，徐々に進行しつつある特定の傾向についても考慮すべきである。
>
> 考え方
> 　上記事案において，減損の評価を実施する際に，経営者はCDプレーヤーに対する需要減少の傾向を考慮すべきである。個別的な事象と同様に，社外の傾向が，資産が減損していることを示す場合もあるためである。
> 　減損の評価を実施する際には，特定の産業における過剰供給，技術的要因，市場動向，あるいはその他の要因による製品に対する需要の変化といった傾向を考慮すべきである。
> 　また，マイナスの傾向を覆す経営者の能力および計画も，減損の評価を実施する際に考慮する必要がある。

　マイナスの傾向は，特定の産業における過剰供給を反映している場合がある。そのような状況では，価格に影響を及ぼすために個別の企業ができることは少なく，減損の可能性は高くなる可能性がある。
　減損の兆候を判断するにあたり，単発の事象だけでなく，継続する事象や傾向についても考慮すべきである。そのため，経営者はそのような傾向についての情報を手元に用意しておく必要がある。特定の傾向がどの時点で減損の兆候とみなされるほどに重要となるかについては判断の問題となる。

3. 日本の実務との差異

(1) のれんおよび特定の無形資産の減損テストの頻度

　IFRSでは，のれん，および耐用年数を確定できない無形資産または未だ使用可能ではない無形資産は，減損の兆候の有無にかかわらず，毎期減損テストを実施しなければならない。年間のどの時点で実施してもよいが，毎年同時期に実施することが求められる（IAS第38号第108項，IAS第36号第9項，第10項）。

　一方，日本基準では，無形資産，のれんのいずれについても，減損の兆候がある場合に減損テストを実施することとされており，必ずしも毎期テストすることは要請されていない（固定資産の減損に係る会計基準二.1）。

　また日本基準においては，耐用年数を確定できない無形資産または未だ使用可能でない無形資産の概念がなく，他の無形資産と異なる取扱いがなされることはない。

(2) 減損の兆候に関する例示

　日本基準には，固定資産の減損の兆候の例示として営業損益から生じる損益またはキャッシュ・フローが継続してマイナスとなっている場合（おおむね過去2期），市場価値が帳簿価額から50％下落した場合といった数値ガイダンスがあるが（固定資産の減損に係る会計基準の適用指針第12項，第15項），IFRSには，そのような数値ガイダンスは示されていない。

　その一方で，IFRSには，市場金利等の上昇および株式市場価値など，日本基準の例示にはない項目が，最低限考慮すべき情報源として示されている（IAS第36号第12項）。

　そのため，IFRSの適用にあたり，減損の兆候の識別方針をあらためて検討する必要がある。

第3章 減損テストの実施（減損の単位と回収可能価額）

　資産に関する減損の検討に際しては，まず検討の単位（減損の単位）を特定する必要がある。

　そのうえで，識別した減損の単位ごとに回収可能価額を算定し，回収可能価額が帳簿価額より低い場合，帳簿価額を回収可能価額まで減額しなければならず，当該減額が減損損失である。

　なお，回収可能価額とは，資産の処分コスト控除後の公正価値と使用価値のいずれか高いほうの金額をいい（IAS 第36号第6項），いずれか1つでも資産の帳簿価額を超過する場合には資産は減損していないため，もう一方の金額を見積もる必要はない（IAS 第36号第19項）。

1．減損の単位

(1) 資金生成単位（一般原則）

① 減損検討の単位

　資産の減損については，可能な限り，個別資産ごとに識別しなければならない。しかし，回収可能価額を個別資産について見積もることができない場合には，回収可能価額は，おおむね独立したキャッシュ・インフローを生成する資産グループに対して見積もる必要がある。これらは資金生成単位（以下，CGU）と呼ばれている。

　個別資産が，以下の双方に該当する場合には，通常，当該個別資産の使用価値を算定できないと考えられ，その回収可能価額は，当該資産を含む CGU に

ついてのみ算定可能となる（IAS 第36号第67項）。

➤ 継続的使用により，他の資産のキャッシュ・インフローからおおむね独立したキャッシュ・インフローを生み出さない。
➤ 当該資産の使用価値が，その処分コスト控除後の公正価値に近いと見積もることができない。

ただし，個別資産の処分コスト控除後の公正価値が周知されており，かつ，それが帳簿価額を超過している場合には，当該資産は減損していないと判断できる。そのため，使用価値の算定は不要で，その算定の可否も問題とはならない。

② CGU に含まれる資産

CGU を対象に減損の検討を行う場合には，その検討は，当該 CGU の有形資産，無形資産，および配分したのれんのすべてを対象として行う必要がある。検討の対象となる各 CGU に含まれる資産およびのれんの帳簿価額合計を，当該 CGU の回収可能価額，すなわち使用価値と処分コスト控除後の公正価値のいずれか高い金額と比較しなければない。

ケーススタディⅣ－3－1 ▶ 独立したキャッシュ・インフローを生成しない資産

前 提

企業は，大規模な廃棄物リサイクル工場と，処理済み廃棄物を収容したコンテナを工場から主要な公共鉄道ネットワークへ輸送するための私設鉄道を所有し，運営している。

私設鉄道は，スクラップ価値でしか売却できない。また，当該私設鉄道の継続使用により，工場全体のキャッシュ・インフローからおおむね独立したキャッシュ・インフローを生成しない。

ポイント

個別資産について，処分コスト控除後の公正価値＞帳簿価額といえず，かつ独立したキャッシュ・フローを帰属させることができない場合，当該資産が属するCGU の回収可能価額の見積りが必要となる。

考え方

上記事案において，企業が保有する私設鉄道は，他の工場資産から独立して

(個別資産として)使用価値を算定できない。そのため,私設鉄道自体の回収可能価額を見積もることはできない。

また,私設鉄道のスクラップ価値は帳簿価額を下回る。そのため,減損テストに際して,企業は,私設鉄道が属するCGU(工場および私設鉄道全体)の回収可能価額を見積もる必要がある。

以下のフローチャートは,個別資産レベルで減損テストを実施するのか,それともCGUレベルで実施するのか,減損テストを実施する単位の決定過程を示すものである。

(図表Ⅳ-3-1) 減損テストを実施する単位の決定

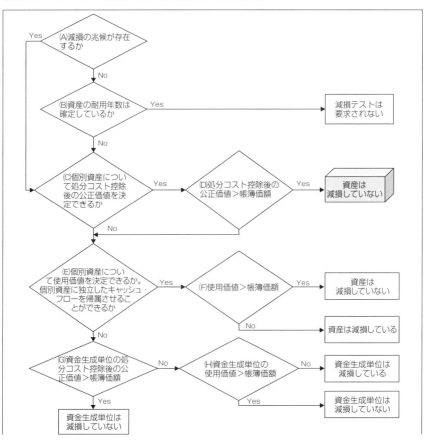

(A) 減損の兆候が存在するか。
存在する場合には(C)に進み，資産の減損テストを開始する。存在しない場合には(B)に進む。
(B) 資産の耐用年数は確定しているか。
耐用年数が確定している場合，減損テストを実施する必要はない（(A)で減損の兆候がないため）。確定していない場合には，(C)に進む。
(C) 個別資産について処分コスト控除後の公正価値を算定できるか。
通常は，算定できる場合が多い。算定できる場合には(D)に進み，当該資産について処分コスト控除後の公正価値を見積もる。算定できない場合には(E)に進む。
(D) 資産の処分コスト控除後の公正価値は帳簿価額を超過しているか。
超過している場合には，資産は減損していない。よって，テストは完了である。超過していない場合には(E)に進む。
(E) 個別資産について使用価値を算定できるか（＝ 資産は独立したキャッシュ・フローを生成するか）。
算定できる場合には(F)に進み，資産の使用価値を算定する。算定できない場合には(G)に進み，資産が属するCGUの処分コスト控除後の公正価値を算定する。
(F) 資産の使用価値は帳簿価額を超過しているか。
超過している場合には，資産は減損していない。よって，テストは完了である。超過していない場合には，資産は減損しており，減損損失を計上しなければならない。
(G) 資産が属するCGUの処分コスト控除後の公正価値は帳簿価額を超過しているか。
超過している場合には，CGUは減損していない。よって，テストは完了である。超過していない場合には(H)に進み，CGUの使用価値を計算する。
(H) CGUの使用価値は帳簿価額を超過しているか。
超過している場合には，CGUは減損していない。よって，テストは完了である。超過していない場合には，CGUは減損しており，減損損失が計上される。

(2) 資金生成単位の識別

① CGU識別の重要性とCGUの定義

　CGUの識別は，減損の検討を実施するにあたっての最初のステップであり，これにより減損の検討を通常実施する集約レベルが決まる。集約のレベルが高いほど（1つのCGUに含まれる資産が多いほど），利益を生み出していない資産の減損損失が，利益を生み出している資産の未認識の価値の増加によって，覆い隠されるリスクが高くなる。このため，減損の検討は，おおむね独立したキャッシュ・インフローを生成する最小レベルにて実施することが必要となる。

この点，IFRSでは，CGUを「他の資産又は資産グループからのキャッシュ・インフローとはおおむね独立したキャッシュ・インフローを生成する最小の識別可能な資産グループ」と定義している（IAS第36号第6項）。

② CGU決定の考慮事項（キャッシュ・フローの独立性）
「他の資産又は資産グループからのキャッシュ・インフローとはおおむね独立した」に関して，キャッシュ・フローの独立性は，例えば，製品系列別，事業別，場所別，地方別または地域別，もしくは経営者が企業の資産および営業を継続するか処分するかに関する意思決定をどのように行うのかなど，種々の要因により判断される（IAS第36号第69項）。

なお，経営者の日常的な事業運営は，業務を遂行するうえでの法律上の組織体制を反映していない場合もある。そのため，キャッシュ・フローの独立性を判断する際に，必ずしも法的な組織構成に縛られるものではない点に留意する必要がある。

③ CGU決定の考慮事項（キャッシュ・インフローの生成）
キャッシュ・インフローは，外部関係者から受け取るキャッシュ・フローである。

ここで留意すべきは，生産の各段階において，産出物に活発な市場が存在する場合である。活発な市場とは，資産または負債の取引が継続的に価格付けの情報を入手できるに足るだけの十分な頻度と量で行われている市場を指す（IFRS第13号「公正価値測定」付録A）。

例えば，資産または資産グループが生産する産出物について，その一部または全部が企業内部で使用されるとしても，当該産出物に活発な市場が存在する場合には，当該資産または資産グループをCGUとして識別することになる。その使用価値の算定にあたっては，以下の目的のために，当該産出物に係る将来の（内部振替価格そのままではなく）第三者間取引価格に関する最善の見積りを用いなければならない（IAS第36号第70項）。

➤ 産出物を生産するCGUの使用価値を算定する場合
　目的：当該CGUから企業内の他のCGUへの産出物の売却に関連する将

来キャッシュ・インフローを見積もる。
> 他の CGU の使用価値を算定する場合
　目的：当該他の CGU による産出物の購入に関連する将来キャッシュ・アウトフローを見積もる。

ケーススタディⅣ－3－2 ▶ 垂直的に統合された企業グループの CGU

前 提

　企業 P は垂直的に統合された電力会社である。当該企業は，3つの識別可能な事業を営んでいる。3つの事業とは電気の発電，送電，そして供給である。発電および送電事業の産出物については，活発な市場が存在する。発電部門は送電部門に電力を売却し，送電部門は供給部門に電力を売却している。内部振替価格は市場価格と近似している。

ポイント

　垂直的に統合された企業グループにおける中間産出物に活発な市場がある場合，各部門を別個の CGU と扱う必要がある。

考え方

　上記事案において，各部門は別個の CGU と考えられる。
　経営者は，垂直的に統合された事業運営における CGU の使用価値を算定する際に，外部価格を用いる必要がある。
　当該資産または資産グループは，企業の他の部門に売却している産出物を活発な外部市場で販売することにより，独立したキャッシュ・インフローを生成することが可能であり，企業に属する他の資産または資産グループからのキャッシュ・インフローから独立したキャッシュ・インフローを生成できるためである（IAS 第36号第71項）。

---

④ CGU 識別のケーススタディ

　②③で示した考慮事項に沿った CGU の識別は，通常は機械的に行いうるものではなく，実態に応じた判断が必要となる（IAS 第36号第68項）。
　基準は，いくつかの設例を通じて，さまざまな状況において CGU がどのように識別されるかを説明しており，企業が CGU を識別する際に考慮すべき要因を示している。

ケーススタディⅣ－3－3 ▶ CGU の識別（一般的な事例）

前　提

　企業 H は，資産 O を使用して，第三者に販売するプラスチック部品を生産している。企業 H の経営者は，プラスチック部品に対する需要の減少を受け，当該部品の生産を中止した。その後，資産 O を別の製品 T の生産に使用できるように生産設備の構成を見直した。製品 T の販売収益は，生産に使用されるどの単一資産にも直接的に帰属させることはできない。

　なお，資産 O の回収可能価額を個別に算定することはできない。

ポイント

　回収可能価額を個別資産ごとに見積もることができない場合は，当該資産を含む CGU の単位で減損テストを実施する。

考え方

　この場合，資産 O は，製品 T の生産に関連する CGU の一部として経済的便益をもたらすのみである。製品 T の販売収益は，どの資産にも直接的に帰属させることができないため，資産 O については，製品 T の CGU の一部として減損テストを実施することとなる。

　減損を識別するために，CGU 全体の回収可能価額を，資産 O を含む CGU 全体の帳簿価額と比較する。

ケーススタディⅣ－3－4 ▶ CGU の識別（国別の統合事業）

前　提

　企業 A は通信業を営んでおり，数か国をカバーする音声とデータの統合ネットワークを所有している。このネットワークは，企業 A の電波到達区域の端から端までつながっている。各国のネットワークは，都市圏，地方圏，および長距離ネットワークで構成されている。

　各国のネットワーク資産とそれに関連する収益は，国ごとに別個に記録され，監視されている。

　企業 A は地域ごとに，資源の配置を決定している。

　企業 A は音声とデータの収益を区別することができる。しかしながら，音声とデータのネットワークは統合されているため，音声とデータのいずれの収益を生み出す特定の資産または資産グループであるかを識別することはできない状況に

ある。

> ポイント

CGUの識別は，資産に帰属するキャッシュ・フローを信頼性をもって識別・測定できる最小の単位として行う。

> 考え方

このような状況では，企業Aは各国を別個のCGUとして分類すべきである。企業Aは，各国の資産から生成されたキャッシュ・フローを，信頼性をもって識別し，測定することができる。これは，経営者により監視されている独立したキャッシュ・フローを生成させるものとして識別される資産グループの最小単位を意味する。

企業Aは，都市圏および地方圏，または長距離ネットワークからのキャッシュ・フローを，信頼性をもって，別個に測定することができず，また，別個に監視もしていない。

さらに，企業Aは，音声とデータサービスの収益を別個に識別できるとはいえ，それらのキャッシュ・フローを各ネットワーク資産に帰属させることはできない。したがって，適切なCGUは，国別の単位となる。

ケーススタディⅣ－3－5 ▶ CGUの識別（別個のCGUとなるケース）

> 前提

企業は150の雑誌のタイトルを所有している。そのうち70は購入したもので，80は内部で創設されたものである。70のタイトルの購入原価は無形資産として資産計上されており，内部でタイトルを創設するのにかかった原価は，費用処理されている。

販売および広告からのキャッシュ・インフローは，各タイトルについて別個に識別可能である。タイトルは，顧客セグメントごとに管理している。タイトルの広告収入の水準は，タイトルが関連する顧客セグメントのタイトルの範囲に左右される。

経営者は，経済的耐用年数が経過する前に古いタイトルについては廃棄し，内部で創設した同じ顧客セグメント向けの新しいタイトルに置き換える方針を取っている。

> ポイント

CGUは，おおむね独立したキャッシュ・インフローを生成する最小の識別可能

な資産グループであり，その決定に際しては，資産等の処分に関する決定の単位を考慮する。

> **考え方**
>
> この場合，個々のタイトルがCGUとなる。
>
> これは，各タイトルの広告収入は，そのタイトルが属する顧客セグメントのタイトルの範囲によって影響を受ける可能性はあるものの，キャッシュ・インフローは，各タイトルについて識別可能であるためである。さらに，タイトルが顧客セグメントにより管理されているとはいえ，タイトルを破棄する決定は，個々のタイトルの単位で行われているためである。

Short Break 小売業の資金生成単位

IFRS解釈指針委員会（Interpretation Committee）（以下，「IC」）は，以前に，小売店舗を広く展開する企業のケースにおいて，複数の店舗を1つのCGUとしてグルーピングすることの可能性について検討した。

そこでは，基準の要求事項は明確であり，マーケティング費用のような共通のキャッシュ・アウトフローや配送センターなどのインフラがあるとしても，減損検討の単位は独立したキャッシュ・インフローを生成する単位，つまり店舗ごとと考えられるとの検討が行われている（*）。

(*) この議論の結果は，最終的に解釈指針や基準の改善としては取り扱われず，IFRIC Rejection（ICに却下された論点）として2007年に公表されている。ちなみに，このような基準設定等の議題として取り上げられず却下された論点は，国際会計基準審議会（IASB）が発行する基準書のGreen Bookに掲載されているが，会計基準の一部を構成するものではない。

⑤ CGUの帳簿価額の算定（CGUへの資産負債の配分）

テスト対象の資産は，テスト対象のキャッシュ・フローと首尾一貫していなければならない。以下，CGUへの資産・負債の配分について考慮すべき事項をより詳細に説明する。

ⅰ．CGUへの資産負債の配分（概要）

CGUの回収可能価額は，使用価値と処分コスト控除後の公正価値のいずれか高い金額であるが（回収可能価額の詳細は次節以降を参照），この点，個別

資産を減損の単位とする場合と異なる点はない。

CGU の帳簿価額の算定方法は，当該 CGU の回収可能価額を算定する方法と首尾一貫していなければならない（IAS 第36号第75項）。

CGU の帳簿価額は，資産および負債を個々の CGU に配分することにより算定され，通常，以下の項目によって構成される（IAS 第36号第76項，第77項）。

(図表Ⅳ－3－2) CGU の帳簿価額の構成要素

> ➢当該 CGU に直接的かつ排他的に賦課する資産
> ➢当該 CGU に合理的で首尾一貫した基礎により間接的に賦課する資産の配分。これには以下が含まれる。
>   ● 全社資産
>   ● 資産化したのれん
> ➢認識している負債（ただし，CGU の回収可能価額が当該負債を含めないと算定できない範囲に限る）

ⅱ．回収可能価額との対応

上述のとおり CGU に帰属する資産（および適切な場合は，負債）は，回収可能価額の算定において識別されたキャッシュ・フローと首尾一貫していなければならない。しかし，処分コスト控除後の公正価値のためのキャッシュ・フローは，使用価値のためのキャッシュ・フローとは異なる基礎によって作成される。

その結果，使用価値によるテストに際しての CGU の帳簿価額は，処分コスト控除後の公正価値によるテストに際しての帳簿価額とは異なるものとなる。

例えば，使用価値を算定するためのキャッシュ・フローからは，運転資本に係るキャッシュ・フローを厳密には除かなければならない。一方，処分コスト控除後の公正価値を算定するためのキャッシュ・フローにはこれらが含まれる。また，実務上の理由により，使用価値を見積もる際であっても，運転資本を含める場合がある。このような場合には，CGU の帳簿価額にもこれらの項目が含まれるよう，調整が必要となる。

帳簿価額の算定に際して，CGU の事業のための資金調達に関連する負債（有利子負債，未払配当金および未払利息など）の配分は行われない。これは，当

該負債に関連するキャッシュ・アウトフローも，将来キャッシュ・フローの計算から除外されるためであり，これらの項目は，CGU の使用価値の算定において，将来の営業キャッシュ・フローを割り引く際に使用される割引率の中で間接的に考慮されるためである（IAS 第36号第50項(a)）。

この点，外部からの資金調達とグループ企業間の資金調達との間に区別はなく，回収可能価額の算定において，関連するキャッシュ・アウトフローには，元本および利息のいずれも考慮すべきではない。

ケーススタディⅣ－3－6 ▶ 資産化された利息の取扱い

前提

企業 A は，固定資産を建設したが，当該資産の建設資金を銀行からの長期借入金によって調達している。

企業 A は，当該借入金に関する利息を IAS 第23号「借入コスト」に従って資産化した。現時点で当該借入金は未返済である。

ポイント

CGU の帳簿価額と回収可能価額は，同様の条件で比較されなければならない。

考え方

当該固定資産の帳簿価額には，資産化された利息が含まれており，回収可能価額と帳簿価額を比較する際にも，含めて検討する。借入金は，減損テストにおける CGU の帳簿価額から控除しない。

同様の条件での比較を行うため，減損テストに使用する正味の将来キャッシュ・フローから，未返済の借入金に関連するキャッシュ・フローを控除する必要がある。

なお，利息費用は，将来キャッシュ・フローの割引計算を通じて回収可能価額の計算に事実上含まれる。

> ケーススタディⅣ－3－7 ▶ グループ企業間の資金調達

> 前 提
>
> 　企業グループAは，前年度に買収した企業Bに配分されているのれんについて，減損の検討を実施している。
> 　企業Bは債務超過となっている。
> 　企業Bの負債には，短期の資金需要を満たすこと，および買収後のリストラクチャリングのコストを賄うことを目的とした企業グループAからの借入れが含まれている。
>
> ポイント
>
> 　グループ企業間の借入れをCGUの帳簿価額に含めるかどうかは，CGUの帳簿価額と回収可能価額との首尾一貫性を考慮して判断する。
>
> 考え方
>
> 　この企業グループAからの借入れは企業Bの帳簿価額から除く必要がある。
> 　特定の認識した負債を含めなければCGUの回収可能価額を算定できない状況でない限り，CGUの帳簿価額には負債の帳簿価額は含めないためである。当事案における資金調達に関係するキャッシュ・フローも，使用価値の計算から除かれることになる。

ⅲ．税金勘定の配分

　使用価値の計算における割引後キャッシュ・フローの予測は税引前の値で算定される。そのため，使用価値による減損テストに際しては，CGUの帳簿価額に税金残高を配分しない（IAS第36号第50項(b)）。

　一方，処分コスト控除後の公正価値による減損テストに際しては，未払税金残高，繰延税金残高および関連するキャッシュ・フローを考慮することになる（IFRS第13号第22項）。

ⅳ．リース資産の取扱い

　IAS第17号に基づく借手のリース資産の取扱いについては，基準上，明記されていないが，以下のような方法が考えられる。

- ➢ファイナンス・リースについては，リース資産の帳簿価額をCGUの帳簿価額に含める。一方，リース債務および支払リース料は，財務活動に関す

るものであるため，減損の計算から除く。
➢ オペレーティング・リースについては，CGU の帳簿価額上，資産を認識せず，支払リース料を，使用価値の算定において，営業キャッシュ・フローとして扱う。

ケーススタディⅣ－3－8 ▶ CGU に含まれるリース資産

前 提

企業 A は船舶輸送会社である。

同社は，10 隻の船舶から成る船団を運営しており，すべての船舶が外部の船舶所有会社からリースしたものである。10 隻のうち 8 隻はファイナンス・リースに分類され，貸借対照表上に計上されている。残りの 2 隻はオペレーティング・リースであり，リース期間にわたって，支払リース料が損益計算書で認識される（オフバランス）。

すべての船舶の仕様は類似しており，同一の航路で使用されている。企業 A は，船団を一体として管理しており，この船団の利益最大化のために必要に応じた船舶の配置を行っている。

企業 A の経営者は，船団を CGU と決定した。減損テストにおいて，すべての船舶からのキャッシュ・フローが使用価値の計算に含まれ，その中にはオペレーティング・リースの船舶に関するキャッシュ・インフローおよびリース料のキャッシュ・アウトフローも含まれる。

その後，ファイナンス・リースの船舶の帳簿価額を含む当該 CGU の帳簿価額と使用価値を比較する。

ポイント

オペレーティング・リース資産も含めた全体を一体として管理している場合，当該オペレーティング・リースも併せて減損の検討を実施する。

考え方

船団がこのように（船団全体として）管理されている限り，ファイナンス・リースとオペレーティング・リースを併せて検討することが重要である。

全体として船団に収益性があり，その帳簿価額が減損していないことが裏付けられる場合に，例えば，ある 1 件のオペレーティング・リースを単独で検討し，この船舶が採算の取れない航路で運行されていることを理由に，不利なリース契約に対する引当金を計上することは適切ではない。

ここでの会計単位は船団全体となり，いかなる価値の損失も，まず初めに当該船団の帳簿価額を減額する減損損失として認識する。帳簿価額をゼロまで減額した後，負債の定義を満たした場合に，初めて引当金を計上することとなる。

> **PwC's Eyes　減損テストにおける IFRS 第16号の検討**
>
> 　IFRS 第16号「リース」では，オペレーティング・リースも含めた大部分のリースが「使用権資産」として貸借対照表に計上されることになる。IFRS 第16号の適用に伴い，貸借対照表に資産が追加計上され CGU に配分されるため，CGU の帳簿価額が増額し，場合によっては減損のリスクが生じる。
> 　IAS 第36号には，減損テストにおいてリース資産および負債をどのように会計処理するかに関する特別なガイダンスは含まれていないが，次のような方法で減損テストを行うことで同様の条件での比較が可能となる。
> - 使用権資産を CGU の帳簿価額に含める。
> - リース負債を CGU の帳簿価額に含めない。
> - 使用価値の算定に，支払リース料によるキャッシュ・アウトフローを含めない。
>
> 　CGU の帳簿価額は，使用権資産の価値に応じて増加するが，回収可能価額の算定に際しての将来キャッシュ・フローも，支払リース料によるキャッシュ・アウトフローが含まれないことになる分，増加することになることに留意が必要である。

ⅴ．負債の考慮

　負債は通常，CGU の帳簿価額から除かれる（IAS 第36号第76項）。ただし，認識されている負債を考慮しないと回収可能価額が算定できない状況が生じる場合がある。例えば，CGU を処分するには買手が負債を引き受けることが必要となる場合に，処分コスト控除後の公正価値（または使用価値を算定する際の最終的な処分からの見積キャッシュ・フロー）は，資産と負債をともに勘案した価格から，処分コストを控除した金額となる。

　回収可能価額と帳簿価額との間の比較を首尾一貫した基礎によって行うために，当該負債も CGU の帳簿価額に含めなければならない（IAS 第36号第78項）。

第3章　減損テストの実施（減損の単位と回収可能価額）　257

ケーススタディⅣ－3－9 ▶ CGU の帳簿価額に含まれる原状回復義務

前提

企業は鉱山を運営しており，IAS 第37号「引当金，偶発負債及び偶発資産」に従って，採掘事業の終了時の用地の原状回復コストに対する引当金を計上している。この引当金は，鉱山を開発した際にこの用地に与えた損害を修復するコストに相当するものである。同額が鉱山の取得原価の一部として資産化され，鉱山の耐用年数にわたって減価償却されている。

鉱山は単一の CGU であり，鉱山が売却される場合には，買手はこの原状回復義務を引き受けなければならない。

ポイント

回収可能価額と帳簿価額との首尾一貫した比較を行うため，当該 CGU の減損検討にあたり，原状回復コストに係る引当金を CGU の帳簿価額に含める必要がある。

考え方

企業は，当該 CGU の減損の検討を実施する際，回収可能価額の算定において，この債務を決済するために必要なキャッシュ・アウトフローを考慮する必要がある。

したがって，当該 CGU の回収可能価額と帳簿価額を同様の条件で比較できるよう，CGU の帳簿価額の算定にあたって，原状回復コストに関して認識されている負債も考慮しなければならない。

Short Break　CGU の回収可能価額と負債

IFRS 解釈指針委員会（以下，「IFRIC IC」という）は，資産の廃棄に係る負債などの回収可能価額への影響につき，IAS 第36号第78項の適用の明確化に関する検討を行った（*）。

この検討の中では，企業が資金生成単位の回収可能価額を算定する際に，認識されている負債を考慮する必要がある場合の減損テストについての議論がなされた。例えば，鉱山の原状回復義務など，買手が負債を想定しなければならない場合の話である。

当該議論において，上述のような負債に関して想定される実際のキャッシュ・フロー（発生額および発生のタイミング）を資金生成単位の使用価値計算に含めるのではなく，当該負債の帳簿価額を資金生成単位の帳簿価額および使用価値の測定か

ら除外すべきことが確認されている。

このように測定された資金生成単位の帳簿価額および使用価値は，減損を評価する際に，処分コスト控除後の公正価値と比較されることになる。

(*) この議論の結果は，最終的に解釈指針や基準の改善としては取り扱われず，IFRIC Rejection（IC に却下された論点）として2016年に公表されている。

ケーススタディⅣ－3－10 ▶ 使用価値における原状回復義務

前提

企業 A は，ある資産の回収可能価額を，使用価値のキャッシュ・フロー・モデルの手法（IAS 第36号第30項～第57項）で算定している。

また，対象資産に関する耐用年数到来時の廃棄義務について廃棄引当金を計上している。

同社は，事業年度末の減損テストにあたり，当該引当金をどのように反映させるか検討中である。

ポイント

使用価値キャッシュ・フロー・モデルでは，廃棄引当金にかかるキャッシュ・アウトフローを含めない。したがって，回収可能価額の純額を算定する際に，使用価値モデルで算定した金額から，計上した引当額を控除する。この回収可能価額の純額を，IAS 第37号に基づく廃棄引当金を含む CGU の帳簿価額と比較する。

考え方

使用価値キャッシュ・フロー・モデルに廃棄義務にかかるキャッシュ・アウトフローを含めるのは適切ではない。このモデルは，対象資産固有の割引率を使用し，時間価値および投資家が投資する際に要求するであろうリターンを反映する。資産の業績は，需要，価格，営業リスクなどをはじめとする多くの不確実性を有している。

廃棄義務に関連するキャッシュ・アウトフローは，関連するさまざまな不確実性を伴うものであるが，その不確実性は，発生リスクや履行のリスクよりもむしろ金額やタイミングのリスクに関わるものである。将来の売上高は不確実である可能性があるが，資産の耐用年数終了時の回復義務に不確実性はない。このようなキャッシュ・フローを，IAS 第37号が要求するリスクフリー・レートではなく，資産固有のレートで割り引いてしまうと，負債の金額を大きく減少させてしまう可能性がある。この影響は，「割引率クッション」と呼ばれる。

⑥ CGUの変更

CGUは，変更が正当化されない限り，同一の資産または資産の種類について各期間にわたり継続的に識別しなければならない（IAS第36号第72項）。

資産を異なるCGUに移動させた場合，または当該資産のCGUに集約される資産の種類が変化したと判断した場合に，重要な減損損失の認識または戻入れ（第7章「減損損失の戻入れ」（363頁）参照）を行うときには，企業は資産の現在と以前の集約方法，および変更理由を開示しなければならない（IAS第36号第73項，第130項）。

⑦ 見積りの不確実性の発生要因としてのCGU

経営者が複数の資産を保有していて，使用する資産を選択できる場合，個別のCGUの回収可能価額を評価することは困難である。また，CGUの決定には重要な判断を伴う可能性がある。

CGUの識別自体は会計方針の選択ではないものの，CGUをどう設定するかの判断によって，複数の資産が1つのCGUを形成するようグルーピングされたり，個別のCGUとしてみなされたりする。その結果として減損を認識するか否かに影響を及ぼす場合があることを考慮すれば，重要な場合には，当該判断および関連する仮定をIAS第1号第125項に従い，重要な判断として開示すべきと考えられる。

(3) 耐用年数を確定できない無形資産

無形資産については，その耐用年数を確定できるのか確定できないのかを判定する必要がある。関連するすべての要因に基づいて，無形資産が企業への正味のキャッシュ・インフローをもたらすと期待される期間について予見可能な限度がない場合には，当該無形資産の耐用年数は確定できないものとみなさなければならない（IAS第38号第88項）。

① 減損検討の単位

耐用年数を確定できない無形資産の典型例として，例えばブランドが挙げら

れる。ブランドは通常，ブランド品の生産を支えるために使用され，ブランド品の販売による収益を，ブランドに関する収益と製造原価に関する収益とに分離することはできない。

したがって，ブランドは独立したキャッシュ・インフローを生成せず，通常はそれ単独で減損テストを実施する単位とならない。当該ブランドに関連する製造に係る CGU または CGU グループとともに減損テストを実施する必要がある。

② 個別資産としてテストできる場合

独立したキャッシュ・インフローを生成しないブランドは，①で述べたとおり，通常は単独で減損テストを実施しないが，次の条件がすべて満たされる場合にのみ，CGU の一部としてではなく，個別資産として減損テストを実施できる。

✧資産の耐用年数を確定できない。
✧減損の兆候が存在しない（すなわち，年次の減損テストが実施される）。
✧ブランドについて処分コスト控除後の公正価値を算定できる。
✧処分コスト控除後の公正価値が帳簿価額を超過している。すなわち，減損していない。

上記以外の場合には，CGU のレベルでブランドの減損テストを実施することとなる。

2．回収可能価額の測定（一般的な事項）

(1) 回収可能価額の算定

① 回収可能価額

回収可能価額は，資産の処分コスト控除後の公正価値と使用価値のいずれか高い金額と定義されている（IAS 第36号第 6 項）。これは，資産の売却あるいは事業における継続的使用から生じることが見込まれるキャッシュ・フローという観点からの資産の最大価値を表している。

公正価値と使用価値は，それぞれ以下の特性あるいは特徴を有しており，このことが回収可能価額の算定に影響を及ぼしているといえる。

ⅰ．公正価値

公正価値は，市場参加者が当該資産の価格付けを行う際に使用するであろう仮定を反映する。対象資産についての活発な市場における相場価格がなくても，処分コスト控除後の公正価値を算定することが可能な場合がある。

一方，公正価値を算定するための信頼性のある見積りを行うだけの基礎がないため，処分コスト控除後の公正価値を測定することができない場合もある。このような場合には，資産の使用価値を見積もることによって，回収可能価額を算定する必要がある（IAS 第36号第20項）。

ⅱ．使用価値

使用価値の見積りは，事実ではなく判断によるものであり，将来に向かって何年間にも及ぶキャッシュ・フローの見積りや，現在価値に割り引くための適切な割引率の決定が要求される。その目的は，可能な限り現実的な見積りを実施することにある。

使用価値は，当該企業に固有のものであり，企業一般には適用可能でない可能性のある要因の影響も反映する。例えば，使用価値への反映が想定される次のいずれの要因も，市場参加者が一般的に利用可能なものでない限り，公正価値には反映しない（IAS 第36号第53A 項）。

- 資産のグルーピングにより得られる追加的な価値（異なる地域にある投資不動産のポートフォリオの創出など）
- 測定する資産と他の資産との間のシナジー
- 当該資産の現在の所有者のみに固有の法的権利または法的制約
- 当該資産の現在の所有者に固有の税務上の便益または負担

② 使用価値と処分コスト控除後の公正価値の算定

ⅰ．基本的な考え方

通常，処分コスト控除後の公正価値と使用価値は異なるが，これらを両方と

も算定することが実務上困難な場合もある。しかし，減損の検討に際して，これら双方の算定が，常に必要とは限らない。

これらの金額のいずれか1つでも資産の帳簿価額を超過している場合には，資産は減損しておらず，したがって，もう一方の金額を見積もる必要はない（IAS 第36号第19項）。

逆に，これらの金額のいずれか1つが資産の帳簿価額を下回る場合であっても，ただちに減損が必要とはならない。例えば，使用価値が資産の帳簿価額を下回っていることが判明した場合に，自動的に減損が必要となるわけではない。使用価値まで減額する前に，まずは資産の処分コスト控除後の公正価値についても見積もる必要がある。

ケーススタディⅣ－3－11 ▶ 使用価値＜処分コスト控除後の公正価値となる場合

前提

企業Aは，発電および供給事業を営んでいる。

経営者は，電気の市場価格が下落したため，企業のすべての資産について減損の検討を実施している。

企業の発電所の1つは，使用開始から2年が経過しており，帳簿価額は2,500百万円である。また，改定された電気の価格を考慮した後の使用価値は2,200百万円である。

市場の規制緩和に伴う好機を追い求める投資者が市場参入を熱望しているため，当該資産の市場は活発な市場である。他の電力会社が保有していた類似した資産が，先日，2,600百万円で新規参入の別の電力会社へ売却された。処分に直接起因することとなる増分コストの見積額は50百万円である。

現時点で，経営者に発電所を売却する意思はない。

ポイント

処分コスト控除後の公正価値と使用価値のいずれかが帳簿価額を上回っていれば，もう一方の金額の見積りは不要となる。

考え方

この場合，回収可能価額（使用価値と処分コスト控除後の公正価値のいずれか高い金額）が帳簿価額を超過しているため，経営者は減損損失を認識する必要はない。経営者は，資産を企業の営業で使用するのではなく，売却することを選択すれば，資産の帳簿価額を回収することが可能であり，したがって，この状況

おいて減損は計上されない。

　実務上想定されるケースごとに、回収可能価額の算定をどのように行うべきか、以下で説明する。

ⅱ．合理的な近似値を得られる場合

　見積り、平均または簡易な計算により、処分コスト控除後の公正価値または使用価値に関して基準が要求している詳細な計算についての合理的な近似値を得られる場合がある（IAS第36号第23項）。

ⅲ．使用価値と処分コスト控除後の公正価値が近似する場合

　資産の使用価値が処分コスト控除後の公正価値を著しく超過していると考えられる理由がない場合には、処分コスト控除後の公正価値が資産の回収可能価額として用いられる場合がある。

　これは、処分目的で所有されている資産の場合に当てはまることが多い。そのような資産の使用価値は主に資産の処分から期待される正味受取額を反映しており、処分までの期間の使用によるキャッシュ・フローが占める割合は小さくなり、処分コスト控除後の公正価値と使用価値は、通常ほぼ同じ額となることが想定される。

　処分目的で所有される資産の場合には、仮に処分目的の所有でなければCGUに含まれることになる場合であっても、当該資産はCGUには含めず、個別に減損の検討を行うことになる。処分コスト控除後の公正価値を資産の回収可能価額として扱って、帳簿価額と比較し、その結果生じる減損損失はただちに認識される。

ⅳ．回収可能価額算定の単位

　減損テストにおいて、回収可能価額の算定は、可能な限り、個別の資産レベルで行う。ただし、当該資産が、他の資産または資産グループからおおむね独立したキャッシュ・インフローを生成しないのであれば、回収可能価額は、以下のいずれかに該当する場合を除き、当該資産の属するCGUを対象に算定さ

れる（IAS 第36号第22項）。
- 当該資産の処分コスト控除後の公正価値が帳簿価額より高額である場合
- 当該資産の使用価値が処分コスト控除後の公正価値に近いと見積もられ，かつ，処分コスト控除後の公正価値が算定できる場合

> ケーススタディIV－3－12 ▶ 減損テストにおいて個別に検討される建物
>
> 前 提
> ある特定の CGU には本社ビルが含まれている（本社ビルは独立してキャッシュ・インフローを生成しない）。
> 当該本社ビルの市場価値は容易に算定することが可能であり，また処分コスト控除後の公正価値が明らかに帳簿価額より高額となる見込みである。
>
> ポイント
> 建物の処分コスト控除後の公正価値が帳簿価額を明らかに上回る場合，当該建物については，建物を含むより大きい CGU とは別個に減損の検討を行う。
>
> 考え方
> このケースにおいて，本社ビル自体に関する減損テストは CGU とは別個に検討されることとなる。すなわち，当該本社ビルについては，処分コスト控除後の公正価値を算定できるため，当該個別資産について，回収可能価額を帳簿価額と比較することが可能となる。
> 一方で，本社ビルの市場価値が帳簿価額を下回る場合には，当該本社ビルが独立してキャッシュ・インフローを生成しないことから，当該資産が属する CGU の単位で減損テストを実施する必要があると考えられる。

(2) 減損テストにおける回収可能価額と IFRS 第5号との関係

IAS 第36号は，IFRS 第5号「売却目的で保有する非流動資産及び非継続事業」に従って売却目的保有に分類された非流動資産（または処分グループ）を基準の範囲から除外している。資産または資産グループの処分の計画は，通常，減損の兆候と判断されるが，当該判断のタイミングは，IFRS 第5号の売却目的保有の条件が満たされる時点より前になることが多い。

減損テストは，売却の決定がなされた時に，当該資産または CGU について

実施される。また、その減損の検討は、IFRS 第 5 号に従って売却目的保有に分類される直前に更新される。

IFRS 第 5 号は、売却目的保有の資産を、帳簿価額と売却コスト控除後の公正価値のいずれか低い金額で測定することを要求しているが、この測定で用いられる帳簿価額は、減損テスト実施後の修正された帳簿価額である。

(3) 回収可能価額と減損損失配分との関係

CGU 単位で算定した回収可能価額が当該 CGU を構成する資産の帳簿価額合計を下回る場合、減損を認識することとなる。ただし、CGU を構成する各資産の帳簿価額は、処分コスト控除後の公正価値と使用価値のいずれか高い金額まで減額されることになる。

例えば、資産の回収可能価額が当該資産の属する CGU とは別個に検討されている場合に、当該 CGU について減損テストを実施したとする。その場合、CGU 単位で算定した減損損失を配分すると、処分コスト控除後の公正価値を下回るほど当該資産の帳簿価額の減額となるのであれば、CGU に関連するいかなる減損損失も当該資産に配分されることはない（IAS 第36号第105項）。さらに、すべての未配分の減損は、上記と同じ限度額まで、CGU 内の非貨幣性資産に再配分される。これにより、減損損失が完全に配分されるか、CGU 内の非貨幣性資産が各資産の処分コスト控除後の公正価値、使用価値またはゼロのうちいずれか高い価額に減額されるまで、このようなプロセスが反復される。

ただし、例えば、IAS 第37号に基づく不利な契約のように、他の基準に基づく負債の定義を満たしていない限りは、減損の認識によって負債が認識されることはない。そのため、結果として一部の減損損失が認識されない可能性もある（減損損失の配分に関しては、後記第 5 章 2.「減損損失の配分（資金生成単位への配分）」（320頁）の解説も参照）。

> **ケーススタディⅣ－3－13 ▶ 部門閉鎖に伴う個別資産の減損**
>
> 前提
>
> 　会社はある部門を期末日後に閉鎖する予定だが，当該閉鎖は期末日以前には発表されなかったため，期末日時点で人員解雇のための引当金は計上されていない。
>
> 　当社は当該部門に属する資産の減損について検討しているが，工場および設備につき，回収可能価額が帳簿価額を下回ることが見込まれているため，減損損失の計上となる可能性がある。一方で，土地については，売却により利益を生むことが期待されている（当社は期末日後に買手を探し始める予定である）。
>
> 　なお，土地の売却により見込まれる利益は，工場および設備の減損を相殺するのに十分な金額である。
>
> ポイント
>
> 　期末日における減損損失の算定にあたり，土地を含めて部門の総資産を１つのCGUとして考えるか，あるいは個々の資産について検討するかの判断は，独立したキャッシュ・インフローの生成単位を考慮して行うこととなる。
>
> 考え方
>
> 　この場合，個別の資産が減損していることを示す兆候があり，当該資産が独立したキャッシュ・インフローを生成している場合には，当該資産について個別に減損の検討を実施すべきである。
>
> 　この設例では，土地は工場および設備とは別個に売却される予定であるため，キャッシュ・フローは独立している。そのため，工場および設備と土地は，それぞれ別個に減損を検討するのが適切と考えられる。工場および設備は減損しており，減損損失を当期の財務諸表に計上すべきである。一方，土地については，減損損失は認識されないこととなる。

(4) 直近の詳細な計算結果の利用

　CGUにのれんが配分されているか，または耐用年数を確定できない無形資産をCGUが保有している場合，過去の期間に行われた回収可能価額に関する直近の詳細な計算結果を当期に使用することを，基準は認めている。ただし，次の条件を満たす必要がある（IAS第36号第24項，第99項）。

(図表Ⅳ－3－3) 直近の詳細な計算結果利用の条件

• CGU に配分されているのれん • CGU の一部として減損テストが行われる無形資産	
	➢ のれんまたは無形資産が配分されている CGU を構成する資産および負債が，前回の減損テストの時点から大きく変化していない ➢ 直近の減損テストの結果が，CGU の帳簿価額を大差で上回っていた ➢ 前回の減損の検討時点以降に発生した事象および状況の変化を分析した結果，CGU の現在の回収可能価額が，その帳簿価額を下回る可能性が極めて低い
単一の資産として減損の検討が行われる無形資産 (他の資産から独立したキャッシュ・フローを生んでおり，CGU の一部として減損の検討が行われていない場合)	
	➢ 直近の減損テストの結果が，資産の帳簿価額を大差で上回っていた ➢ 前回の減損の検討時点以降に発生した事象および状況の変化を分析した結果，資産の現在の回収可能価額が，その帳簿価額を下回る可能性が極めて低い

Short Break 回収可能価額の算定をめぐる IASB の議論

　IAS 第36号では，回収可能価額を「資産または資金生成単位の処分コスト控除後の公正価値と使用価値のいずれか高い金額」と定義している。これは，合理的な経営者であれば，想定される最も高い金額での投資回収を図るはず，との見方に基づくものと考えられる。

　企業による投資意思決定は，実質的には，投資対象資産から見込まれる将来の見積正味キャッシュ・フローに基づく決定であるとして，当該企業の決定や行動を最もよく反映する方法として，処分コスト控除後の公正価値（以下，「FVLCD」という）と使用価値（以下，「VIU」という）のいずれか高いほうで算定することとされている。

【IASB「のれん・減損プロジェクト」における検討】
　IASB は，IFRS 第 3 号「企業結合」の適用後レビュー（PIR：Post-implementation review）の結果を受けて，「のれんおよび減損」リサーチ・プロジェクトを立ち上げて，減損に関わる要求事項の改善等の審議を進めている。

回収可能価額に関しては，PIRの過程で，VIUは企業固有の金額であり経営者が減損の認識を回避するために減損テストを操作する余地がある，との懸念が，一般投資家から示された。

当該プロジェクトの目的の1つは，減損テストの有効性の改善であるが，上記の懸念への対応として，以下のアプローチによる基準改正を進めるべきかどうか協議されてきた。

➢ いずれかを回収可能価額算定の唯一の基礎とする（VIU or FVLCD）。
➢ 2つの方法を維持しつつ，企業が見込んでいる回収方法を反映した1つの方法を選択する。

プロジェクトの中で，経営者のキャッシュ・フロー予測の最善の見積りに基づくVIUと市場参加者が使用する仮定に基づくFVLCDにつき，両者の異同が分析，協議され，また，上に示した基準設定時の考え方が依然として目的適合的かの議論も行われた。

その結果，本件基準改正に関しては，これ以上の検討を進めないことが，2017年12月開催のIASB会議において暫定決定されている。

第4章 回収可能価額の測定

　第3章において，減損テストで用いる回収可能価額が，資産の処分コスト控除後の公正価値と使用価値のいずれか高い金額によって測定されることをはじめ，回収可能価額の算定に関する概要を紹介した。

　本章においては，処分コスト控除後の公正価値，使用価値のそれぞれの測定について，より詳細な解説を行う。

1. 処分コスト控除後の公正価値

(1) 定　義

　非金融資産の回収可能価額を処分コスト控除後の公正価値に基づき算定する場合，IFRS第13号「公正価値測定」のガイダンスを適用する。IFRS第13号では，資産の公正価値を次のように定義している（IFRS第13号第9項）。

> 測定日時点で，市場参加者間の秩序ある取引において，資産を売却するために受け取るであろう価格

　また処分コストは，資産の処分に直接起因する増分コストのうち，財務費用・法人所得税費用を除いたものである（IAS第36号第6項）。

(2) 公正価値の算定に際しての考慮事項

資産またはCGUの公正価値の算定に際しては，市場参加者が価格付けを行う場合に考慮するであろう当該資産またはCGUの特性を考慮する。そうした特性には，次のようなものがある（IFRS第13号第11項）。

> 当該資産またはCGUの状態および所在地
> 当該資産またはCGUの売却または使用に対する制約

処分コスト控除後の公正価値は，使用価値と異なる。使用価値は，当該企業に固有で企業一般には適用可能でない可能性のある要因の影響を反映する。一方，公正価値は，市場参加者が当該資産の価格付けを行う際に使用するであろう仮定を反映する（IAS第36号第53A項）。

例えば，市場参加者が買収から最大の価値を得るために将来のリストラクチャリングの実施を見込む場合には，キャッシュ・フロー予測に将来のリストラクチャリングの効果を織り込むことが可能である。このことは，公正価値の算定においては使用価値の算定に対して課される制限の一部が適用されない場合もあることを意味する。

一方で，処分コスト控除後の公正価値の算定に用いた評価技法には，市場参加者が資産の公正価値の見積りに用いるであろう仮定（収益成長率，利益幅，為替レートなど）のみを織り込まなくてはならないことにも留意する必要がある。公正価値の算定に使用する仮定は，通常は市場に基づく証拠により裏付けられている必要があり，それができない場合には仮定の調整が必要となることもある。また，評価日（通常は貸借対照表日）時点で適用可能な仮定である必要がある。

2．使用価値の算定

(1) 使用価値の定義

使用価値は，次のように定義されている（IAS第36号第6項）。

> 資産または資金生成単位から生じると見込まれる将来キャッシュ・フローの現在価値

(2) 使用価値の算定プロセス

使用価値の算定は，次のプロセスを伴う（IAS 第36号第30項）。
➢ 資産から得られる将来キャッシュ・フローの見積り（下記①参照）
➢ 将来キャッシュ・フローの金額と時期の変動性の考慮（下記③参照）
➢ 貨幣の時間価値（割引）の考慮（下記②参照）
➢ 資産固有の不確実性の考慮（下記③参照）
➢ 流動性の欠如などの他の要因の考慮（下記③参照）

① 資産から得られる将来キャッシュ・フローの見積り

使用価値の算定に関しては，減損テストの対象となる資産または CGU から発生することが期待される将来キャッシュ・フローの見積りを行う。

当該キャッシュ・フローは，資産または CGU の現在の状態での継続的使用から発生すると期待されるキャッシュ・フロー，および耐用年数終了時点での処分から発生すると期待されるキャッシュ・フローによって構成される。

② 貨幣の時間価値の考慮

見積もった将来キャッシュ・フローを，現在の市場におけるリスクフリー・レートを使用して貨幣の時間価値を考慮した適切な割引率を適用して現在価値を算定する（IAS 第36号第31項）。

③ 将来キャッシュ・フローの変動性や資産固有の不確実性等の考慮

将来キャッシュ・フローの金額または時期についての予想される変動，資産固有の不確実性およびその他の要因（非流動性など）に関連するリスクを，キャッシュ・フローの修正または割引率の修正のいずれかによって反映する。

リスクを二重に織り込むこととならないよう，キャッシュ・フローを修正す

る場合には，割引率を修正してはならない（逆もまた同様）。

いずれのアプローチを採用するとしても，計算結果は，すべての生じうる結果の加重平均を反映した，期待される将来キャッシュ・フローの現在価値を表す数値でなければならない点に留意する（IAS 第36号第32項）。

(3) 将来キャッシュ・フロー見積りの前提

企業は，合理的で裏付け可能な仮定に基づき将来キャッシュ・フローの予測を作成する。使用する仮定は，対象となる資産またはCGUの残存耐用年数にわたって存在するであろう経済的状況に関する経営者の最善の見積りを反映したものでなければならない。

① 将来キャッシュ・フローの見積りの基礎

将来キャッシュ・フローの予測は，承認された事業計画に基づいて行われるのが基本であるが，使用される事業計画の数値に関して次の点に留意する必要がある。

ⅰ．使用する予算および予測
> キャッシュ・フローの予測は，経営者が正式に承認した最新の予算および予測を基礎とする。
>
> ただし，将来のリストラクチャリングまたは資産の性能の向上または拡張から生じることが予想される将来のキャッシュ・インフローまたはアウトフローの見積りを除外する必要がある。将来の売上の増加や製造原価の削減の予測は，既存の技術や工程を前提としたものとすべき点に注意が必要である。

> 予算および予測を基礎としたキャッシュ・フロー予測の対象期間は，より長い期間が正当化できる場合を除き，最長でも5年間とする（IAS 第36号第33項(b)）（後述ⅳ，ⅴもあわせて参照）

> 使用価値の算定に使用する予算は，経営者によって承認されたものでなければならない。

> 承認された予算は，外部の証拠により重点を置いて見積もられたものでなければならない（IAS第36号第33項(a)，第38項）。

> ケーススタディⅣ－4－1 ▶ 処分コスト控除後の公正価値が使用価値よりも適切となる場合

前提

企業Aは，CGU Zの処分コスト控除後の公正価値が帳簿価額を下回っていると判断した。一方，使用価値に基づくと，CGU Zは減損していない。

ただし，使用価値は，経営者によって最終的に承認されていない事業計画を使用して算定されている。

ポイント

承認されていない計画により算定された使用価値は回収可能価額を測定するための信頼性のある情報源とならない。

考え方

この場合，未承認の事業計画に基づいて算定された使用価値は，回収可能価額を測定するうえで信頼性のある情報源とはならない。提示した数字や使用した仮定に対して経営者が同意するとは限らず，当該未承認の事業計画が変更される可能性も残っているためである。

そのため，本件事案において入手可能な唯一の信頼性のある情報は，CGU Zの処分コスト控除後の公正価値となる。したがって，この場合，減損損失を認識する必要がある。

ⅱ．予算および予測の評価

> 経営者は，キャッシュ・フローの予測に使用されている仮定が合理的かどうかを評価する。その際，現在の仮定と過去の実績との整合性を図ることが求められるが，通常，過去のキャッシュ・フロー分析として，次の手続の実施が必要となる。
> - ◆キャッシュ・フローの過去の予測と実績との差異の把握
> - ◆把握した差異についての原因の検討
> - ◆識別した差異原因の現在の仮定への反映（必要に応じて）

> 上記の分析においては，予算や予測にバイアスが掛かっていないかどうか，

また検討対象となっている現在の資産に関連しない事象や状況が現在の仮定に織り込まれていないかを慎重に判断する。
➤ 後発事象の発生や事後の状況変化を識別している場合は，現在の仮定と過去実績との整合性を検討する際に，当該変化についても考慮する（IAS第36号第34項）。

ケーススタディⅣ－4－2 ▶ 合理的かつ裏付け可能な予測の使用

| 前　提 |

　企業Ｅは子会社Ｌの90％を所有している。企業Ｅの経営者は，グループの5年間の事業計画を承認した。当該事業計画には，企業Ｌに関する情報も含まれている。
　企業Ｌの経営者は独自の予算を作成しており，それは，親会社の経営者が承認した予算よりも積極的なものとなっている。
　見積キャッシュ・フローは，経営者によって承認された予算に基づき算定する必要があるが，2組の予算情報が存在する場合には，減損テストの目的でどちらを使用すべきか，という問題が生じる。

| ポイント |

　将来キャッシュ・フローの見積りに用いる予算および予測は，経営者によって承認された最も合理的かつ裏付け可能なものである必要がある。

| 考え方 |

　この場合，企業Ｌは，資産の使用価値を算定するために，企業Ｅで承認された事業計画を使用すべきである。
　2組の予算情報が存在する場合には，2つの予算の差異の背景にある理由を理解することが重要である。
　企業Ｅは，企業Ｌには開示していない情報を，見積りの仮定に含めている可能性がある。あるいは，企業Ｌが，より積極的な予算を作成し，従業員に対して「背伸び」した目標を設定している可能性もある。減損の算定に使用するキャッシュ・フローは，経営者によって承認された最も合理的かつ裏付け可能な予測である必要がある。企業Ｌの経営者は独自の予算を作成しているが，グループの正式な見積りは，企業Ｅの承認された事業計画に含まれているものである。したがって，この場合には，企業Ｌで設定された予算が，より将来のキャッシュ・フローに対する実際の予想に沿っていることが裏付けられない限り，企業Ｅの予算を使用価値の算定に使用することになると考えられる。

ⅲ．予算および予測の再評価

➢ 使用価値の算定に組み込まれている予測は，経営者が正式に承認した最新の予算および予測に基づく必要がある。しかし，その予測は，減損の検討の実施時点における経済状況に基づいて合理的かつ裏付け可能なものであることが重要であり，例えば予算・予測の承認がなされた後の期間に，事業環境がより不安定になった場合には，作成した予測を修正することが適切となる可能性がある。

➢ 予測に使用する入力数値は，入手可能な市場データを基準に評価する。過年度と比較して評価年度における不確実性のレベルが高くなる可能性がある場合でも，経営者は，最善の見積りに基づき，予測の仮定を再評価する必要がある。

なお，不確実性が存在する場合の留意点は以下のとおりである。

- ◆ 経営者の仮定は，入手可能な外部の証拠により重点を置いたものとし，独立したマクロ経済予測，産業評論家やアナリスト，証券会社などの専門家の分析のような市場の証拠と整合していなければならない。
- ◆ 予測の基礎となる仮定と市場の証拠との間のすべての差異を分析し，理解する。当該差異を，開示または財務諸表に添付される他の資料において説明するが有用となる可能性がある。
- ◆ 経営者は，処分コスト控除後の公正価値と使用価値との間のすべての差異を分析し，それらが裏付け可能なものであるようにする必要がある。

ⅳ．予測の対象期間

➢ キャッシュ・フローの予測の対象期間は，減損の検討対象である資産またはCGUの耐用年数と関連している必要がある。ただし，詳細な正式予算や事業計画の対象期間は，会社や産業によってさまざまであり，十分な確実性をもって長期間にわたるキャッシュ・フローを予測することが不可能な場合もある。

このため基準では，使用可能な予算・予測の最長期間を5年としている。

➢ 5年よりも長い期間にわたる予測を使用することも排除してはいないが，次の場合に限られる（IAS第36号第35項）。

- ◆ 当該予測に信頼性がある。
- ◆ 過去の経験に基づいて，キャッシュ・フローをその長い期間にわたって正確に予測する能力を立証できる。

ⅴ．予算・予測の期間を超えるキャッシュ・フローの見積り
- ➢ 資産の耐用年数が，正式な予算や計画の対象期間よりも長い場合がある。そのような場合，成長や将来見込みに関する合理的かつ広範な仮定を使用して，正式なキャッシュ・フローの予測をもとに，見積りを将来に向かって推測し，延長することが必要となる。
- ➢ CGU の帳簿価額にのれんまたは経済的耐用年数を確定できない無形資産が含まれている場合には，使用価値の算定には，通常，詳細な予算・予測の対象期間を超えた，確定できない期間に関連する CGU のキャッシュ・フローの見積価値が含まれることとなる。

これは，ターミナル・バリューとして算定されることが一般的であり，正式な予算期間を超えたキャッシュ・フローの正味現在価値を表す。

例えば，企業の予算・予測期間の最終年に予想されるキャッシュ・フロー（CF）に，ターミナル・バリューの乗率を掛けて算定される。

【ターミナル・バリューの計算式の例】

$$CF \times (1 + g) \div (r - g)$$
r：割引率
g：キャッシュ・フローの長期に係る年間成長率の見積り

正式な予算や計画の対象期間の最後の時点で算定するターミナル・バリューは，現在価値に割り引かれる。

第4章 回収可能価額の測定　277

（図表Ⅳ－4－1）　予算・予測期間を超えるキャッシュ・フローの見積り

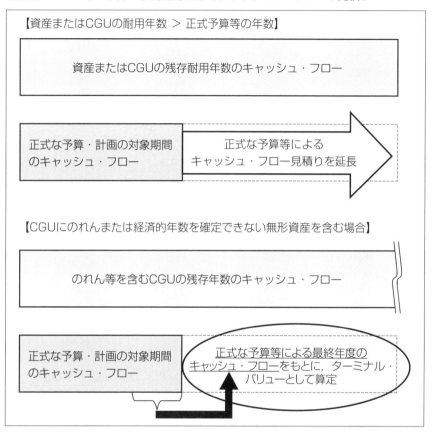

➢ 正式な予算・計画の対象期間に係る成長率に対する制約はない。
当該期間におけるキャッシュ・フローには，企業の明示的な予測に含まれる成長率の変動性を反映する。
➢ 正式な予算・計画の対象期間を超える期間に係る成長率については，当該予算・計画が5年間全体を対象としているか，それより短い期間を対象としているかにかかわらず，次の制約が設けられている（IAS第36号第33項(c)）。

> - 一定のまたは逓減する成長率を仮定しなければならない。
> - 企業が営業活動をしている製品，産業もしくは国，あるいは当該資産が使用されている市場における長期平均成長率を，基本的には超えてはならない。

　この制約は，理論的には，長期的に事業が経済全体よりも成長することは仮定できないことを意味しており，将来の不確実性の観点からの慎重な取扱いともいえる。

　基準は，例えば，製品または産業のライフサイクル全体にわたるパターンについての客観的な情報などによって正当化される場合にのみ，より高い率を使用することがあるとしている（IAS 第36号第36項）。しかし一方で，条件が非常に有利な場合には，その市場に競争相手が魅力を感じて参入し，それにより企業の事業の成長を制限する可能性が高く，そのため，企業が長い期間（例えば，20年間）にわたって平均的な過去の業界の成長率を上回ることは困難としている（IAS 第36号第37項）。

> **PwC's Eyes** 逓増する成長率の使用
>
> 　状況によっては，5年より後の期間の成長に係る仮定に制限を設けること（すなわち，一定のまたは逓減する成長率のみを使うこと）が現実的でない場合がある。例えば，CGU が未完成の発電所の場合，2，3年間は損失の発生が見込まれるものの，その後は著しい成長が見込まれることも考えられる。この場合，明示的な成長の仮定に基づくキャッシュ・フロー予測が5年を超える可能性がある。
>
> 　ただし，5年間という期間を区切って制限を設けている仮定を覆すような状況は通常稀であると考えられる。

② 将来キャッシュ・フローの見積りの構成要素

　使用価値の見積りに使用するキャッシュ・フローの構成要素は，検討対象の資産または CGU との対応関係に留意して慎重に検討する必要がある。

　当該構成要素と，CGU の帳簿価額が算定された基礎との比較可能性を確保することによって，使用価値の算定に際して，誤謬につながる脱漏や二重計上

が回避される。

i．将来キャッシュ・フローの構成要素

将来キャッシュ・フローには，通常，次の項目についての予測を含める（IAS 第36号第39項，第41項，第49項）。

> (a) 資産の継続的使用または CGU の活動によるキャッシュ・インフロー
> (b) 資産の継続的使用または CGU の活動によるキャッシュ・インフローを生み出すために必然的に生じるキャッシュ・アウトフロー（資産を使用に供する準備のためのキャッシュ・アウトフローを含む）で，当該資産または CGU へ直接賦課できるもの
> (c) 資産または CGU に間接的に帰属し，当該資産または CGU へ合理的で首尾一貫した基礎による配分が可能なキャッシュ・アウトフロー（本社間接費に関連するキャッシュ・フローなど）
> (d) 資産または CGU の耐用年数終了時点での処分により受け取る（または支払う）ことが見込まれる正味のキャッシュ・フロー
> (e) 既存の資産の稼働能力を維持するためのキャッシュ・アウトフロー（例えば，日常的な保守に係るキャッシュ・フローなど）

使用価値の測定に使用するキャッシュ・フローの予測は，予測期間および当該資産の残存耐用年数にわたって存在する一連の経済的状況の合理的で裏付け可能な仮定を基礎とする（IAS 第36号第33項）。キャッシュ・フローは，例えば，以下の要因により影響を受ける。

- 【売上高】：現在の需要，市場占有率，市場規模の成長，広告宣伝効果，競争により決定される。なお，売上高の増加は，既存の生産能力から生じるものに限定すべきであり，生産能力を拡大する将来の資本的支出を見込んではならない。
- 【販売価格】：現在の価格，競争，販売促進，インフレーションにより決定される。

- 【営業費用】：消費される財貨およびサービスの価格，活動の水準，利用可能な割引，供給業者間の競争，インフレーションにより決定される。
- 【その他のキャッシュ・フロー】：廃棄コスト，処分による収入，建設中の資産を使用可能とするために必要なコスト

ⅱ．帳簿価額との対応

将来キャッシュ・フローは，減損検討対象の資産またはCGUの帳簿価額と対応するものでなければならない。この際，以下の点に留意する。

(図表Ⅳ－4－2) 将来キャッシュ・フローと帳簿価額との対応

① 財務活動に関連するキャッシュ・フロー（利息の支払を含む） 　銀行借入金等の財務活動に関連するキャッシュ・フローは，将来キャッシュ・フローの見積りから除外する（IAS第36号第50項(a)）。これは，関連する負債は減損検討対象の資産やCGUの帳簿価額から除かれており，かつ，資本コストはキャッシュ・フローを割り引くことで考慮されるためである。
② 税金に係るキャッシュ・フロー 　IAS第36号は，税引前のキャッシュ・フローを税引前の割引率で割り引いて使用価値を算定することを要求している。このため，理論上，税金に係るキャッシュ・フローの除外が必要となる（IAS第36号第50項(b)）。
③ 検討対象の資産とは独立したキャッシュ・フローを生み出す資産に関連するキャッシュ・フロー 　これらの資産は，CGUの帳簿価額から除外されているため，将来キャッシュ・フローの算定からも除外する。例えば，売掛金等の金融資産などが含まれる（IAS第36号第43項(a)）。
④ 負債として認識済の債務に関係するキャッシュ・アウトフロー 　これらの負債は，CGUの帳簿価額から除外されるため，関係するキャッシュ・アウトフローも将来のキャッシュ・フロー予測から除外する。これにより，将来キャッシュ・フローと検討対象資産との，同一条件での比較が確保される。こういった負債の例として，未払金，年金負債，引当金などがある（IAS第36号第43項(b)）。

⑤ 実務上の取扱い（金銭債権・債務）

上述のとおり，売掛金・買掛金などの金融資産・負債については，将来キャッシュ・フローから除かれる。しかし，実務上，帳簿価額と同額のキャッシュ・フローを発生させることが見込まれる売掛金や未払金などは，それらを個別のCGUに配分するほうがより容易な場合には，使用価値の算定に含めることも可能である。

ただし，その場合，同様の条件での取扱いを確保するため当該資産および負債をCGUの帳簿価額に含めるとともに，それぞれの回収額と支払額を使用価値の算定にも含めることが必要となる（IAS第36号第79項）。

⑥ 確定給付年金債務

確定給付年金債務に関しては，貸借対照表上に認識した負債を決済するキャッシュ・フローと将来の勤務に関するキャッシュ・フローの2つの流れが存在する。CGUの帳簿価額から年金負債を除外する場合，認識した負債の決済に関連するキャッシュ・フローも使用価値の計算から除外しなければならない。ただし，将来の勤務に関連するキャッシュ・フローは，CGUの継続的な従業員関連費用の一部であるため，引き続き，使用価値の計算に含める点，注意が必要である。

⑦ 進行中のプロジェクト

プロジェクトがすでに進行中の場合は，当該資産またはCGUの使用あるいは売却の準備ができるまでの間に発生する予定のキャッシュ・フローも，将来キャッシュ・フローの予測に含める必要がある。

例えば，建設中の建物や，まだ完成していない開発プロジェクトに関連する将来キャッシュ・フローがこれに該当する（IAS第36号第42項）。

ⅲ．資産またはCGUの処分に関連するキャッシュ・フロー

資産またはCGUの耐用年数終了時点での処分について受け取る（または支払う）キャッシュ・フローの見積額は，独立した第三者間の取引条件によって当該資産の処分から得られると予想される金額（処分コストの見積額を控除後）でなければならない。「独立した第三者」とは，当該資産に係る取引の知識を有し，かつ自発的な取引を行う者をいう（IAS第36号第52項）。

資産の処分から得られるキャッシュ・フローの見積りは，以下の点を除いて，資産の処分コスト控除後の公正価値（本章1．「処分コスト控除後の公正価

値」(269頁)参照)と同様の方法で決定される(IAS第36号第53項)。

➢ 企業は，見積日現在での類似した資産についての一般的な価格を使用する。その類似資産は，耐用年数が終了に達し，かつ検討対象の資産やCGUが使用される条件と同様の条件下で稼働したものとする。

➢ 当該見積販売価格を，将来のインフレーションおよび見込まれる個別の将来の価格上昇の双方を考慮して修正する。ただし，将来キャッシュ・フローの見積りおよび割引率が，将来のインフレーションによる影響を除外して算定されている場合は，処分時の正味のキャッシュ・フローの見積りにおいてもインフレーションの影響を除外する。

(4) 将来キャッシュ・フローの算定方法

　実務上，使用価値の算定にあたっては，上記(3)で説明した論点以外にもいくつか留意点がある。それぞれについて，以下で説明する。

① 使用価値の算定―振替価格

　内部振替価格は，個々のCGUのキャッシュ・インフローと営業活動によるキャッシュ・アウトフローに直接影響を与える。

　例えば，垂直的に統合された企業グループ内で，あるCGUが産出物の一部を，同じグループ内の他のCGUに，当該産出物の市場価格よりも低い価格で振り替える場合などが挙げられる。製品は内部で売却されてはいるが，これらCGUのすべての生産品について外部市場が存在する可能性がある。そのような場合，使用価値の算定に使用される，製品を譲渡する側のCGUのキャッシュ・インフロー，および製品を譲り受ける側のCGUのキャッシュ・アウトフローは，内部振替価格ではなく，独立第三者間の取引価格(通常は市場価格)を反映するように修正する必要がある(前述の本章１．(2)「公正価値の算定に際しての考慮事項」(270頁)も参照)(IAS第36号第71項)。

（図表Ⅳ－4－3） 垂直的に統合された企業グループにおける使用価値の算定

② 現在価値に関する「伝統的」アプローチと「期待キャッシュ・フロー」アプローチ

IAS第36号の付録Aにおいて，IASBはキャッシュ・フローの見積りに関する2つのアプローチを対比させている。この2つの手法とは，「伝統的」アプ

ローチと呼ばれるものと,「期待キャッシュ・フロー」アプローチと呼ばれるものである。当該付録では,それらのアプローチのいずれも資産の使用価値の見積りに利用できると説明されている。

基準では,一般原則の1つとして「見積キャッシュ・フロー又は割引率は,単一の,最も可能性の高い金額や,最小又は最大の可能性のある金額ではなく,可能性がある結果の幅を反映しなければならない」と記載されているが（IAS第36号A3項),この原則への対応方法が,両アプローチで異なる。

ⅰ.「伝統的」アプローチ

伝統的アプローチでは,単一の割引率に将来キャッシュ・フローに関するすべての予想や適切なリスク・プレミアムを組み込むことができると仮定し,その仮定のもと,割引率の選択に最も重点を置いている。

しかし,基準では,すべての変数を単一の割引率に組み込むことに重点を置く伝統的アプローチについて,異なるリスクに異なる割引率を使用できない点や,キャッシュ・フローのさまざまな「部分」に異なる割引率を適用することができない点を問題点として指摘している。

ⅱ.「期待キャッシュ・フロー」アプローチ

期待キャッシュ・フロー・アプローチは,キャッシュ・フローを直接分析することに,より焦点を当てている。このアプローチでは,経営者は,リスクを細分化し,単一の最も可能性の高いキャッシュ・フローではなく,可能性があるすべてのキャッシュ・フローのシナリオを用いて見積りを行う。

そのため,経営者が予想したリスクを反映するキャッシュ・フロー（例えば,確率に基づくキャッシュ・フロー）が見積りの出発点となる。

ⅲ.「期待キャッシュ・フロー」アプローチの利点

期待キャッシュ・フロー・アプローチは,伝統的アプローチについて指摘される問題点に対応できることから,とりわけ不確実性が高い環境下においては以下の利点が見出せる。

➢不確実性に対する回収可能価額の感応度が,測定上,不確実性を割引率に

組み込む「伝統的」アプローチと比べて明示的となる。
➢ 経営者が，回収可能価額に最も重要な影響を与える可能性がある不確実な仮定を評価することができる。
➢ 最も可能性の高いキャッシュ・フローだけを検討するのではなく，さまざまな期待キャッシュ・フローを計算する。
➢ 経営者が予測を作成する際の方法と，より整合している可能性がある。
➢ 「伝統的」アプローチにおいてポイントとなる単一かつ特有のリスク・プレミアムの選択のための判断は定量化や文書化が困難な場合があるが，「期待キャッシュ・フロー」アプローチであれば，その判断による影響をより抑えることができる。

③ 同様の条件での比較

使用価値を算定する際，将来キャッシュ・フローとCGUの帳簿価額が首尾一貫した基礎に基づいて算定されていることが重要である。

ⅰ．運転資本の取扱い

運転資本は工場および設備の操業とそれら資産からのキャッシュ・フローの生成に必要であるため，運転資本の変動を使用価値の計算に含めることが適切な場合がある。しかし，操業により生じたキャッシュ・フローと運転資本の変動を含むキャッシュ・フローの総額は，工場および設備の回収だけでなく，運転資本の期首残高の回収も意味することになる。

したがって，例えば，CGUの使用価値の算定にあたって，売掛金および棚卸資産の回収によるキャッシュ・フローを含める場合には，当該売掛金および棚卸資産をCGUの帳簿価額にも含める必要がある。

同様の条件での比較を行うという原則に従う限りにおいては，運転資本の変動をキャッシュ・フロー計算に含めるか除くかにかかわらず，同一の結果が得られることとなる。これについて，以下**ケーススタディⅣ－4－3**で説明する。

ケーススタディⅣ－4－3 ▶ 運転資本の残高を含める場合の同様の条件での比較

[前 提]

企業Aは，×0年度末決算に際して，特定のCGUについて使用価値のテストを実施している。

当該CGUの耐用年数は4年で，ターミナル・バリューはないものとする。

運転資本の残高を含まない資産の帳簿価額は180百万円である。

運転資本の期首帳簿価額は9百万円である。

割引後の将来予想キャッシュ・フローおよび運転資本の変動は以下のとおりである。

(単位：百万円)

	×1年度	×2年度	×3年度	×4年度	合計
利払前・税引前利益	95	115	125	135	470
減価償却費	5	5	5	5	20
利払前・税引前・減価償却前利益	100	120	130	140	490
運転資本の変動	(10)	(12)	(13)	(14)	(49)
差引キャッシュ・フロー	90	108	117	126	441

[考え方]

第1法－運転資本の期首残高を含める

運転資本の期首残高に関する調整を行わずに，各年度の実際のキャッシュ・フローの変動に基づいて将来予想キャッシュ・フローを決定する。キャッシュ・フローの合計額441百万円は，運転資本の期首残高を含んだ資産の帳簿価額（189百万円）と比較する。

この結果，割引後将来キャッシュ・フローは252百万円の超過となる。

第2法－運転資本の期首残高を除外する

この方法では，事業を行うために企業が運転資本を「購入」するため，1回限りのキャッシュ・フローを×1年度のキャッシュ・フローの予測に含めなければならない。×1年度には，×1年度中の通常の運転資本の変動も含まれる。

(単位：百万円)

	×1年度	×2年度	×3年度	×4年度	合計
利払前・税引前利益	95	115	125	135	470
減価償却費	5	5	5	5	20
利払前・税引前・減価償却前利益	100	120	130	140	490
運転資本の変動（期首残高調整を含む）	(19)	(12)	(13)	(14)	(58)
差引キャッシュ・フロー	81	108	117	126	432

　言い換えれば，×1年度のキャッシュ・フローには，ゼロから期末残高までの運転資本の変動が含まれる。この場合，運転資本の期末残高は19百万円（期首残高9百万円に期中の運転資本の変動10百万円を加えたもの）である。したがって，このモデルでは，×1年度のキャッシュ・フロー合計額は，運転資本の変動控除前のキャッシュ・フロー100百万円から運転資本の変動19百万円を控除した81百万円である。

　運転資本を含まない資産の帳簿価額（180百万円）を，上記で計算した432百万円のキャッシュ・フローと比較する。

　その結果，割引後将来キャッシュ・フローは252百万円の超過となる。

　⇒　第1法，第2法のいずれの方法でも結果は同じである。

ⅱ．棚卸資産の取扱い

　使用価値の算定に際しては，棚卸資産の取扱いについても考慮する必要がある。

　その際，他の運転資本の残高の取扱いと同様，棚卸資産を帳簿価額に含めず，かつ，すでに保有している棚卸資産の販売からのキャッシュ・インフローを除くことによって，棚卸資産を使用価値の算定から除くことが考えられる。これは，棚卸資産の減損は他の基準（IAS第2号）に基づいて別途検討されるためである。

> **PwC's Eyes　減損テストにおける棚卸資産の取扱い**
>
> 　使用価値の算定における棚卸資産の取扱いに関しては，実務上，同様の条件での比較を行うことを条件に，使用価値の計算に棚卸資産を含めることも認められると考えられる。
> 　これは，棚卸資産の販売からのキャッシュの受領を割引キャッシュ・フローに含めるとともに，棚卸資産の帳簿価額をCGUの帳簿価額に含めることを意味する。
> 　棚卸資産については，他の運転資本の残高とは異なり，それを含めるかどうかで減損の計算結果に差異が生じる可能性がある。棚卸資産の場合，貸借対照表上，取得原価で計上される一方で，関連する将来キャッシュ・フローには販売による期待利益が含まれるためである。期待利益が多額の場合には，減損の計算において重要な差異が生じる可能性がある。
> 　このような場合には，予想販売価格を反映するように，CGUの帳簿価額に含まれる棚卸資産の額を増加させることが適切な対応となる場合がある。

ⅲ．運転資本がマイナス残高の場合

　小売業をはじめ主に現金ベースで営業が行われる特定業界の企業は，売掛金がほとんどないために，運転資本がマイナスの残高となることが珍しくない。運転資本がマイナス残高となる場合，キャッシュ・フローを増加させて事業価値も増大させることになる。運転資本がプラスの残高の場合にキャッシュ・フローの減少によって事業価値が低下するのとは対照的である。

　事業の性質等から通常起こりうるキャッシュ・フローの結果として運転資本がマイナス残高となることが見込まれる場合には，減損テストに負の運転資本も含める必要がある。

　ただし，減損テストにおける事業価値の過大評価を防ぐため，運転資本のマイナス残高の継続が見込まれる範囲の決定は慎重に行う必要がある。

ⅳ．資金調達に関連するキャッシュ・アウトフロー

　回収可能価額の算定にあたり，CGUの事業のための資金調達に関連するキャッシュ・アウトフロー（有利子負債，配当および支払利息等）は，元本お

よび利息のいずれも使用価値の計算から除かれる。財務費用は，将来キャッシュ・フローを割り引く現在価値手法を使用することによって，回収可能価額の計算に間接的に織り込まれると考えられるためである。

そしてこの場合，CGU の事業のための資金調達に関連する負債も，当該CGU の帳簿価額から除く必要がある。

この点，外部からの資金調達とグループ企業間の資金調達との間に違いはない。

ⅴ．税金に関するキャッシュ・フロー

使用価値の算定におけるキャッシュ・フローは税引前を基礎として作成されるため，税金に関連するキャッシュ・フローは使用価値の算定に含めてはならない（詳細は，本章２．(5)「割引率」(304頁) を参照）。

税金資産および税金負債も CGU の帳簿価額には含めない（なお，CGU に配分すべき資産や負債についての詳細は，第３章１．(2)⑤「CGU の帳簿価額の算定」(251頁) も参照)。

> **PwC's Eyes　同様の条件での比較（税金）**
>
> 　処分コスト控除後の公正価値が使用される場合，減損テストの対象となる資産または CGU の帳簿価額は首尾一貫した基礎により算定されなければならない。
>
> 　例えば，使用価値は税引前モデルである一方，処分コスト控除後の公正価値は通常，税引後モデルである。したがって，処分コスト控除後の公正価値を使用する場合には，テスト対象資産の帳簿価額に繰延税金資産・負債を含める必要があるが，使用価値を使用する場合には，テスト対象資産の帳簿価額にそれらの金額を含めない。なお，ここでいう繰延税金資産・負債は，CGU に含まれる資産および負債に係る一時差異から生じる繰延税金資産および負債であり，税務上の欠損金から生じるものは対象とならない。
>
> 　また，上記に関連して，使用する割引率にも留意しなければならない。処分コスト控除後の公正価値のテストでは，税引後の利率を使う必要がある。税引後の割引率は，通常，市場で容易に入手可能なものであるため，

税引前の割引率よりも算定上の問題は少ないと考えられる（本章2.（5）「割引率」（304頁）を参照）。

④　ヘッジ手段

　企業は，キャッシュ・フローをヘッジするために，スワップやオプションなどのデリバティブをヘッジ手段として使用する場合がある。

　使用価値の算定に使用するキャッシュ・フローには，CGU の資産から発生することが期待される将来キャッシュ・フローに関する経営者の最善の見積りを反映する。使用価値の算定においては，関連するキャッシュ・フローとして約定価格を使用すべきである（ただし，ヘッジ手段に係る契約が貸借対照表に公正価値で計上されている場合を除く）。

　当該ヘッジ手段が貸借対照表に公正価値で計上されている場合は，IFRS 第9号「金融商品」に基づき会計処理を行う。この場合，ヘッジ対象のキャッシュ・フローは，減損テスト実施日の直物価格で使用価値の算定に含まれることとなる。これは，金融商品の減損は，IFRS 第9号において扱われることと，すでに貸借対照表に公正価値で計上されている契約の約定価格を含めると，当該契約の効果を二重計算してしまうことになるためである。

　適用される手法の1つは，運転資本残高（IFRS 第9号に従って公正価値により認識されているコモディティ契約を含む）を，CGU の帳簿価額と，使用価値の算定におけるキャッシュ・フローの両方から除くという方法である。

　このほか，同様の条件での比較の原則に従い，関連するキャッシュ・フロー（すなわちヘッジ・レートによりヘッジされたキャッシュ・フロー）を使用価値の算定に含めるとともに，運転資本残高を CGU の帳簿価額に含めるという手法もある。

⑤　全社的な間接費および日常的な保守

ⅰ．全社的な間接費の取扱い

　IAS 第36号では，全社的な間接費をキャッシュ・フローの予測に含めることについて，以下のように記載している（IAS 第36号第41項）。

第 4 章　回収可能価額の測定　291

> 　キャッシュ・アウトフローの予測には，当該資産の使用への直接賦課又は合理的で首尾一貫した基礎による配分ができる将来の間接費のほか，資産の日常的な保守に関するものを含む。

　実務上可能な場合，CGU の帳簿価額への全社資産の配分と同様の方法で，CGU に帰属するキャッシュ・アウトフローに全社的な間接費の合理的な配分額を含めることが適当である（全社資産の配分については第 6 章 3．(3)「全社資産の配分」(355頁）を参照）。例えば，CGU のキャッシュ・フローがその活動を支援するために発生している全社的な間接費の回収に貢献していない場合は，当該 CGU の資産は減損しているとみなされる可能性がある。
　キャッシュ・フローの予測に全社的な間接費を忘れずに含めることは重要だが，減損の検討において，全社資産と全社的な間接費が二重計算されないようにすることも重要である。
　例えば，本社不動産の帳簿価額の一部を，減損の検討のために CGU に配分する場合，当該不動産の使用に関連して当該 CGU に賦課される内部管理費は，当該 CGU のキャッシュ・アウトフローから除かなければならない。そうしなければ，同一の項目に関連する要素により，CGU の帳簿価額が増加する一方で，当該 CGU の使用価値は減少することとなる。

ⅱ．日常的な保守
　将来キャッシュ・フローの見積りには，資産の現在の状態から生じることが予想される現在の経済的便益の水準を維持するために必要な将来キャッシュ・フローが含まれる。資産は，通常，使用により劣化し，構成部品は摩耗することとなる。基準では，キャッシュ・フローを見積もる際に，現在の能力を維持するための資産の維持管理に関するキャッシュ・アウトフローを考慮することを明確にしている。
　さらに，CGU が耐用年数の異なる資産で構成されていて，そのすべてが当該 CGU の継続的な営業に不可欠なものである場合には，耐用年数が短い資産の取替えは，当該 CGU に帰属する将来キャッシュ・フローを見積もる際に，当該 CGU の日常的な保守の一部とみなされる。このことは，取替コストは当

該CGUの維持費とみなされ，当該CGUに帰属する将来キャッシュ・フローに含まれることを意味する。

なお，単一の資産が耐用年数の異なる構成要素で構成されている場合にも，同一の原則が適用される（IAS第36号第49項）（耐用年数の異なる構成要素で構成される資産についての取扱いは，第Ⅱ部第2章1．「当初認識における認識規準」（16頁）を参照）。

⑥　インフレーション

インフレーションに関する仮定は，次のうちいずれかの方法で扱う。

(a)　現在の価格によるキャッシュ・フローを予測する方法

将来のインフレーションは予測しない方法であり，キャッシュ・フローは実質割引率，すなわちインフレーションの影響を除いた利回りで割り引かれる。

(b)　収益および費用におけるインフレーションの見積りを含めてキャッシュ・フローを予測する方法

キャッシュ・フローは名目割引率，すなわちインフレーションの影響を含む利回りで割り引かれる。

いずれの方法においても，キャッシュ・フロー予測と割引率の選択において，インフレーションを首尾一貫して扱うことが重要である（IAS第36号第40項）。

⑦　外貨のキャッシュ・フロー

将来キャッシュ・フローが外貨建てになると予想される場合，将来キャッシュ・フローは，その通貨で見積もり，さらに当該通貨についての適切な割引率を用いて割り引かれる。そのうえで，外貨表示された当該現在価値を，使用価値の計算日現在の直物為替レートを用いて換算する（IAS第36号第54項）。

なお，減損の検討日時点で存在する先渡レートを，使用価値による減損テストに使用することは明確に禁じられているので，注意が必要である。直先差額は金利を考慮したものであるが，キャッシュ・フローは割り引かれることとなるため，貨幣の時間価値はその段階ですでに考慮されているためである。

また，IAS第36号は，外貨建ての将来キャッシュ・フローを予測し，それを

将来時点における見積直物レートで換算することも認めていない。これは，そのような見積りを信頼性をもって行うことはできないとされたためである（IAS 第36号 BCZ49項，BCZ50項）。

⑧ 将来のリストラクチャリング，および資産の性能を改善または拡張する支出

使用価値を算定する際，将来キャッシュ・フローは，資産およびのれんの現在の状態において見積もらなければならない。将来のリストラクチャリングによる将来のコストと便益は，企業が当該リストラクチャリングに対してコミットし，関連する引当金を計上している場合を除き，キャッシュ・フローの予測において認識してはならない。

また，資産もしくは事業の改善または拡張を目的とする将来の支出から生じるコストと便益は，キャッシュ・フローの予測において考慮してはならない（IAS 第36号第44項，第45項）。

i．将来のリストラクチャリング

使用価値の算定において，将来のリストラクチャリングと拡張のための資本的支出から生じるコストと便益の考慮が制限されているという点は，厳しい制限といえる。

(a) 基準上の制約

減損の検討は，経営者によって正式に承認された直近の予算および予測を基礎にしなければならないが（IAS 第36号第33項），経営者がリストラクチャリングおよび設備投資計画を承認している場合は，正式に承認された直近の予算および予測には，通常，計画されたリストラクチャリングおよび資本的支出によるコストと便益の両方が含まれていると考えられる。例えば，リストラクチャリング等による製造原価の節減，より高品質な産出物からの追加的な収益，等が，承認される予算や予測に反映されていることが一般的である。

しかし，財務諸表においてリストラクチャリングのコストに対する引当金を認識するのは，リストラクチャリングを正式な予算および計画に含めた時点よりも後ろ，例えば，資産について減損の検討を実施する貸借対照表日より後に

なる場合がある。この場合は，関連するコストと便益を取り除くために予測を調整しなければならない。

　リストラクチャリングとは，経営者が立案し統制している計画であって，企業が従事する事業の範囲または事業を運営する方法を大きく変更するものをいうが（IAS 第36号第46項），IAS 第37号「引当金，偶発負債及び偶発資産」は，リストラクチャリングに対する引当金を財務諸表において認識するために準拠すべき条件を詳しく規定している。

　特に，企業が貸借対照表日前に次のいずれかを行っていない限り，貸借対照表日前に行われたリストラクチャリングの決定は，『引当金を認識する誘因となる』推定的債務を発生させないとしている（IAS 第37号第75項）。

① リストラクチャリング計画の実施を開始している。
② リストラクチャリングの影響を受ける人々に，企業がリストラクチャリングを実行するであろうという妥当な期待を生じさせるのに十分なほど具体的な方法で，リストラクチャリング計画の主要な特徴を公表している。

　IAS 第36号では，リストラクチャリング引当金の計上／未計上によって取扱いを分けている（IAS 第36号第47項，第48項）。

- 貸借対照表日までに当該規準を満たし，リストラクチャリングのコストに対する引当金が財務諸表に計上されている場合
  ⇒リストラクチャリングによる支出や人件費削減のような関連する便益も，使用価値算定におけるキャッシュ・フローの予測へ反映する。
- 貸借対照表日までに当該規準が満たされず，したがって，リストラクチャリングのコストに対する引当金が計上されていない場合
  ⇒組織再編から生じるコストおよび便益も，使用価値の算定において考慮してはならない。
  ⇒基準に準拠するために，計画されたリストラクチャリングによる支出および関連する便益を正式に承認された予算および計画から取り除く必要がある。

(b) 実務上の対応

　計画されたリストラクチャリングまたは改善を目的とした資本的支出に関するキャッシュ・インフローとキャッシュ・アウトフローを取り除くことが容易でない場合がある。

　例えば，仮に想定どおりに事業が成長せず，現状のまま停滞する場合に，将来の収益がどうなるかを予測するのは，現に計画済みのリストラクチャリングが行われない場合の，まさに仮定の話である。したがって，計画されたリストラクチャリングまたは資本的支出が行われない場合の見積キャッシュ・フローを示すために，予算を調整するのは困難が想定される。

　使用価値に対するこれらの制限から，実務上，回収可能価額の算定の基礎として，処分コスト控除後の公正価値が使用される場合もある。

　これは，多くの場合，処分コスト控除後の公正価値が使用価値を上回るためである。リストラクチャリングを行うことが予測されるが，まだ引当金は計上されておらず，かつ，市場参加者も同様にリストラクチャリングを行うと仮定するのが合理的な場合で，処分コスト控除後の公正価値に影響を与える可能性があるその他の要因がなければ，処分コスト控除後の公正価値に基づく計算結果は，（リストラクチャリングを行わない前提の）使用価値に基づく計算結果より高い金額となる可能性が高い。

(c) 設例による説明

　ここで，具体的な設例により，将来のリストラクチャリングの取扱い，減損の計算，およびリストラクチャリング引当金の認識との相互関係を示す。

　ポイントは次の3点である。
- 減損損失の認識時点は，リストラクチャリングが，引当金を財務諸表において認識するほど十分に進行しているかどうかによって異なる。
- 経営者がリストラクチャリングによって減損の回避を見込んでいたとしても，使用価値だけを用いて減損損失を算定した場合は，減損損失を早い時期に認識することとなり，その後のリストラクチャリング実施時に当該減損損失の戻入れ（第7章「減損損失の戻入れ」（363頁）において詳述）が発生する。

- 同じ状況で，処分コスト控除後の公正価値を用いて減損を計算した場合は，減損損失が発生しない可能性がある。

| ケーススタディⅣ－4－4 ▶ 計画された将来のリストラクチャリング |

| 前 提 |

X1年12月31日時点で，CGU の資産について減損の検討を行っている。当該 CGU の純資産は6,500百万円（リストラクチャリング引当金を除く）である。認識されている資産の残存耐用年数は8年である。

●承認された予算

経営者によって承認された X1年12月31日時点の予算には，X2年度に発生する予定のリストラクチャリングのコスト350百万円が含まれている。

リストラクチャリングにより，X3年度以降毎年100百万円のコスト削減が期待されている。

正式な予算は，X4年12月31日までの3年間分作成されている。

●市場環境と将来キャッシュ・フロー見積り

市場は極めて競争が激しく，この状態が当面続くと見込まれているため，減損の検討に際しては，X5年度以降については成長率ゼロと仮定している。

将来キャッシュ・フローの見積りは次の表のとおりである。こちらの表には，それらの見積りから計画されたリストラクチャリングによるコストと便益を除いた数値も併記している。

X2年度では，リストラクチャリングを考慮しない正味のキャッシュ・フロー（870百万円）は，リストラクチャリングのコストの金額（350百万円）だけリストラクチャリングを考慮した正味のキャッシュ・フロー（520百万円）よりも多くなっている。

●その他の前提

将来キャッシュ・フローは，4％の割引率で割り引いている。

単純化のため，キャッシュ・フローは各年度の期末に発生すると仮定する。当該 CGU に，のれんは存在しない。

（単位：百万円）

年度	リストラクチャリングを考慮した場合		リストラクチャリングを考慮しない場合	
	正味の将来キャッシュ・フロー	現在価値	正味の将来キャッシュ・フロー	現在価値
X2	520	500	870	836
X3	1,000	925	900	832
X4	1,050	933	950	845
X5	1,050	898	950	812
X6	1,050	863	950	781
X7	1,050	830	950	751
X8	1,050	798	950	722
X9	1,050	767	950	694
使用価値		6,514		6,273

> 考え方

A：X1年12月31日時点でリストラクチャリングのコストに対する引当金が認識されている場合

　リストラクチャリングのコストに対する引当金が計上されている場合は，リストラクチャリングのコストと便益は，CGUの使用価値の算定にあたって考慮する。

　この設例では，リストラクチャリングを考慮した使用価値（6,514百万円）は，CGUの帳簿価額（6,500百万円からリストラクチャリング引当金350百万円を控除した額）を超えている。したがって，当該CGUの資産について減損は発生していない。

　結果，X1年12月31日に終了する事業年度において，財務諸表上，以下のコストが計上されることとなる。

リストラクチャリング引当金	350百万円
減損損失	ゼロ

B：×1年12月31日時点でリストラクチャリングのコストに対する引当金が認識されていない場合

　IAS第37号により，リストラクチャリングのコストに対する引当金の計上が認められない場合，リストラクチャリングのコストと便益は，CGUの使用価値の算定にあたって，キャッシュ・フローの予測から除外する必要がある。

　この設例では，CGUの帳簿価額（6,500百万円）は，リストラクチャリングを考慮しない使用価値（6,273百万円）を超えている。したがって，227百万円の減

損損失が発生している。
　X1年12月31日に終了する事業年度において，財務諸表上，以下のコストが計上される。

減損損失	227百万円
リストラクチャリング引当金	ゼロ

ii．資産の性能を改善または拡張する将来の支出
　将来の支出が資産の性能を改善または拡張する場合，当該将来の支出と関連する便益は使用価値の計算から除外する（IAS 第36号第44項）。改善を目的とした資本的支出は除外することになるが，資産またはCGUの現在の性能水準を維持するために必要な支出は含めることになる（IAS 第36号第49項）。

(a)　減損検討の対象が個別の固定資産の場合
　性能を改善または拡張するための将来の支出（以下，「資本的支出」という）の取扱いには，慎重な検討が必要であるが，減損の検討対象が個別の固定資産の場合には，この取扱いは比較的単純である。
　使用価値の測定において，資産の見積耐用年数にわたって当該資産を維持するのに必要な支出は考慮されるが，当該資産の拡張または取替えは考慮されない。例えば，資産の耐用年数を5年から8年に延長するための支出は，資産性能の改善または拡張のための支出に該当し，このような事象が発生した時点で，新規の資本的支出が認識される。したがって，それまでは既存の資産のみが存在すると仮定することになる。

(b)　現在の性能水準を維持するための支出
　一方，支出がキャッシュ・フローから除外されない場合としては，例えば溶鉱炉の内部のような，単一の固定資産のうち資産の残りの部分とは異なる耐用年数を有する別個の構成要素の取替えまたは修復のための支出が挙げられる。この構成要素はより大きな単位の資産の一部を構成するため，その構成要素について個別に減損テストを実施する可能性は低い。IAS 第16号では，構成要素

の取替コストを資産化し，取り替えられた構成要素の帳簿価額がまだ残存している場合は，当該帳簿価額を全額費用処理することとされている。

しかしながら，IAS第36号では，当該構成要素の取替えまたは修復のための支出による予想される将来の費用は，あたかもより大きな単位の資産の日常的な保守の一部であるかのように取り扱われ，より大きな単位の資産の回収可能価額の評価に用いるキャッシュ・フローに含められる。

ケーススタディⅣ－4－5 ▶ 現在の性能水準を維持するためのコストの取扱い

前　提

溶鉱炉の帳簿価額について，減損の検討を行っている。

溶鉱炉の耐用年数は20年だが，5年ごとに内部の取替えが必要である。

IAS第16号に基づき，この溶鉱炉の内部は別個の資産の構成要素として取り扱われる。

したがって，内部の取替コストは5年間にわたり，溶鉱炉の他の部分は20年間にわたり減価償却される。

ポイント

現在の性能水準を維持するためのコストは，将来キャッシュ・フロー予測に含まれる。

考え方

溶鉱炉の使用価値の算定にあたっては，溶鉱炉の20年の耐用年数のうちの残存耐用年数の期間に係る正味キャッシュ・フローの予測に，当該5年ごとの内部の取替えに関するコストを含めることとなる。

これは，当該支出が現在の溶鉱炉の性能水準を維持するのに必要であるためである。

CGUの中で他の資産とは異なる見積耐用年数を有するCGUの資産に対しても，同一の原則が適用される。IAS第16号では，このような資産の取替えまたは原状回復コストは，同基準の認識規準を満たす場合に，資産化されることとなる。

IAS第36号では，これらの取替えまたは原状回復に関する見積キャッシュ・フローは，資本的支出であるが，CGUの減損の計算からは除外しない。これは，減損の計算においては，これらのコストは当該CGUの日常的な保守コス

トとみなされるためである。これらのコストは，CGU の現在の性能を維持させているだけで，拡張はしていない。

キャッシュ・フローに将来の支出を含めるその他の状況としては，費消した資産の経済的便益を回復させるための固定資産の不具合に対する大規模な検査に関する支出が挙げられる。IAS 第16号では，このような支出は，同基準の認識規準を満たす場合に，固定資産の取得原価の一部として認識される。

しかし，IAS 第36号では，このようなオーバーホールまたは検査に関する見積将来キャッシュ・フローを資産の減損の計算から除外していない。当該検査は，上記のように資産または CGU の別個の構成要素と同様に扱われることとなるためである。

(c) 設例による説明

ここで，具体的な設例により，将来に改善を目的とした支出を行うことを計画している場合に，どのように資産の使用価値を算定するのかを説明を行う。

ケーススタディⅣ-4-6 ▶ 改善を目的とした支出

前提

X1年12月31日時点で，クルーズ船の減損の検討を行っている。この船が1つの CGU で，帳簿価額は72,000千円，見積残存耐用年数は10年である。また，耐用年数到来時の残存価額は6,000千円と見積もられている。

投資計画

経営者は，この船の乗客定員数を増加させるための大規模な投資計画を承認した。作業は X4年度中に実施予定であり，これにより乗客収益の大幅な増加および運航コストの減少がもたらされると予想している。また，残存耐用年数は2年延長されると予想している。

この新規投資の見積費用は8,000千円である。また，この改修を実施している間，この船は運航停止となり，この結果，X4年度は純額でキャッシュ・アウトフローとなる。

使用価値の算定

経営者は，この船の使用価値により回収可能価額を評価している。

使用価値の算定にあたっての将来キャッシュ・フローは，以下のように見積も

られている。次の表には，資産の現在の性能水準を拡張するため計画している8,000千円の将来の支出（以下「CAPEX」という）によるコストと便益について，それを含む場合と除く場合のそれぞれの数値情報を記載している。

なお，「現在価値」算定に用いた割引率は6％である。

(単位：千円)

年度	新規CAPEXを含む場合		新規CAPEXを除く場合	
	正味の将来キャッシュ・フロー	現在価値	正味の将来キャッシュ・フロー	現在価値
X2	8,300	7,830	8,300	7,830
X3	8,500	7,565	8,500	7,565
X4	(4,000)	(3,358)	8,500	7,137
X5	10,500	8,317	8,500	6,732
X6	10,800	8,070	8,285	6,191
X7	11,050	7,790	8,078	5,695
X8	11,250	7,482	7,876	5,238
X9	11,450	7,184	7,679	4,818
Y0	10,990	6,505	7,487	4,431
Y1	10,550	5,891	13,300	7,427
Y2	10,130	5,336		
Y3	15,725	7,815		
使用価値		76,427		63,064

考え方

X1年12月31日時点の減損の検討においては，将来の支出および関連する便益は使用価値の計算から除外すべきである。それにより，この船の現在の形態および状態において減損テストが実施される。その結果，現状のこの船の使用価値の見積額（63,064千円）は帳簿価額（72,000千円）を下回る。よって，8,936千円の減損損失を認識しなければならない。

ⅲ．建設中の資産

使用価値の計算に含めるキャッシュ・フローを検討する際に，建設中の資産も考慮する必要がある。

例えば，建設中の建物または未完成の開発プロジェクトなどのように，資産の帳簿価額に，当該資産を使用できる状態にするまでに発生するはずのすべて

のキャッシュ・アウトフローがまだ含まれていない場合に，何を将来キャッシュ・フローの見積りに含めるかについて，IAS第36号は具体的なガイダンスを示している。

すなわち，将来キャッシュ・フローには，当該資産の使用または売却の準備ができる前に発生が見込まれる追加的な将来キャッシュ・フローの見積りを含むとしている（IAS第36号第39項(b)，第42項）。これとの整合性の観点からは，当該資産の完成後に予想されるキャッシュ・インフローも含めるべきである。

Short Break 減損テストの簡素化へ向けた動き

国際会計基準審議会（IASB）は，IFRS第3号「企業結合」の適用後レビュー（Post-implementation review）の結果を受けて，「のれんおよび減損」リサーチ・プロジェクトを設定し，減損に関わる要求事項の改善等の審議を進めている。

当該プロジェクトの目的の1つは，投資家への情報を減らすことなく減損テストの簡素化を図ることであり，その目的を達成するためのいくつかの改善案が断続的に議論されてきた。

2018年1月のIASB会議においては，次に示す2つの論点に関して基準の改訂（要求事項の削除）を進めることが暫定決定されている。実際に改訂されれば，少なからず実務への影響も考えられ，今後の動向に留意が必要である。

① <u>使用価値の算定における税引前割引率等の使用に関する要求事項の削除</u>

現行のIAS第36号は，使用価値の算定において，税引前のキャッシュ・フローを見積もることを要求している。当該要求事項は，法人所得税の将来キャッシュ・フロー予測からの除外だけでなく，税引前割引率の使用も含んでいる（IAS第36号第55項，第50項および第51項）。また，キャッシュ・フロー予測に適用した税引前割引率の開示が求められている（IAS第36号第134項(d)(v)）。

しかし，一般的に税引前の割引率を入手することは困難であり，実務上，企業が税引後の割引率と税引後キャッシュ・フローを使用し，開示要求を満たすためだけに税引前の割引率を別途算定する等の対応が広く行われている。また，税引前割引率の開示が要求されているのも，財務諸表利用者が（税引後ではなく）税引前の割引率を特に重視しているためというよりも，使用価値の算定にあたり税引前のインプットが使用されることへの対応に過ぎないと考えられる。

IASB会議における上記の暫定決定は，これらの状況を踏まえたものである。

② 使用価値の算定における将来キャッシュ・フローの見積りに関する制限の削除

IAS第36号では，使用価値の計算のための将来キャッシュ・フローは，資産の現在の状態で見積もられるべきであり，企業がまだコミットしていない将来のリストラクチャリングや資産の性能の拡張から生じると見込まれる将来キャッシュ・インフローまたはアウトフローの見積りを反映してはならないとされている（IAS第36号第44項，第45項）。

IASBは，当該制限について，財務諸表利用者にとって有用ではない情報を提供するだけでなく，作成者に過大なコストを課すものと考えた。つまり，現行基準における上記制限に対応するためには，将来キャッシュ・フローを2つの構成要素に分割（例えば，予測される資本的支出を，維持管理のための支出と拡張のための設備投資に分離）する必要があるところ，その分割はおそらく恣意的になされ，結果的に，提供される情報の有用性が損なわれる可能性があるということである。

この問題意識を背景として，IASB会議において，将来のリストラクチャリングまたは拡張から生じるキャッシュ・フローに係る制限の削除を検討することが暫定決定されている（*）。

(*) 上記暫定決定後のIASB会議において，現行の規定を単純に削除するとした場合には使用価値の見積りにおいて許容できない程度に楽観的なインプットが使用される懸念が示された。

この懸念を受けて，2018年5月のIASB会議において，将来のリストラや資産の性能の拡張から生じると見込まれるキャッシュ・フローのうち，経営者が実施する可能性のほうが高い（more likely than not）場合は予測に含めるべきことを明確にすることが暫定決定された。

⑨ 減損テストにおける欠損金の取扱い

会社が税務上の欠損金を有している場合，減損テストにおいて，当該欠損金による支払税金への影響を含めない。

課税対象の事業から構成されるCGUに繰越欠損金が含まれている場合，この欠損金によって，将来の期間にわたって，税金の支払がより少ない額となる場合がある。もしくは，テスト対象のCGUまたは資産に明確に帰属する欠損金はないとしても，それらのCGUまたは資産に配分可能な欠損金が企業内のいずれかにある場合がある。

CGUまたは資産に帰属する欠損金があったとしても，CGUの回収可能価額

は変更されない。これは，欠損金の有無以外は同一の条件のCGUがあるとした場合に，そこでの価値の差は，欠損金の価値に関するものであり，IAS第36号に基づく減損テスト対象資産の価値とは関係ないためである。したがって，このような欠損金は，減損テストから除く必要がある。

これは，使用価値および処分コスト控除後の公正価値に適用される。

場合によっては，事業の処分に伴い欠損金も売却されることはあるが，新しい所有者がこれらの欠損金から得られる便益を実現できるかどうかは不確実性を伴う。そのため，これらは通常，別個の取引として取り扱われる（IAS第36号第53A項）。

(5) 割引率

投資意思決定においては，期待将来キャッシュ・フローに関するリスク，および貨幣の時間価値を考慮するが，これらは，資産の使用価値の測定にも反映される。

将来キャッシュ・フローの予測は，貨幣の時間価値と資産に固有のリスク（将来キャッシュ・フローの見積りを調整していないもの）の両方に関する現在の市場の評価を反映した税引前の利率で割り引く。これは，（処分コスト控除後の公正価値が使用価値を上回る場合を除き）帳簿価額に対して現在の市場の期待収益率を獲得できないと見込まれる場合には，当該資産は減損しているとみなされることを意味する（IAS第36号第55項）。

市場の期待収益率は，検討対象の資産またはCGUから得られると期待するキャッシュ・フローと金額，時期およびリスク特性が同等のキャッシュ・フローを生み出す投資を投資者が選択するとした場合に，投資者が要求するであろう利回りである。

この利率は，当該資産の購入資金を調達する方法とは無関係である。この利率の見積りは，類似資産の現在の市場取引から見積もるか，あるいは検討中の資産とサービスポテンシャルやリスクが類似している単一の資産（または1組の投資資産）を有する上場企業の加重平均資本コスト（WACC）から見積もる（IAS第36号第56項）。

① 割引率の見積りの考慮要因

資産に固有の利率を市場から直接入手利用できない場合，その代替として，可能な限り，次の項目についての市場の評価を反映した適切な割引率を見積もる必要がある（IAS 第36号第57項，A16項）。

> - 資産の耐用年数の終了時までの期間の貨幣の時間価値
> - 将来キャッシュ・フローの金額または時期が見積りとは異なる結果となるリスク
> - 資産に固有の不確実性を負担するための価格
> - その他，市場参加者が割引率に反映する要因（流動性など）

また，割引率の見積りに際しては，次の利率を考慮に含める（IAS 第36号 A17項）。

> - 資本資産価格モデル（CAPM）のような技法を利用して決定した，当該企業の加重平均資本コスト
> - 当該企業の追加借入利子率
> - その他の市場借入利率

さらに，これらの利率は，見積キャッシュ・フローに関する特定のリスクを市場が評価する方法を考慮に入れ，また，見積キャッシュ・フローに関連しないリスクや見積キャッシュ・フローが調整されているリスクを排除するために，適宜調整しなければならない。

調整を検討すべき要因には，以下が挙げられる（IAS 第36号 A18項）。

> - カントリーリスク（例えば，政情不安のリスクなど）
> - 通貨リスク（例えば，通貨の切下げのリスクなど）
> - 減損テストの対象となる資産の性質（無形資産は，より高いリスクがあるなど）

> キャッシュ・フローが楽観的な目標または背伸びした目標でないかどうか
> 価格リスク（例えば，競争圧力により値下げを強いられるリスクなど）

次のケーススタディでは，カントリーリスクや通貨リスクなどを，割引率へどのように織り込むべきかを説明している。

ケーススタディⅣ－4－7 ▶ カントリーリスクと通貨リスクが割引率に与える影響

[前提]

ある米国の企業の連結貸借対照表上，重要性のあるのれんと耐用年数を確定できない無形資産が計上されている。これらは，最近行った複数の買収によって発生したものである。

この企業は，米国内で商品を製造し，当該商品を現地で販売し，かつヨーロッパへの輸出も行っている。企業の機能通貨は米ドルであり，財務諸表は米ドルで表示されている。

IAS 第36号に基づき初めて減損の検討を実施する際に，経営者は現地の米ドルのリスクフリー・レート，現地の市場リスク・プレミアムおよびカントリーリスク・プレミアムに基づく割引率を使用することを計画している。この割引率は，各CGUの米ドル建てのキャッシュ・フローの予測に適用される。

[ポイント]

割引率の見積りに際しては，見積キャッシュ・フローに関連しないリスク等を排除するため，適宜調整が必要である。

[考え方]

経営者によるこのアプローチは適切ではない。

米ドルのリスクフリー・レートには，当該国および現地通貨への投資に関連して認識されたリスクが含まれている。したがって，カントリーリスク・プレミアムを加えると，二重計算となる。

キャッシュ・フローの予測がユーロなどの異なる通貨により作成されている場合に限り，通常，別個にカントリーリスク・プレミアムを加えることが適切となる。

キャッシュ・フローの予測の基礎となっている仮定と割引率を整合させること

が常に重要となる。

② 割引率算定における注意点
ⅰ．国，部門別の割引率
　同一グループ内であっても，異なる事業部門に適用される利率は，各部門に特有のリスク要因を反映するために，異なるものとなる可能性がある。

　異なる国における取引活動および投資には，例えば通貨リスクや政治リスクなどといった異なるリスクがある可能性が高いが，資金調達をしている国の利率ではなく，CGUが営業している国（または主要なキャッシュ・フローがその国の通貨から発生している国）の利率が適切となる。

　異なる事業分野もまた異なるリスクを発生させる。例えば，バイオテクノロジー企業には，規制された公共事業よりも高い市場リスクが存在するだろう。一般的に，キャッシュ・フローに係る不確実性が高まるほど，投資のリスクは高くなり，割引率を上昇させるリスク調整が大きくなる。

ⅱ．資金調達方法との関係
　割引率は，当該企業の資本構成や企業による当該資産またはCGUの購入資金の調達方法とは無関係である。これは，資産から生じる将来キャッシュ・フローは，資産の購入資金の調達方法に影響されないためである（IAS第36号A19項）。

ⅲ．異なる期間の割引率
　企業は，通常，資産の使用価値を見積もる際に単一の割引率を使用する。
　しかし，使用価値が，異なる期間における異なるリスクの影響を受ける場合，あるいは資産の耐用年数にわたる利子率の構成に影響を受ける場合には，異なる将来の期間ごとに別個の割引率を使用する（IAS第36号A21項）。

ⅳ．二重計算の回避
　二重計算を避けるために，将来キャッシュ・フローの見積りに反映されてい

るリスクを割引率に反映してはならない（IAS 第36号第56項，A15項）。割引率は，見積キャッシュ・フローに固有の仮定と整合する仮定を反映しなければならない。

　例えば，減損テストのための期待キャッシュ・フロー（契約キャッシュ・フローではなく）を算定するにあたって，契約上のキャッシュ・フローに債務不履行リスクを組み込む調整をしている場合，二重計算を避けるためには，その期待キャッシュ・フローを現在価値に割り引く際の利率に，債務不履行リスクを含めてはならない。したがって，リスク調整後期待キャッシュ・フローを算定する際に用いる利率と，算定された期待キャッシュ・フローを現在価値へ割り引くための利率とは異なる。

ⅴ．インフレーションの影響への考慮

　インフレーションもまた，現在価値の計算に際して整合的な取扱いが求められる。将来キャッシュ・フローを現在の貨幣価値で見積もっている場合には，割引率は実質利子率となる（すなわち，インフレーションの影響は除かなければならない）。一方，将来キャッシュ・フローの見積りにおいてインフレーションの影響を考慮している場合には，適合する割引率は名目利子率となる（すなわち，インフレーションの影響を含む）。

③　税引前の利率

　使用価値の算定に用いる割引率は税引前のものでなければならない（IAS 第36号第55項）。したがって，使用価値の算定においては，CGU の税引前キャッシュ・フローを税引前の利率で割引計算することとなる。

　税引前の割引率を容易に入手できる場合には問題は特にない。しかし，多くの場合，観察可能な市場収益率は税引後の利率のみである（例えば，企業の加重平均資本コスト（WACC））。

　この点，IAS 第36号は，税引後の利率を，税引前のものに修正することを要求しており（IAS 第36号 A20項），経営者は，税引後の利率を修正して，税引前の利率を見積もる必要がある。

　ここで，税引後キャッシュ・フローと税引後の割引率を用いて算定した使用

価値は，税引前の割引率を税引前キャッシュ・フローに対して適用した場合と，同様の結果になるようにも思える。

たしかに，繰延税金を考慮する必要がない場合，すなわち，減損テスト実施時点における税務上のすべての資産および負債の金額が財務会計上の当該資産および負債の帳簿価額と一致している場合には，両者は一致するはずである。しかし，繰延税金が存在する場合には，必ずしも同様の結果になるとは限らない。すなわち，税引前の割引率は必ずしも税引後の割引率を法定税率で割り戻したものではないという点に留意しなければならない（IAS 第36号 BCZ85項）。

ケーススタディⅣ－4－8 ▶ 税引前の割引率の算定

前 提

企業 A は，市場の仮定に基づいて WACC を 8 ％と計算した。

経営者は，この利率が税引後の利率であることを認識しており，よって，この 8 ％の割引率を企業 A の所在国の法定税率35％を用いて割り戻すことにより，税引前の割引率を算定しようとした。

この計算結果は，12.3％（＝ 8 ％÷0.65）である。

ポイント

繰延税金を考慮する必要がある場合，税引前の割引率は，税引後の割引率を単純に法定税率で割り戻すだけでは算定できない。

考え方

上記前提にある考え方は必ずしも正しくない。

将来税金キャッシュ・フローの特定の金額と実現時期が当該利率に反映されている場合に限り，この12.3％は正しい税引前の割引率となる（IAS 第36号 BCZ85項）。すなわち，割り戻された割引率は，繰延税金が存在しない場合に限り適切なものとなる。

繰延税金がある場合には，反復計算を実施する必要が生じる。この反復計算では，減損後の帳簿価額が新たな繰延税金のトリガーとなり，当該繰延税金により帳簿価額が再び変動する点が考慮されることになる。

上記ケース・スタディで示した反復計算を含めて，税引前の割引率を算定するプロセスについて，以下で説明する。

ⅰ. 税引後割引率の税引前割引率への変換

　税引後の割引率を税引前の割引率に変換する２段階の反復計算のプロセスを経ることによって，資本市場で直接観察可能な税引後の割引率から，税引前の割引率を導き出すことができる。

　２段階の反復計算のプロセスとは，次の計算過程を指す。

> （第１段階）　税引後キャッシュ・フローを税引後の割引率で割り引く。
> （第２段階）　税引前キャッシュ・フローに適用した場合に第１段階の計算結果と同一の結果を導き出す税引前の割引率を決定する。

　税引後キャッシュ・フローは，将来の税金キャッシュ・フローの金額だけでなく，その発生時期も反映していなければならない。

　なお，繰延税金が存在する場合は，より複雑な計算が必要になるが，その詳細については，後述のⅱで説明する。

(a) ２段階の反復計算（第１段階）
- 実際の税金支払額の予想額を計算し，税引前キャッシュ・フローの予測から税引後キャッシュ・フローを求める。
- 資本市場で観察可能な情報から導き出した適切な税引後の割引率で，この税引後キャッシュ・フローを割り引く。

　税引後の割引率を導き出す出発点として，（企業の追加借入利子率，その他の市場借入利率ではなく）企業の加重平均資本コスト（WACC）を考慮に入れる。これはWACCが市場参加者の利用する利率と類似している場合，資産またはCGUに特有のリスクを，通常，よく反映するためである（IAS第36号A17項）。このWACCは，資産またはCGUの見積キャッシュ・フローに関連する特有のリスク（例えば，カントリーリスク，通貨リスク，価格リスク等）について調整されなければならない。当該企業のWACCを入手できない場合には，同業者グループのデータを用いてWACCを見積もることが考えられる。

(b) 2段階の反復計算（第2段階）

第2段階では，税引前の割引率を算出する。当該割引率は，税引前キャッシュ・フローに適用すると，第1段階で得た結果と同じ結果を得られる利率である。

実務上，この利率は，内部収益率の計算と同様の方法によって計算される。

ⅱ．税引後割引率の税引前割引率への変換（繰延税金が存在する場合）

繰延税金がすでに存在する場合，つまり，減損テストの実施日時点で資産の帳簿価額と税務基準額との間に差異が存在する場合は，プロセスはより複雑になる。

(a) 二重計算の問題

繰延税金がすでに存在する場合，二重計算の問題が発生する。

繰延税金は，平たくいえば，資産の回収時に発生する将来の税効果を貸借対照表上に計上するものである。したがって，例えば，利用可能なすべての税務上の損金算入をすでに行っているためCGUに関する将来の税金支払額が増加する場合は，この将来の増加相当部分を繰延税金負債として認識することとなる。税引後キャッシュ・フローを使用して使用価値を計算する場合，使用価値の測定においては，将来の税金支払額増加部分がキャッシュ・アウトフローとして含まれ，その分だけ使用価値は減少する。

一方，（IAS第36号第76項で要求されるように）CGUの帳簿価額から当該繰延税金負債を除く場合，CGUの帳簿価額は増加することとなる。

このことは，当該減損テストでは，もはや同一条件での比較が行われていないことを意味する。すなわち，繰延税金負債を除くことにより増加したCGUの帳簿価額と税金に係るキャッシュ・アウトフローにより押し下げられた使用価値の算定額を比較することになる。

その結果，減損を示す結果となる可能性が高まるが，この場合の減損は，将来の税金支払額増加によるキャッシュ・アウトフローの影響を含むこととなる。一方で，将来税金に係るキャッシュ・アウトフローは繰延税金としてすでに計上されているため，この要素を減損として計上するのは適切ではない。

これが二重計算の問題であり，IAS 第36号でもこの問題を認識されている。二重計算を避けるため，回収可能価額を算定する際に，すでに計上されている繰延税金による影響を除くべきであると述べている（IAS 第36号 BCZ82項）。

しかしながら，この影響をどのように除くべきかについては，基準上明確にされていない。

(b) 二重計算の問題への対応

二重計算の問題があるため，重要な繰延税金がすでに存在する場合，使用価値によるテストが，CGU の回収可能価額を算定するための最適な方法とならない可能性がある。

実務でこのような状況に直面した場合は，使用価値によるテストを調整して二重計算を避ける方法を検討するか，処分コスト控除後の公正価値によるテストの使用を検討することが実務的である。

以下，税引後の情報から IAS 第36号に基づく使用価値と税引前の割引率をどのように算出するかを説明する。まず(c)で，実務上見られるが適切とはいえない処理を紹介し，それらに対する実務的な（より簡便な）対応法を(d)で説明する。さらに(e)では，(d)の方法だと十分でないような場合に採られるべき手法として，反復計算による税引前の分析を説明する。

(c) 税引前割引率の算定に関するよくある誤り

要求される税引前の利率は，税金控除後に，要求される税引後の収益率を達成できるような収益率であるが，以下，税引後の利率から税引前の利率を正しく算出する方法について，簡単な数値例を用いて説明する。

まずは，IAS 第36号の要求事項の潜在的な適用方法として一般に見かけるが適切とはいえない２つの方法を紹介する。いずれの方法も，そのままでは IAS 第36号の要求事項に基づく正しい使用価値を算定することができないものである。

それぞれの方法にどのような問題点があるのか，どういった対処法を取りうるのか，以下で説明する。

【前提】
　20X0年度の期末時点で，あるCGUの減損テストを実施している。
　法定税率は35％である。
➢減損テスト対象資産
　当該CGUには，2年前に2,400百万円で購入した特定の資産が含まれている。この資産の耐用年数は10年であり，20X0年度の期末時点での会計上の帳簿価額は1,920百万円（＝2,400百万円×8年／10年）となる。
➢税務上の取扱い
　当該資産については，税法上の特別措置によって，使用開始後3年間にわたって定額法による割増償却を行うことが認められている。
　したがって，20X0年度の期末時点での税務上の帳簿価額は800百万円（＝2,400百万円×1年／3年）である。
➢繰延税金負債
　20X0年度の期末時点での繰延税金負債の帳簿価額は392百万円（＝（1,920百万円－800百万円）×35％）である。
➢税引後の割引率
　当社のWACCをもとに8％と算定されている。

【よくある誤り（その1）】
　資産に帰属する「税引後キャッシュ・フロー」を税引後の割引率8％で割り引く。「税引後キャッシュ・フロー」は，税金に係るキャッシュ・アウトフローが税引前利益に標準税率を乗じた金額と等しくなると仮定して，算定されている。これについて，次の表により説明する。
　当該資産からの20X1年度の税引前利益を125百万円と見積もり，その後7年間は毎年5百万円ずつ増加すると見込んでいる。この増加率の適切性を検討した結果，合理的であると判断した。
　したがって，問題となっている7年間の税引前利益は以下のとおりとなる。

(単位:百万円)

年度	20X1	20X2	20X3	20X4	20X5	20X6	20X7	20X8
税引前利益	125	130	135	140	145	150	155	160
(+) 減価償却費	240	240	240	240	240	240	240	240
税引前キャッシュ・フロー	365	370	375	380	385	390	395	400
見積税額 (税引前利益 ×35%)	(44)	(46)	(47)	(49)	(51)	(53)	(54)	(56)
税引後見積キャッシュ・フロー	321	325	328	331	334	338	341	344

　上記の見積キャッシュ・フローを税引後の割引率8％で割り引いた結果，使用価値は1,904百万円となる。

【よくある誤り（その2）】

　税引前キャッシュ・フローを，税引後の割引率を法定税率で割り戻した利率によって割り引く。当該割引率は8％÷（1－0.35）＝12.3％となる。この方法で計算した結果，使用価値は1,866百万円となる。

【考え方】

　上記のように適用すると，正しい計算結果は得られない。

　これらは，各期のキャッシュ・フローの変動を考慮していないか，または繰延税金を無視しているためである。

　この場合，「よくある誤り（その1）」による使用価値を起点に，繰延税金に関する割引後のキャッシュ・アウトフローについて調整すれば，正しい使用価値が算定できる。

　ただし，これは複雑な反復計算となる。当該割引後のキャッシュ・アウトフローは税引前の使用価値に関するものであるため，計算結果が計算そのものにフィードバックされるからである。コンピュータを用いて計算するのが最善の解決策となる。

(d)　税引前割引率の算定①（実務的な対応）

　税引前割引率は，容易に入手できないことが多く，また(c)で紹介したように誤りが生じがちな領域であるが，いくつかの実務的な（あるいは概算による）対応方法が考えられる。

実務的な対応

1つの方法は，(c)で示した「よくある誤り（その1）」のように，税引後キャッシュ・フローを税引後の割引率で割り引いて計算する方法である。

この計算により，すぐに入手できるデータから減損が存在しているどうかに関する合理的な目安を知ることができる。減損が識別されなかった場合，使用価値がどの程度帳簿価額を超過しているかを考慮して判断することとなる。この超過額が十分に大きい場合，税引前の計算においても減損が発生する可能性はほとんどないと推測することが可能である。ただし，開示のために，税引前の割引率を見積もることとなる。

税引後の計算による超過額が十分に大きくない場合，後記(e)「税引前割引率の算定②（税引前の分析）」に示す税引前の分析を行い，正しい税引前の使用価値を識別する必要がある。この税引前の使用価値によって，税引前の減損損失および関連する繰延税金の影響額（ならびに開示のための税引前割引率）を算定できる。

(e) 税引前割引率の算定②（税引前の分析）

上記(d)の概算による方法がいずれも許容できないとみなされた場合は，税引前の分析が求められることになる。

要求される税引前割引率は，要求される水準の税引後収益をもたらすに足るだけの収益率（税引前）である。

以下の設例で，税引後割引率から税引前割引率を算出する方法を説明する。

〔設例〕 税引後割引率からの税引前割引率の算出

ステップ1：税引後のキャッシュ・フローを税引後の割引率で割り引く

税引後 (単位：百万円)

年度	20X0	20X1	20X2	20X3	20X4	20X5	20X6	20X7	20X8
営業利益		125	130	135	140	145	150	155	160
減価償却費／償却費		240	240	240	240	240	240	240	240
税引前CF		365	370	375	380	385	390	395	400
税額控除*		(800)	-	-	-	-	-	-	-
課税所得		(435)	370	375	380	385	390	395	400
税金CF ×（税率）		152	(130)	(131)	(133)	(135)	(137)	(138)	(140)
税引後CF		517	240	244	247	250	253	257	260
割引係数（%）	8.00	0.9259	0.8573	0.7938	0.7350	0.6806	0.6302	0.5835	0.5403
割引後CF		479	206	194	182	170	160	150	140
使用価値	1,681								

ステップ2：税引前の割引率を税引後の使用価値を用いた反復計算によって算出する

税引前 (単位：百万円)

年度	20X0	20X1	20X2	20X3	20X4	20X5	20X6	20X7	20X8
税引前CF		365	370	375	380	385	390	395	400
割引係数（%）**	15.4	0.867	0.752	0.652	0.565	0.490	0.424	0.368	0.319
割引後CF		316	278	244	215	188	166	146	128
使用価値	1,681								

* 資産の取得原価は2,400百万円で，課税対象の償却期間は3年である。20X1年は，企業が当該資産の償却に係る税金を主張する権利を有する最終年度である。

** 割引係数15.4%は，例えばエクセルのゴールシーク機能（IRRを算出する機能）を使用し，税引前キャッシュ・フローおよび使用価値に基づいて算定される。

（注） この設例は，税引前キャッシュ・フローから算定したのと同じ使用価値を，税引後キャッシュ・フローからも算定可能であることを示している。
ただし，単一の資産について使用価値を算定するものであり，20X1年度にのみ税金の影響を受けるという非常に単純化されたものである。

3．日本の実務との差異

(1) 将来キャッシュ・フローの見積りに利用する予算や予測

　IFRSでは，経営者の予算や予測に基づくキャッシュ・フロー予測は原則として最長5年とされている（IAS第36号第33項）。

　一方，日本基準では，取締役会等の承認を得た中長期計画の前提となった数値を基礎として将来キャッシュ・フローを見積もることとされているが，利用する予算や計画の最長期間に関する規定は特に設けられていない。

第5章 減損損失の認識

1．減損損失の認識

　資産またはCGUの回収可能価額が帳簿価額を下回っている場合には，当該資産またはCGUの帳簿価額をその回収可能価額まで減額しなければならない。この減額が減損損失となる（IAS第36号第59項）。

　減損対象が償却後原価で計上されている資産なのか，IAS第16号における再評価モデル等の他の基準に従って再評価額で計上されている資産なのかによって，減損損失の認識の仕方は異なる。図表Ⅳ－5－1は，この取扱いの違いを示している。

（図表Ⅳ－5－1）　減損損失の取扱い

償却後原価で計上されている資産 　減損損失をただちに純損益に認識する（IAS第36号第60項）。
再評価額で計上されている資産 　再評価の減額として，以下の処理を行う（IAS第36号第61項）。 ➤まず当該資産に係る再評価剰余金の金額を超過しない範囲で，当該再評価剰余金を減額する形で，その他の包括利益に認識する。 ➤次に，残りの減損損失額があれば，純損益に費用として計上する。

(1) 帳簿価額を超える減損損失

　減損損失の金額が，関連する当該資産の帳簿価額よりも大きい場合，企業は，当該資産をゼロまで減額しなければならない。この減額後の減損損失の残額については，他のIFRSにおける負債の認識要件を満たす場合にのみ，引当金を認識する（IAS第36号第62項，第108項）。

　例えば，予想耐用年数の終了前に資産が廃棄されてしまい，かつ，企業が，その資産が使われていた場所の原状回復を行う法的義務を有している場合が挙げられる。この場合には，資産の帳簿価額をゼロまで減額するだけではなく，その場所の原状回復コストに対する引当金を計上（またはすでに計上されている引当金を増額）することになる。

(2) 減損損失認識後の償却

　資産について減損損失を認識した場合は，減損後の帳簿価額から残存価額（もしあれば）を控除した金額を経済的残存耐用年数にわたって償却する（IAS第36号第63項）。

　資産の耐用年数と残存価額は少なくとも毎年再検討し，それらが現実的な数値であるか確認する必要がある。経験や状況の変化を踏まえて検討した結果，資産の耐用年数と残存価額が現実的でない場合は，それらを改訂しなければならないとされている（IAS第16号第51項）。

　減損があったという事実は，以前に見積もった資産の耐用年数が非現実的なほど長く，見積耐用年数を短縮する必要があることを示唆している可能性があるため，減損があった際には特に注意する必要がある。

　また，減損損失を認識した場合には，IAS第12号「法人所得税」に従って当該資産の帳簿価額をその税務基準額と比較することにより，関連する繰延税金資産または負債を算定する（IAS第36号第64項）。

2．減損損失の配分（資金生成単位への配分）

資産の回収可能価額を個別に見積もることができない場合には，その資産が属するCGUについて回収可能価額を見積もる必要がある（IAS第36号第66項）。この場合，集約されたCGUの純資産の帳簿価額がその回収可能価額を上回る場合に，CGU内のどの資産を減額すべきなのかという問題が生じる。

(1) 配分の順序

IAS第36号では，CGUに帰属する減損損失を，次の順番で，各資産を減額するように配分することを要求している（IAS第36号第104項）。
① CGUに配分したのれん
② CGUにおける他の資産（各資産の帳簿価額に基づき，比例按分する）

(2) 配分の限度

CGUに帰属する減損損失の配分に際しては，各資産を次のうち最も高い価額までしか減額してはならない。

- 処分コスト控除後の公正価値（測定可能な場合）
- 使用価値（算定可能な場合）
- ゼロ

上記の制限に該当していなければ当該資産に配分されていたであろう減損損失の金額は，当該CGUの他の資産に比例配分しなければならない（IAS第36号第105項）。

また，各資産の減額の上限合計が減損損失全額に満たない場合，減損損失は全額は配分されないこととなる。この場合，配分されない減損損失の残額については，他の基準の負債の定義を満たさない限り，負債が認識されることもな

い（IAS 第36号第108項）。

(3) 個別資産の回収可能価額が不明な場合

個別資産の使用価値が算定できないことにより，個別資産の回収可能価額が不明な場合，個別資産が属する CGU が減損していないならば，当該資産について減損損失は認識されない。これは，当該資産の処分コスト控除後の公正価値が帳簿価額を下回る場合でも適用される。

基準では，生産ラインにおける機械について以下のような例が示されている。
✧ その機械は損傷しているが，まだ稼働しており，企業は稼働を継続する予定である。
✧ その機械は，生産ラインから独立したキャッシュ・フローを発生させないため，回収可能価額（使用価値）を単独では算定できない。
✧ その機械は，帳簿価額を下回るスクラップ価値でしか売却できないため，その機械を売却または廃棄する予定はない。

このケースにおいて，当該機械が属する CGU（生産ライン）の回収可能価額が当該 CGU の帳簿価額を上回っている場合は，当該損傷した機械について減損損失の認識を行うべきではない。ただし，その機械の償却率や耐用年数の見直しが必要となる可能性がある（IAS 第36号第107項(b)）。

> **PwC's Eyes** 減価償却後の再調達原価に基づく減損損失の配分
>
> 減損損失の配分に際して，個別資産の中には処分コスト控除後の公正価値を算定することが容易でない場合がある（例えば中古機械や設備もしくは特定の建物のような資産）。
>
> そのような場合，減損損失を適切に配分するために，償却後の再調達原価を使用して，処分コスト控除後の公正価値の代替値を算定することがあり，その可否が問題となる。
>
> この点，PwC は，回収可能価額の算定に償却後の再調達原価が使用されることはなくとも，それが処分コスト控除後の公正価値の代替値を計算する唯一の方法であれば，減損損失を配分する場面においてこの方法を用

いることは認められると考えている。ただし，単一の資産ベースで収益アプローチを適用できる場合には，この方法を用いるべきではない。特に，企業結合の当初認識時に，IFRS第3号「企業結合」で認められる償却後の再調達原価によって資産の公正価値を測定している場合には，この問題が発生する可能性がある。

(4) 減損損失の配分（数値例による説明）

ここでは，IAS第36号に基づく減損損失の配分方法について，簡単な数値例を用いて説明を行う。

ケーススタディⅣ−5−1 ▶ 減損損失の配分

前 提

ある CGU 内の資産グループに減損の兆候がある。経営者は減損テストを実施し，CGU の回収可能価額を700百万円と見積もった。以下は資産グループに関する詳細である。

減損損失440百万円が識別されており，これを配分する必要がある。

(単位：百万円)

資産	帳簿価額	処分コスト控除後の公正価値	使用価値
のれん	300	−	−
- 資産A	500	550	500
- 資産B	90	50	50
- 資産C	250	50	150
CGU 合計	1,140	650	700
CGU の回収可能価額合計	700		
配分すべき減損損失	440		

考え方

最初に，発生した減損損失をのれんに配分し，次に CGU 内の各資産に配分する。IAS 第36号に従って，各資産の帳簿価額を処分コスト控除後の公正価値，使用価値およびゼロのうち最も高い価額まで減額する。

(単位：百万円)

資産	帳簿価額	処分コスト控除後の公正価値	使用価値	減損損失の配分(i)(iii)	減損損失配分後の改訂帳簿価額
のれん	300	-	-	-300	-
- 資産A	500	550	500	(ii)	500
- 資産B	90	50	50	-40	50
- 資産C	250	50	150	-100	150
	1,140			-440	700

(i) 減損損失は，最初に，このCGUに配分されたのれんに配分し，次に，各資産の帳簿価額に基づく比例按分によって，CGU内の個別資産に配分する。

(ii) 資産Aは，処分コスト控除後の公正価値または使用価値がもともとの帳簿価額を上回っているため，減損損失は配分されない。

(iii) 資産Aには減損損失が配分されないため，のれんを減額した後の減損損失の残高は140（440－300）となり，それを，資産Bの帳簿価額（90）と資産Cの帳簿価額（250）に比例按分によって，配分すべきである。

その結果，103が資産Cに配分されることになる。

しかし，その場合，資産Cの帳簿価額が回収可能価額150を下回ってしまう。よって，資産Cに配分される減損損失の金額は100が上限となる。残りの3は，資産Bに配分しなければならない。つまり，資産Bに配分される減損損失合計額は40（140×（90÷（250＋90））＋3）となる。

(5) 処分目的で保有する資産またはCGU

① 処分目的の資産またはCGUの使用価値

　資産の売却を決定する場合，使用価値の計算に際して，いつの時点から，資産の継続的使用からのキャッシュ・フローの代わりに予想売却金額を使用すべきなのかという実務上の問題が生じる。このことは，減損損失の認識時期と測定に影響を与えることとなる。

　この点，IAS第36号第21項において，「資産の使用価値が処分コスト控除後の公正価値を著しく超過していると考える理由がない場合には，処分コスト控除後の公正価値を回収可能価額として用いることができる」と規定されている。

これは，使用価値が主に処分時のキャッシュ・フローによって構成される，処分目的で所有されている資産の場合に当てはまることが多い。

この場合，使用価値（資産の最終的な処分からの見積キャッシュ・フローを含む）は，処分コスト控除後の公正価値と近似することになる。したがって，当該資産がもともと属していたCGUの将来キャッシュ・フローは，考慮されない。

② 売却目的保有資産の取扱い（IFRS 第5号）

IFRS 第5号「売却目的で保有する非流動資産及び非継続事業」に基づき，資産またはCGUが売却目的保有の非流動資産（または処分グループ）としての要件を満たすと，当該資産またはCGUは，事実上，IAS 第36号の範囲から除かれる。

i．売却目的保有の分類

資産またはCGUの帳簿価額が，継続的使用ではなく主に売却取引により回収される場合は，当該資産またはCGUはIFRS 第5号のもとで売却目的保有としての要件を満たす。これは，売却予定の資産またはCGUのみが該当し，廃棄や清算を予定する資産またはCGUは該当しない。後者の場合，廃棄または清算の日まで企業はそれを継続的に使用することによって，その帳簿価額を回収することとなるためである（IFRS 第5号第6項）。

資産またはCGU（または資産グループ）がIFRS 第5号における売却目的保有の要件を満たすためには，以下の条件を満たさなければならない（IFRS 第5号第7項，第8項）。

(図表Ⅳ-5-2) 売却目的保有の要件(IFRS第5号)

> 売却目的保有に分類されるためには①と②を両方満たす必要がある。
> ① 資産またはCGUは,当該資産またはCGUの売却についての通常かつ慣例的な条件のみに従って,現状のままでただちに売却が可能
> ② 売却の可能性が非常に高い(※)
>
>   (※)「売却の可能性が非常に高い」といえるための条件
>   (以下のすべてを満たす必要がある)
>   ⅰ. 経営者が当該資産またはCGUの売却計画の実行を確約している
>   ⅱ. 買手を探し売却計画を完了させる積極的な計画に着手している
>   ⅲ. 資産またはCGUの積極的な売込みを,現在の公正価値との関係において合理的な価格で行っていなければならない
>   ⅳ. 特定の限られた状況を除き,当該売却は,売却目的保有として分類した日から1年以内で売却が完了する予定
>   ⅴ. 計画の重要な変更や計画の撤回が生じる可能性が低い

ⅱ. 売却目的保有資産の測定

ⅰで示した条件を満たして売却目的保有に分類された場合,当該資産またはCGUを,売却目的保有として分類した時点の帳簿価額と売却コスト控除後の公正価値のいずれか低い金額で測定する(IFRS第5号第15項)。

また,資産またはCGUを売却目的保有として当初に分類する直前に,当該資産またはCGUを該当するIFRSに従って測定しなければならない(IFRS第5号第18項)。

ⅲ. 売却目的保有の分類と減損テストの関係

IAS第36号では,資産やCGUの処分計画は,内部的な減損の兆候であるため,非流動資産および処分グループについて「売却目的保有」に分類する前に減損テストを実施するよう要求している。

下記の設例で,IAS第36号の測定に係る要求事項とIFRS第5号の開示に係る要求事項との間の相互関係について説明する。

ケーススタディⅣ－5－2 ▶ 売却目的保有の事業の減損

前提

会社は四半期ごとに財務報告を行っている。

第3四半期に，会社が売却を考えている事業の資産に減損が認識された。

第3四半期決算においては，IAS第36号に基づき当該減損損失は費用計上しなければならない状況であった（当該事業は売却目的保有として分類されていないため，IFRS第5号の非継続事業の要件を満たさない）。

その後，当該事業は，第4四半期末（すなわち，事業年度末）までに積極的な売込みが行われており，IFRS第5号の非継続事業の要件を満たす状況となっている。

ポイント

事業年度末に非継続事業の定義を満たす場合，当該事業の資産に関して当該事業年度中に認識された減損損失は，非継続事業の定義を満たす前の四半期に計上されたものも含めて，当該事業年度の財務諸表の税金科目の下に，非継続事業における業績の一部として表示することができる。

考え方

前述②ⅰに示したIFRS第5号の要求事項を考慮する必要があり，以下のように適用できる。

(a) 第3四半期において，この事業は「売却目的保有」または非継続事業の要件を満たさない。減損損失を認識する場合には，IAS第1号の様式の下で，第3四半期報告書上，税引前損益の前に認識することとなる。

(b) 年度末時点では，当該事業を，期末の貸借対照表上，売却目的保有の処分グループに分類する。当該処分グループは，帳簿価額と売却コスト控除後の公正価値のいずれか低い金額で測定する。この段階で追加の減損損失が発生する場合もあるが，発生しない場合もある。

(c) 第3四半期および第4四半期で生じた減損損失は，損益計算書上，非継続事業の業績の一部として表示する。

3．日本の実務との差異

(1) 減損テスト（1ステップ／2ステップ・アプローチ）

　日本基準では，減損の兆候がある場合，①割引前将来キャッシュ・フロー総額が帳簿価額を下回っている場合に減損損失を認識し，②帳簿価額が回収可能価額を超過する金額を算定して減損損失とする2ステップ方式を採用している（固定資産の減損に係る会計基準 二.1）。

　一方，IFRSでは，日本基準のような2ステップ方式ではなく，減損の兆候がある場合には（のれん，および耐用年数を確定できない無形資産または未だ使用可能ではない無形資産は，減損の兆候の有無にかかわらず），資産の回収可能価額と帳簿価額を比較し，回収可能価額が帳簿価額を下回っている場合には，当該資産の帳簿価額をその回収可能価額まで減額（減損損失）することとされている（IAS第36号第59項）。

第6章 のれんの減損

企業結合で取得したのれんも，他の有形固定資産，無形資産と同じくIAS第36号「資産の減損」による減損の検討対象となる。しかし，その配分や減損テストの実施に関しては，のれん特有の論点があり，1.「のれんの配分」，2.「のれんの減損テスト」において説明する。

また，のれん以外の資産で，減損の要否を検討中のCGUおよび他のCGUの双方の将来キャッシュ・フローに寄与する全社資産についても，その減損の検討について，3.「全社資産」で解説を加えている。

1．のれんの配分

(1) のれん配分の概要

企業結合で取得したのれん（購入のれん）は，個別に識別できず，かつ独立して認識できない資産から生じる将来の経済的便益を表している（IFRS第3号「企業結合」付録A）。このような資産には，例えば，熟練した労働力や契約外の顧客との関係などが含まれる。

のれんは，他の資産または資産グループから独立してキャッシュ・インフローを生み出すことはないため，のれんの回収可能価額を個別資産として算定することはできない。しかしながら，のれんは，多くの場合，個別のまたは複数のCGUのキャッシュ・フローに貢献する。したがって，企業結合により取得したのれんは，取得日以降，取得企業のCGUまたはCGUグループのうち，企業結合のシナジーから便益を得ると見込まれるものに配分する必要がある

（IAS 第36号第80項，第81項）。

　購入のれんの配分は，被取得企業のその他の資産または負債の配分とは独立して行い，取得した資産または負債と同じ CGU に配分されている必要はない（IAS 第36号第80項）。

> **ケーススタディⅣ－6－1 ▶ 新規および既存事業に配分されるのれん**
>
> 前　提
>
> 　ある企業は，他の企業グループを買収した。
>
> 　その企業グループの子会社の1つである子会社 A は，取得企業の既存の1事業の競合企業である。
>
> 　子会社 A は買収後に事業を中止し，その顧客は取得企業の既存事業に引き継がれる予定である。
>
> 　企業は，子会社 A に関するのれんの配分を検討している。
>
> ポイント
>
> 　のれんの配分は，企業結合から生み出されると期待されるシナジーに基づいて行われる。
>
> 考え方
>
> 　子会社 A に関するのれんをこの取得企業の既存事業に係る CGU または CGU グループに配分するのが適切と考えられる。
>
> 　ただし，子会社 A のその他の資産および負債は，それらの CGU には配分されない可能性がある。

(2) CGU グループへの配分

　のれんは，恣意性なしには独立した個別の CGU に配分することができないことがある。そういった状況下では，のれんを複数の CGU にまたがる CGU グループに配分することが必要となる場合がある。

① のれんの配分の単位

　のれんが配分される CGU（または CGU グループ）は，次のようなものでなければならない（IAS 第36号第80項）。

- 経営者がのれんを内部管理目的で監視している企業内の最小のレベルを示している。
- 集約前における（IFRS 第 8 号「事業セグメント」第 5 項で定義された）事業セグメントよりも大きくない。

　下図は，個別資産と CGU（または CGU グループ），事業セグメントと，のれんの配分先との関係を示したものである。

（図表Ⅳ－ 6 － 1 ）　のれんの配分の単位

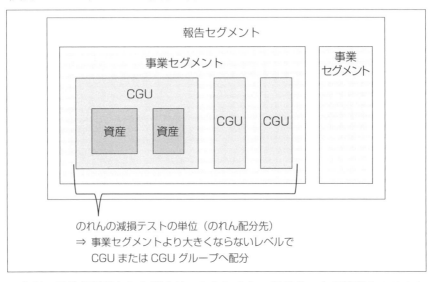

　上記の要件が採用された理由は，これにより，経営者の内部管理システムと整合した方法でのれんを監視し，減損テストを実施できるようになるためである。また，のれんの取扱いのためだけに特別なシステムを追加的に開発することも避けられる（IAS 第36号第82項）。
　以下，この要求事項についての適用イメージをつかめるよう，具体的な事例による説明を示す。

ケーススタディⅣ-6-2 ▶ セグメントの減損テスト

前提

企業Aは封筒の製造および販売を行っており、1980年代に大阪で事業を開始した。

2010年1月に、企業Aは、東京に事業拠点を置く企業Bの資産および負債を取得した。この取得に伴い、60百万円ののれんを計上した。

1年後の2011年には、企業Aは、福岡に事業拠点を置く企業Cの資産および負債を取得した。この取得に伴い、110百万円ののれんを計上した。

企業Bおよび企業Cは、ともに封筒の製造および販売を行っている。

のれんは、企業Aにより各事業の集合的な人的資源に帰属させた価値およびバックオフィス機能を企業Aの既存のバックオフィス機能と統合することによる便益から発生したものである。

営業スタッフの採用を除き、価格決定、購買、マーケティング、広告宣伝および人事に関する意思決定は、中央集約的に行われる。営業スタッフの採用に関しては、企業Bおよび企業Cの経営陣に責任を与えている。

企業A、企業Bおよび企業Cから成る3つの事業部門は、異なる顧客基盤を有している。経営者は、のれん以外の資産の減損テストに際して、各事業は別個のCGUであると特定した。企業A、企業Bおよび企業Cはセグメント報告においては単一の事業セグメントである。

企業Aの財務諸表上、のれんの帳簿価額は140百万円である。経営者は、恣意性なしには当該のれんを3つの各CGUに配分することはできない。内部管理目的のレポートは、全社レベルで業績測定が行えるようにまとめられている。

ポイント

のれんの配分は、経営者が内部管理目的で監視する最小のレベルを示し、かつ事業セグメントより大きくならない単位で行う必要がある。

考え方

この設例では、企業A、企業Bおよび企業Cの3つのCGUはすべて、それぞれの企業結合によるシナジーから便益を得ているため、減損テストは、3つのCGUを集約したうえで行うべきである。

3つのCGUを結合した後の単位は、内部管理報告目的で経営者がのれんからの便益に関する情報を把握する最小の単位を示している。また結合したCGUグループは、事業セグメントよりも大きくはならない。

② のれんの配分における恣意性

のれんを CGU（または CGU グループ）に「恣意性なしに」配分することは，関連する事実に応じた判断の問題である。「恣意性がある」とみなされる例としては，例えば，単に4つの CGU が存在するという理由だけで，4つの別個の CGU のそれぞれに25％ずつのれんを配分することなどが挙げられる。実務上，相対的な公正価値に基づく方法はのれんの配分に関する（恣意性のない）アプローチの1つである。

③ その他の留意点

ⅰ．のれんの配分に関する記録

CGU のすべてについて，減損テストを毎年実施する必要性を避けるために，企業グループは，購入のれんの合計額の構成要素について詳細な記録を残す必要がある。この記録により，のれんが企業グループのどの部分に関連し，どの CGU または CGU グループに配分されているのかを説明できるよう記録すべきである。

のれんが配分される CGU または CGU グループについては，毎年常に減損テストを行い，さらに減損の兆候がある場合にも減損テストを行わなければならない。のれんが配分されていないその他の CGU については，減損の兆候がある場合にのみ，減損テストを行う必要がある。そのため，どの CGU にのれんを配分しているかの記録は，各年の減損テストの対象を明確化するうえで必要である。

さらに，この記録は，その後，事業の売却または再編成時に費用処理すべきのれんの金額を算定し，その処分に係る会計処理を行うためにも必要となる。

ⅱ．適切な配分方法

認められる配分方法に関するガイダンスがないため，適切な方法を企業の経営者自身が選択する必要がある。通常，ほとんどの取得に関して，割引キャッシュ・フロー・アプローチが適切である可能性が高い。これは，一般に，資産ベースの配分方法は，異なる事業の相対的な収益性を反映しないからである。キャッシュ・フロー・アプローチは，のれんの配分後に行う減損の計算に係る

原則とも首尾一貫している。

ⅲ．為替差損益の測定における配分方法との関係

　減損テストのためのCGUへののれんの配分は，IAS第21号「外国為替レート変動の影響」において為替差損益を測定するためののれんの配分方法と一致しない場合もある。IAS第21号の目的上，相対的に低いレベルでのれんを配分している場合があるが，減損の検討までそのような低いレベルで行うことを要求しているわけではない。経営者がそのレベルでのれんを内部管理目的上監視している場合を除き，減損テストのためののれん配分を為替換算差損益の測定のための配分と一致させる必要はない（IAS第36号第83項）。

(3) のれんの配分の時期（期限）

　のれんの配分は，通常，企業結合が行われた事業年度の末日までに完了する必要がある。ただし，基準では，当初ののれんの配分を，取得年度の末日までに完了することができない場合には，取得日以後開始する最初の事業年度の末日までに完了させなければならないとしている（IAS第36号第84項）。
　なお，企業結合が行われた報告期間の末日までに，CGUに対するのれんの配分が完了しなかった場合には，追加の開示が必要となる（IAS第36号第133項）。

ケーススタディⅣ－6－3 ▶ のれんの配分作業に認められる最長期間

　前　提

　12月決算の企業グループが20X8年3月に事業を取得した。
　IAS第36号第96項は，当年度中の企業結合で生じたのれんについては，当年度末までに減損テストを実施することを要求している。この要求事項に従うなら，20X8年度中に発生したのれんについては，20X8年度の末日までに減損テストを実施しなければならない。
　しかしながら，企業は，その日までに取得の会計処理を完了させることができなかった。のれんの金額が判明するまでは，その配分を行うことはできない。

なお，取得したのれんが減損している可能性を示すトリガーとなる事象は発生していない。

> **ポイント**
> 取得に係る会計処理が期末までに完了していない場合，のれんの配分は，取得日以後開始する最初の事業年度の末日までに完了させなければならない。
>
> **考え方**
> IFRS第3号「企業結合」は，企業が取得に係る会計処理を完了するまでの期間として，取得日から12か月の期間を容認している。当該取得については，企業は20X9年3月までに取得に係る会計処理を完了させなければならない。この時点でのれんの金額が判明するため，年に一度の減損の検討により20X9年12月に終了する事業年度の末日までに，当該のれんをCGUまたはCGUグループに配分しなければならない。
> なお，配分の手続が完了していなくてもトリガーとなる事象が発生している場合には，のれんの減損テストを行う必要がある。

(4) のれんの再配分（事業の処分に伴う再配分）

のれんを配分したCGUを処分する場合，処分による利益または損失を算定する際に，当該のれんをCGUの資産および負債に含める。

難しいのは，のれんを配分したCGUグループ内の事業を処分する場合である。処分される事業に帰属するのれんは，処分する資産に含めなければならないため，処分する事業とCGUの存続部分との価値の比に基づいて測定し，配分しなければならない。他の方法のほうが処分する事業に関連するのれんをより適切に反映することを立証できる場合を除き，この方法を使用する必要がある（IAS第36号第86項）。

基準では，例を示すことによって，のれんの配分の基準に使用すべき価値は，処分実施日現在の処分する事業と存続する事業の回収可能価額であることを明確にしている。処分する事業の回収可能価額は，処分コスト控除後の公正価値，すなわち，通常は売却価額から売却コストを控除した額となる。

一方，存続する事業については，CGU全体の回収可能価額に関する最新の見積りを基礎として使用することになる。IAS第36号は，のれんを含むCGU

について毎年減損テストを実施することを要求しているため，前年度末時点の見積りが最新の見積りとなる。CGU の一部を構成していた事業の処分実施日までに発生したすべての事象または状況について，この最新の見積りを更新しなければならない。また，当該処分が CGU の存続部分に与える重要な影響は，すべて考慮する必要がある。

このようなプロセスを実施することが実務上不可能または信頼性をもって実施できない場合には，CGU の存続部分の回収可能価額を算定する新たな方法が必要となる可能性がある。

ケーススタディⅣ－6－4 ▶ CGU の一部を処分した場合ののれんの配分

前 提

20X4年12月31日時点で，ある CGU の減損の検討を行い，回収可能価額は300百万円と見積もられた。回収可能価額は，処分コスト控除後の公正価値に基づいている。以前に60百万円ののれんがこの CGU に配分されており，20X4年12月31日時点では減損していなかった。

20X5年度に，この CGU の一部が処分コスト控除後の200百万円で売却された。企業は，CGU の存続する部分と処分される部分との間で，のれん60百万円を配分しなければならない。

ポイント

CGU の一部を処分（売却）した場合，関連するのれんについては，処分部分と存続部分の価値の比に基づいて測定し，配分する。

考え方

処分実施日までに CGU の回収可能価額に変更がなく，この処分による特別な影響がその他にないと仮定すると，処分される事業に対するのれんの配分は，相対的な公正価値に基づき，のれん全体の3分の2の割合で行われる。

これは，CGU 全体の回収可能価額300百万円に対する処分される事業の価値200百万円の割合である。したがって，40百万円ののれんが処分される事業に配分される。他の配分方法が，処分されるのれんと存続するのれんをより適切に反映すると立証できる場合は，当該方法を使用することができる。

(5) のれんの再配分（組織再編に伴う再配分）

① 組織再編後ののれんの再配分

　企業が，以前にのれんを配分した1つまたはそれ以上のCGUの構成を変更するリストラクチャリングを実施する場合には，影響するCGUにのれんを再配分しなければならない。のれんの再配分は，前述した事業の処分時ののれんの配分方法と同様に，価値の比に基づいて行う必要がある。

　他の方法のほうが再編成されるCGUに帰属するのれんをより適切に反映することを企業が立証できる場合を除き，この方法を採用すべきである（IAS第36号第87項）。

> **ケーススタディIV－6－5 ▶ リストラクチャリング後ののれんの配分**
>
> 前提
>
> 　国際的な化学事業を営む企業Dは，別の化学事業会社である企業Eを取得した。企業Eは，10か国で合計80個の工場を操業している。各工場の産出物には外部市場があり，各工場は独自で会計記録とキャッシュ・フロー情報を管理している。企業Eは，地域別のセグメントに基づいて管理されている。
>
> 　経営者は，合理的で首尾一貫した基準によりのれんを配分できる最小の単位は，10のそれぞれの国であると判断した。この10か国の各地域の管理者への報酬体系には，特定の財務比率を基準にしているものがある。この比率には，これら10か国の事業の取得により生じたのれんの配分が考慮されている。
>
> 　企業Eの取得前は，企業Dは当該10か国で事業を行っていなかった。
>
> ① 取得から2年後，企業Dは，取得した2か国の事業のリストラクチャリングを実施し，その結果，その2か国にある5つの工場を閉鎖することを決定した。
>
> ② 取得から4年後，競合企業が新製品を発表した。当該新製品により，企業Eはいくつかの製品の顧客を奪われることとなった。各工場は，すべて利益を上げているものの，企業Eの取得に係るのれん全体では，減損の兆候が存在する。
>
> ポイント
>
> 　のれんは，合理的かつ首尾一貫した基準により配分できる最小の単位（国）で配分して減損テストを実施する。

考え方

① 取得から2年後ののれんの減少

各工場は，別個の資金生成単位（CGU）である。このため，企業Dは，工場の減損テストのために，閉鎖を決定した5つの工場の回収可能価額を算定しなければならない。のれんは，合理的かつ首尾一貫した方法で各工場に配分できない。合理的かつ首尾一貫した方法でのれんを配分できる最小のCGUは，工場がある各国の単位である。企業Dは，工場が閉鎖される2か国での企業Eの事業の回収可能価額を算定し，当該事業の回収可能価額と帳簿価額を比較する。この帳簿価額にはのれんが含まれている。

識別された減損については，最初に，のれんの帳簿価額を減額し，次に，比例按分によって，その他の非貨幣性資産に対して配分する。

② 取得から4年後ののれんの減少

各工場単位では減損の兆候はない。したがって，工場単位で減損テストを実施する必要はない。ただし，のれんには減損の兆候があるので，合理的かつ首尾一貫した方法でのれんを配分できる最小のCGUを単位として，のれんの減損テストを実施しなければならない。

合理的かつ首尾一貫した方法でのれんを配分できる最小のCGUは，10か国で行っている企業Eの事業である。企業Dは，国ごとに企業Eの事業の回収可能価額を算定し，当該事業の回収可能価額と帳簿価額を比較する。この帳簿価額にはのれんが含まれている。識別された減損については，最初に，のれんの帳簿価額を減額し，次に，比例按分によって，その他の非貨幣性資産に対して配分する。

② 再配分の代替的手法

内部のリストラクチャリング後ののれんの再配分，またはCGUの一部の処分に伴い処分されるのれんの計算において，相対的な公正価値に基づく方法が最も適切な手法ではない場合がある。相対的な公正価値に基づく方法は，すべてのCGUもしくは一部のCGUにのれんが同じような比率で含まれている場合を想定している。しかし，これが当てはまらない場合もある。以下の設例を用いて説明する。

ケーススタディⅣ－6－6 ▶ 相対的な公正価値に基づく方法に対する代替的手法

前提

企業グループSは多国籍企業グループであり，世界各地で事業を行っている。20X6年度に，企業グループSは，南アメリカの企業グループを取得した。取得に伴い，1,000百万円ののれんを計上した。当該のれんは，地理的な場所に基づき，3つのCGU（A，BおよびC）に配分された。

20X9年度に，リストラクチャリングが実施された。南アメリカについて，製品・サービスを基準に，新しいCGU（X，YおよびZ）が決定された。当該企業グループは南アメリカで2つの製品を製造しており，それに加えてコンサルティング事業も行っている。リストラクチャリング前に，のれん1,000百万円について減損の評価を行い，全額回収可能であると判断した。

識別可能純資産の公正価値および各CGUの公正価値合計は，以下の表のとおりである。

(単位：百万円)

	CGU X	CGU Y	CGU Z	合計
識別可能純資産の公正価値	3,800	6,000	5,000	14,800
CGUの公正価値合計	4,000	6,000	10,000	20,000

ポイント

CGU間の事業の相違等により相対的な公正価値による方法では適切な再配分とならない場合，購入価格に基づく配分など代替的な方法を検討する。

考え方

のれん1,000百万円を相対的な公正価値に基づきCGU X，YおよびZに再配分する場合，200百万円がCGU Xに，300百万円がCGU Yに，500百万円がCGU Zに配分されることとなる。

その結果，CGU Yに配分されたのれんからただちに減損損失が発生することになるだろう。これは，相対的な公正価値に基づく方法では，検討対象となっている事業の間の違いが考慮されないためである。CGU X，Yは製造業であり，非常に資産集約的な事業である。その一方で，CGU Zはコンサルティング事業であり，それほど資産を保有していない。

この場合，相対的な公正価値に基づく方法に対する代替的な手法として容認されるものとして，例えば各CGUについて「購入価格に基づいて配分を行う」と

いう方法が挙げられる。事業としての各CGUの公正価値を識別可能純資産の公正価値と比較し，名目上ののれんの数値を計算する。その後，認識されたのれんを，当該名目上ののれんの価値の比に基づいて，新しいCGUに再配分する。

このケースでは，名目上ののれんは，CGU Xに200百万円，CGU Zに5,000百万円存在し，CGU Yには存在しない。その結果，CGU Xには38百万円（＝200百万円／5,200百万円×1,000百万円）ののれんが，CGU Zには962百万円ののれんが配分されることとなる。

1つのCGUを部分的に処分する場合，CGUの存続する部分よりも処分される部分により多く，またはより少なく資産が集約されていると，上記と同様の状況が生じうる。

(6) のれんの再配分（CGU間での再配分）

事業の処分やリストラクチャリングの結果発生する再編成に加えて，例えば，コスト削減またはプロセスの効率化のために，企業が既存の事業の管理方法を変更する場合がある。当該変更は，セグメントやCGUの変更と同時に行われることもあるが，既存のCGUの構成を変更せずに行われる可能性もある。

IAS第36号ではこのような場合の検討を行っておらず，単に，CGUの構成を変更した場合ののれんの再配分についてのみ検討している。ただし，IAS第36号第80項では，のれんは，のれんを内部管理目的で監視している企業内の最小のレベルに基づいて配分される，と明確に述べている。このため，CGUの構成を変更していない場合に，管理構造の変更に従ってのれんを再配分できるのかという問題が生じる。

この点について，以下，設例を用いて検討を加える。

ケーススタディⅣ－6－7 ▶ 管理構造の変更後ののれんの配分

前 提
　企業AはこれまでCGU A，BおよびCにのれんを配分していた。経営陣の交代に伴い，CGU A，BおよびCの各マネージャーは退任し，これら3つの事業を1人のマネージャーが管理することになった。

ポイント
　管理構造の変更によりのれんを再配分できるかどうかの判断においては，のれんを内部管理目的で監視する最小のレベルについて，変更があったかどうかを管理構造の変更の内容に照らして検討する。

考え方
　この場合，のれんの内部的な管理方法に本当に変更があったといえるかどうかを理解することが必要である。
　この点につき，CGU A，BおよびCに関する個別の内部報告が，結合された事業を対象とする1つの報告に置き換えられた場合には，減損テストの目的においてCGUを結合し，そのベースでのれんを再配分することが認められると考えられる。
　しかしながら，新しいマネージャーが各CGUについて個別の情報を入手している場合は（以前はのれんを3人で監視していたのに対して現在は1人で行っているものの），のれんが以前と同じ方法で監視されていることを意味する。この場合には，のれんについて，個々のCGUごとに減損の検討を続けることとなる。

　のれんのCGU間での再配分は，減損を覆い隠すための手法として用いられるべきではない。企業にとって悪影響のある著しい変化が発生した場合，事業のリストラクチャリングは減損の兆候とみなされる（IAS第36号第12項(f)）。このため，再配分の過程ですでに存在する減損が隠れてしまわないように，リストラクチャリングの前に減損の検討を行うべきである。

2．のれんの減損テスト

(1) 減損テストの実施時期と単位

　購入のれんは，個別のCGUに関連している場合と，CGUグループに関連している場合がある。

　のれんは，経営者が内部管理目的でのれんを監視している最小の単位のCGUまたはCGUグループに配分されるが，他の資産よりも大きな単位でのれんを監視しているために，あるCGUにのれんが関連するとしても，そのCGUの単位ではのれんが配分されないというケースも起こりうる。

① のれんが配分されていないCGU

　のれんがあるCGUに関連はしているが当該CGUの単位では配分できない場合，のれんには年次の減損テストが要求されるものの，当該CGUについては，毎年減損の検討を行う必要はない。

　ただし，減損している可能性を示す兆候があるときにはいつでも，減損テストを行わなければならず，その際には，当該単位の帳簿価額（のれんを除く）と回収可能価額とを比較することにより減損テストを行い，減損損失はすべて認識する（IAS第36号第88項）。

② のれんが配分されるCGU（またはCGUグループ）

　のれんは，個別のCGUに配分される場合と，CGUグループに配分される場合がある。のれんが配分されているCGUまたはCGUグループはすべて，毎年，減損テストを行わなければならない。さらに，減損している可能性を示す兆候がある場合にも，減損テストを行う必要がある。当該CGUまたはCGUグループの帳簿価額（配分されたのれんを含む）と回収可能価額とを比較することにより減損テストを行い，回収可能価額が帳簿価額を下回っている場合には，減損損失を認識する（IAS第36号第90項）。

（図表Ⅳ－6－2） のれんの配分と減損テストの頻度

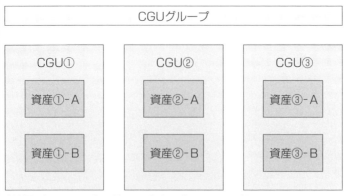

（前提1） CGU①〜③に関連する購入のれんがある
（前提2） CGU①〜③は，ともに同一事業セグメント内

【ケース1】
のれんがCGU①〜③に配分される場合

	減損テストの単位	回収可能価額との比較対象	減損テストの実施時期
のれん	CGUごと	各CGUの帳簿価額（配分されたのれんを含む）	毎年，さらに兆候ある場合
個別の資産	CGUごと	各CGUの帳簿価額（のれんを含まない）	兆候がある場合（毎年度末に兆候判定）

【ケース2】
のれんがCGU①〜③ではなくCGUグループに配分される場合

	減損テストの単位	回収可能価額との比較対象	減損テストの実施時期
のれん	CGUグループごと	CGUグループの帳簿価額（のれんを含む）	毎年，さらに兆候ある場合
個別の資産	CGUごと	各CGUの帳簿価額（のれんを含まない）	兆候がある場合（毎年度末に兆候判定）

③ 減損テストの実施時期に関する留意点

のれんを含むCGUについての毎年の減損テストは，事業年度中のどの時点でも実施することができるが，毎年同じ時期に実施しなければならない。

異なるCGUについては，年度中の別々の時期に減損テストを実施することができる。ただし，あるCGUに配分したのれんの一部または全部が当事業年度中に取得したものである場合には，当該CGUについての減損テストは当該事業年度の末日よりも前に実施する必要がある（IAS第36号第96項）。

なお，のれんを含むCGU（またはCGUグループ）に対する減損テストの実施時期については，第2章1．「減損テストの実施時期」（228頁）もあわせてご参照いただきたい。

(2) 減損テストの進め方

CGUを構成する個別資産について，当該CGU自体とは別々の時期に減損テストを実施することができる。また，CGUグループを構成する各CGUについても，当該グループ全体とは別々の時期に減損テストを実施することができる。しかし，個別資産について，当該資産が属するCGUと同時に減損テストを行う場合には，まず，個別資産について減損テストを行い，次に当該CGUについて，減損テストを行う必要がある。同様に，個々のCGUについて，当該CGUが属するCGUグループと同期に減損テストを行う場合には，CGUグループについて減損テストを行う前に，個々のCGUについて別個に減損テストを行わなければならない（IAS第36号第97項，第98項）。

① 2段階アプローチ

のれんを配分したCGUの中の資産に減損の兆候がある場合，のれんを含むCGUの減損テストを行う前に，（のれんを配分する前の）当該資産の減損テストを実施する。のれんを配分したCGUグループを構成する単一のCGUに減損の兆候がある場合も同様である。当該減損テストは，2ステップのプロセスで実施する。

> - ステップ1
>   個々の資産またはCGUについて減損テストを行う。減損損失を認識し，帳簿価額を回収可能価額まで減額する。
> - ステップ2
>   のれんを含むCGUまたはCGUグループについて減損テストを行う。ステップ2では，回収可能価額とステップ1の減損損失を認識した後の帳簿価額とを比較して実施する。

この2ステップのアプローチにより，のれんを除くその他の資産の減損テストは，個々の資産レベルまたは（CGUグループについては）個々のCGUレベルで独立して行われる。当該CGUまたはCGUグループに配分されたのれんは，CGU（または結合したCGUグループ）レベルでテストされる（IAS第36号第98項）。

② 2段階アプローチ（数値例による解説）

以下，簡単な数値例を用いて，2段階アプローチについて説明する。

設例1は，のれんを個別のCGUに配分できる場合を取り扱っている。一方，設例2は，のれんが配分されていない個別のCGUが，のれんが配分されたCGUグループの一部を形成しており，かつ，個別のCGUとCGUグループについて同じ時期に減損テストを行う場合を取り扱っている。

この設例では，使用価値が処分コスト控除後の公正価値を上回っていると仮定しており，使用価値を回収可能価額として扱う。

設例1 ▶ 2段階アプローチによる減損テスト（のれんがCGUに配分されている場合）

前 提

企業Aは，数年前に企業Bを含むある企業グループを取得した。当年度末において，企業Bに減損の兆候がある。企業Bは資金生成単位である。

減損損失の算定にあたって，企業Bの帳簿価額と回収可能価額を比較した結果は以下のとおりである。

(単位：百万円)

資金生成単位　B社		
純資産		220
のれん		40
	純資産合計	260
使用価値		200
減損損失		60

考え方

この設例では，購入のれんは個別のCGUに配分されている。企業Bでは60百万円の減損損失が発生しているため，純資産およびのれんの帳簿価額を200百万円まで減額する。この減損損失60百万円のうち，40百万円はのれんに帰属させ，残り20百万円は比例按分によってその他の資産に配分する。

減損損失認識後の帳簿価額は以下のとおりとなる。

(単位：百万円)

減損後の帳簿価額　B社	
純資産	200
のれん	－
純資産合計	200

設例2 ▶ 2段階アプローチによる減損テスト（のれんが個別のCGUに配分されていない場合）

[前 提]

企業Cは，数年前に企業Dを含むある企業グループを取得した。当年度末において，企業Dに減損の兆候がある。企業Dは資金生成単位である。

企業Cは，まず，のれんを除いた企業Dの純資産に基づき，（減損が発生していれば）減損損失を算定する。

（単位：百万円）

資金生成単位　D社	
純資産	220
使用価値	200
減損損失	20

[考え方]

減損損失の発生により，企業Dの純資産は200百万円まで減額される（減損損失は，比例按分によって，企業Dの純資産を構成する各資産に配分される）。

のれんの減損テストを行うため，次に，企業Dを含み，かつ，のれんが配分されているCGUグループについて減損テストを行う。

このCGUグループは，企業Dと企業Eの事業から構成されている。

当該CGUグループにはのれんが含まれているため，毎年常に減損テストを行い，さらに減損の兆候がある場合にも減損テストを行う必要がある。

減損損失は，以下のように算定される。

（単位：百万円）

資金生成単位	D社	E社	のれん	CGUグループ
純資産	200	110	80	390
使用価値	200	180		380
減損損失	-	-	10	10
減損後の帳簿価額	D社	E社	のれん	CGUグループ
純資産	200	110	70	380

減損損失の総額は，第1段階での20百万円と第2段階での10百万円により，計

30百万円となる。この金額は，企業Dのもともとの帳簿価額220百万円と減額修正後の帳簿価額200百万円の差額と，のれんのもともとの帳簿価額80百万円と減額修正後の帳簿価額70百万円の差額を足した額である。

(3) 非支配持分の取扱い

① CGUに非支配持分がある場合の考え方

非支配持分が存在する企業結合の場合，企業は非支配持分の測定について2つの方法を選択できる（IFRS第3号第19項）。選択された測定方法に応じて，のれんの算定額は異なることになる。

(図表Ⅳ-6-3) 非支配持分の測定方法とのれんの金額

比例持分による方法	非支配持分を被取得企業の識別可能純資産に対する非支配持分の比例持分で測定する場合，のれんは，取得した事業に対する取得企業の持分に関連する金額のみを含めた額で算定される。 ▶取得した純資産のうち，取得者持分の範囲のみからのれんを認識する方法
公正価値による方法	非支配持分を公正価値で測定する場合，のれんは，取得した事業に対する取得企業の持分および非支配持分の両方に関連する金額を含めた額で算定される。 ▶取得した事業全体の公正価値に基づきのれんを認識する方法

比例持分による方法は，減損の検討が複雑になる。CGUまたはCGUグループの帳簿価額には，（のれん以外の）資産および負債が100％含まれるが，のれんは親会社持分のみが含まれる。一方，回収可能価額にはのれんの100％を含むCGUまたはCGUグループ全体について算定される（つまり非支配持分に帰属するのれんが帳簿価額から除かれているという事実が考慮されない）。このため，CGUの帳簿価額と回収可能価額を同様の条件で比較するための調整が必要となる。

非支配持分を有し，かつ，比例持分による方法で会計処理している場合，減

損テストは，以下のように対処される（IAS 第36号付録 C）。

(図表Ⅳ－6－4) 減損テストの手順（比例持分による方法で処理されている場合）

1. CGU または CGU グループの帳簿価額を，非支配持分に帰属するのれんを含めるよう名目上，調整する。すなわち，のれんの帳簿価額に非支配持分に帰属するのれんを加算調整する。
2. 1で算定した名目上の帳簿価額と回収可能価額を比較する。
3. 回収可能価額が名目上の帳簿価額を下回る場合，減損損失を認識する。
4. この減損損失には，非支配持分に係る名目上ののれんに帰属する損失が含まれる。この部分の損失を識別し，認識する減損損失の額から除く必要がある。これは，名目上ののれん全体に帰属する減損損失の額を比例按分して行う。
5. 非支配持分に帰属する損失を調整した後の減損損失について，最初に，認識したのれんに配分し，のれんを減額する。このれんは，財務諸表に実際に認識している親会社持分に帰属するのれんであり，非支配持分に帰属するのれんを含む「名目上の」のれんではない。
6. 次に，のれんの帳簿価額を上回る減損損失について，残りの非貨幣性資産に，その帳簿価額に基づく比例持分で配分する。

　企業が非支配持分を公正価値による方法で測定する場合，連結貸借対照表には，事業に対する100％ののれんが計上されていることとなる。したがって，この場合，減損テストの目的で，のれんを加算調整するための名目的な調整を行う必要はない。

　公正価値による方法で認識したのれんと，比例持分による方法で認識したのれんの双方を有する企業は，必要に応じて該当するのれんを加算調整（グロスアップ）できるよう，のれんを取引別に記録管理する必要がある。

　次頁の**図表Ⅳ－6－5**は，減損テストのためにのれんを加算調整（グロスアップ）する必要があるか否かを判断するプロセス，のれんの減損損失の算定，及び比例持分による方法を選択する場合の支配持分と非支配持分との間の損失の配分を示している。

第6章 のれんの減損   349

（図表Ⅳ－6－5） 非支配持分がある場合の減損損失の算定と配分

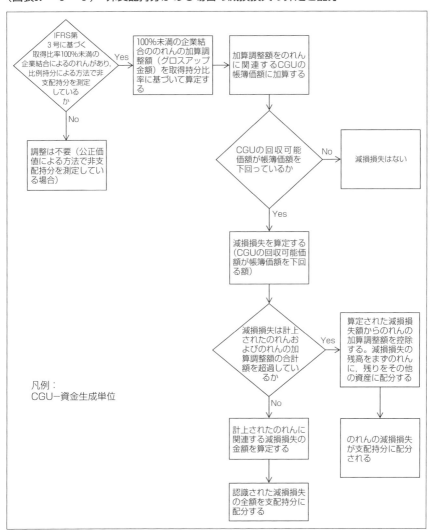

ケーススタディⅣ－6－8 ▶ CGU に非支配持分がある場合の減損の計算

前 提

　企業 X は，20X6年1月1日に，企業 A の80％の持分を240百万円で取得した。取得日時点の企業 A の（公正価値評価後の）識別可能純資産および偶発負債の金額は，180百万円であった。企業 X は，部分のれん方式（比例持分による方法）を適用し，企業 A に対する企業 X の80％の持分の範囲のみ，のれんを認識した。したがって，企業 X は，財務諸表上，以下を認識している。

- ■識別可能純資産および偶発負債の公正価値：180百万円
- ■のれん：96百万円（＝240百万円－（180百万円×80％））
- ■非支配持分：36百万円（＝180百万円×20％）

　また，取得日時点の企業 A の償却可能資産は180百万円であった。企業 X は当該償却可能資産について，耐用年数10年で残存価額をゼロと見込んで定額法により減価償却を行っている。

　企業 X は連結上，企業 A を1つの CGU として識別している。

　のれんが企業 A に配分されているため，企業 A については，毎年，さらに減損の兆候がある場合にはそれ以上の頻度で，減損テストを行わなければならない。また，取得が行われた会計期間の末日までにも減損テストを行う必要がある。

　20X6年度末に，企業 X は，CGU（企業 A）の回収可能価額を100百万円と評価した。

考え方

　回収可能価額100百万円の一部は，非支配持分に帰属する未認識ののれんに関連する。

　IAS 第36号に従って，減損テストを行う際，最初に，この非支配持分に帰属するのれんの分だけ，企業 A の帳簿価額を名目上増加させなければならない。次に，名目上増加した帳簿価額と回収可能価額100百万円を比較する。この計算過程を，以下の表で示す。

(単位：百万円)

	CGUの帳簿価額
（親会社持分に帰属する）のれん	96
非支配持分に帰属する未認識ののれん（＊）	24
のれん合計（全部のれん方式を適用している場合の開始点）	120
識別可能純資産の帳簿価額の総額	180
減価償却累計額	18
識別可能純資産の帳簿価額	162
名目上調整した帳簿価額	282
回収可能価額	100
減損損失（部分のれん方式では名目上の損失，全部のれん方式では実際の損失）	182

（＊）　企業Xの持分80％に帰属するのれんは，取得日時点で，96百万であった。したがって，非支配持分20％に帰属するのれんはその金額の4分の1の24百万円である。

次に，減損損失を配分する必要がある。減損損失は，最初にのれんに配分する（ただし，24百万円は非支配持分に帰属するため，企業Aの貸借対照表上に計上されているのれんは，そのうち96百万円のみである）。

その後に純資産に配分する。

(単位：百万円)

	CGUの帳簿価額	減損損失の配分	減損後の帳簿価額
企業Xに帰属するのれん		96	(96)	―
識別可能純資産の帳簿価額の総額	180		
減価償却累計額	18		
識別可能純資産の帳簿価額		162	(62)	100
				100
帳簿価額（＊）		258		
回収可能価額		100		
減損損失（計上合計額）		(158)	(158)	

（＊）　非支配持分に帰属するのれんの名目上の金額は除く。

【全部のれん方式（公正価値による方法）による場合】

120百万円ののれんが貸借対照表で認識され，その全額が減損となる。

残りの減損損失62百万円については，全額認識される。当該減損損失は，純資産に関係するものであり，純資産は，（親会社持分と非支配持分の両方を含む）全額が財務諸表で認識されているためである。この残りの減損損失は，帳簿価額に基づいた比例按分によって，（のれん以外の）識別可能資産に対して配分する。

したがって，企業Ｘの連結財務諸表上認識される減損損失の合計額は，96百万円と62百万円の合計である158百万円である。

② のれんの一部が非支配持分のないCGUへ配分される場合

上記のとおり，のれんの会計処理に公正価値による方法を使用した企業は，のれんの加算調整額（グロスアップ金額）を算定する必要はない。しかし，非支配持分を有する事業の取得により生じたのれんの一部が，100％所有のCGUグループに配分される場合もある。

減損損失が生じた場合はまず，CGUグループの100％所有部分と，支配持分および非支配持分から成る部分との間で，それぞれののれんの帳簿価額の比に基づいて配分する。100％所有のCGUに係るのれんに関する減損損失は支配持分に配分し，部分所有のCGUに関する減損損失は純損益の配分方法に基づき，支配持分および非支配持分に配分する（IAS第36号付録Ｃ７）。

企業がさまざまなのれんを計上しており，それらののれんが複数の手法（すなわち，比例按分による方法と公正価値による方法）を用いて算定されている場合，適切なレベルでのれんをテストするために２つの減損手法を組み合わせた方法を使用することになる。

以下の設例は，非支配持分を有するCGUとともにグループを構成する100％所有のCGUが存在する場合の，のれんの減損テストにおける減損損失の配分について説明するものである。

ケーススタディⅣ－6－9 ▶ のれん発生前の支配持分および非支配持分への減損損失の配分

前提

企業Ｘは過去にＡ事業を取得し，800百万円ののれんを計上した。これは，IFRS第3号（改正前）に基づき会計処理された100％の持分取得から発生したものである。

その後，この企業はＢ事業の80％の持分を取得した。その際，非支配持分の評価に公正価値による方法を適用し，500百万円ののれんを計上している。

企業Ｘの連結上，Ｂ事業は単一のCGUであるが，減損テストに際しては，100％所有のＡ事業とともにグルーピングされている。過去に計上された800百万円ののれんもこのCGUグループに配分されている。

その他の非支配持分はない。

Ｂ事業の純損益は親会社および非支配持分のそれぞれの持分に基づき比例按分される。CGUグループは年に一度減損テストが実施される。

Ｂ事業の取得から2年後，企業は年次の減損テストを実施した。その結果，のれんを含むCGUグループの帳簿価額は回収可能価額より500百万円少なく，減損損失が発生している。

この場合，減損損失はどのように配分すべきか。

考え方

Ａ事業に対するのれんはすべて100％の持分を取得する買収から発生し，かつIFRS第3号による取得に公正価値による方法を使用していることから，のれんの加算調整（グロスアップ）は要求されない。

減損損失はまず，CGUグループの100％所有部分と，支配持分および非支配持分を有する部分との間で，それぞれののれんの帳簿価額に基づき比例按分される。

のれんの減損損失のうち307百万円（＝500百万円×800÷1,300）はCGUグループの100％所有部分に配分する。この損失はすべて支配持分に配分される。のれんの減損損失のうちの193百万円（＝500百万円×500÷1,300）は支配持分と非支配持分を有するCGUに配分する。さらにこの減損は，純損益の配分と同じ基準で支配持分と非支配持分に配分する。

したがって，支配持分に帰属する減損損失の額は154百万円（＝193百万円×80％）であり，非支配持分への配分額は39百万円（＝193百万円×20％）である。

以上より，支配持分に配分された減損損失合計は461百万円（＝307百万円＋154百万円），非支配持分に配分された減損損失合計は39百万円となり，損益計算

書の減損損失計上額は500百万円となる。

3．全社資産

(1) 全社資産の定義

　企業は，全社資産（例えば，本社や事業部門の建物，EDP 機器またはリサーチ・センターなど）を識別し，減損の検討対象となる単一のCGUまたはCGUグループに適切な比率で配分する必要がある。

　全社資産は，「のれん以外の資産で，検討の対象である資金生成単位と他の資金生成単位の双方の将来キャッシュ・フローに寄与する資産」と定義されている（IAS第36号第6項）。ある資産が特定のCGUに関してこの定義に該当するかどうかは，企業の構造によって決定される。

　全社資産の主要な特徴は，他の資産または資産グループから独立してキャッシュ・インフローを生成せず，帳簿価額を減損の検討対象のCGUに十分に帰属させることができないことである（IAS第36号第100項）。

(2) 全社資産の減損テスト

　全社資産については，通常，減損の兆候がある場合にのみ，減損テストを行う（ただし，全社資産が，ブランドのような耐用年数を確定できない無形資産の場合は，毎年，減損テストを行わなければならない。この点は，第2章1．「減損テストの実施時期」（228頁）を参照）。

　全社資産は独立したキャッシュ・フローを発生させず，単独で使用価値を見積もることができないため，全社資産に減損の兆候がある場合は，CGUまたはCGUグループの一部として減損テストを行う必要がある（IAS第36号第101項）。

　しかし，ブランドや企業の本社などの全社資産について，公正価値を算定することができる場合がある。全社資産は，回収可能価額を下回るまで減損処理されないが，回収可能価額とは，処分コスト控除後の公正価値と使用価値のい

ずれか高い金額をいう。そのため，全社資産の処分コスト控除後の公正価値が帳簿価額より大きい場合には，全社資産は減損していないといえ，CGU単位での減損テストは必要ない（IAS第36号第22項(a)）。

(3) 全社資産の配分

① CGUへの配分

　企業グループ内のすべてのCGUの帳簿価額の合計は，グループの資産の帳簿価額の合計値にならなければならず，減損の検討対象外の資産があってはならない。

　減損の検討においては，CGUの帳簿価額に全社資産の配分額を含めたうえで，CGUの正味のキャッシュ・フローによって，CGU自体の資産および配分された全社資産の帳簿価額の合計を回収できるかどうかを確認する。その際，全社資産を当該CGUが使用することに関連して発生する内部費用に係るキャッシュ・アウトフローは，CGUのキャッシュ・フローから除く必要がある。そうしないと，同じ項目によって，帳簿価額が増加するとともに，使用価値が減少することになり，全社資産の費消による影響が二重計算されてしまうためである。

　基準では，全社資産の配分方法を規定しているが，その方法は，のれんの配分方法と似ており，全社資産について，CGUに合理的で首尾一貫した基準で配分できない場合には，のれんと同様の2段階アプローチをとっている（IAS第36号第102項）。

（図表Ⅳ－6－6）　全社資産の配分方法

合理的で首尾一貫した基準によりCGUに配分できる場合 　当該CGUの回収可能価額を，当該CGUに配分された全社資産の額を含むCGUの帳簿価額と比較し，減損損失があれば認識する。
合理的で首尾一貫した基準によりCGUに配分できない場合 　企業は次のような2段階のテストを行わなければならない。 　(a)　最初に，当該CGUの回収可能価額と（全社資産の配分額を除く）当該

CGUの純資産の帳簿価額とを比較し，減損損失があれば認識する。
(b) 次に，検討の対象となるCGUを含みつつ，全社資産を合理的で首尾一貫した基準により配分できる最小のCGUグループを識別する。
(c) そのうえで，(b)で識別したより大きいCGUグループの回収可能価額と，（全社資産の配分額を含む）当該CGUグループの純資産の帳簿価額とを比較し，追加の減損損失があれば認識する。

CGUへの全社資産の配分方法は基準の付録で示されている。そこでは，配分のための指標として，見積耐用年数により加重したCGUの純資産の帳簿価額を使用している。各CGUの純資産の帳簿価額の比が，各CGUに割り当てられる全社資産の割合を示す合理的な指標といえる場合，この方法は適切なものとなるが，これが唯一の方法ということではなく，企業の構造や全社資産の種類によって他の方法が適切な場合もある。例えば，本社の人事部における全社資産は，個々のCGUの純資産を参照するのではなく，個々のCGUにおける社員数で配分するほうが合理的な場合もある。

以下の例は，この基準の付録に含められている設例に基づいている。

ケーススタディⅣ-6-10 ▶ 全社資産の減損テスト

前提

全社資産（本社）の帳簿価額は300百万円であり，本社建物200百万円とコンピュータ・センター100百万円で構成されている。これら全社資産は3つのCGU（A，B，C）の将来キャッシュ・フローに寄与するものである。

ただし，コンピュータ・センターについては，その帳簿価額を，個々のCGUへ配分するための合理的な指標がない。

考え方

以下のように，CGUの残存耐用年数を参照して加重した各CGUの帳簿価額に基づき，これら3つのCGU間で本社建物の帳簿価額を配分する。

なお，合理的な配分指標を得られないコンピュータ・センターについては，各CGUへの配分は行われない。

(単位：百万円)

現金生成単位	A	B	C	合計
帳簿価額	200	200	300	700
耐用年数	10年	20年	20年	
耐用年数に基づく加重	1	2	2	
加重後の帳簿価額	200	400	600	1,200
本社建物の比例按分による配分	16.7% (200/1,200)	33.3% (400/1,200)	50% (600/1,200)	100%
建物の帳簿価額の配分	33	67	100	200
配分後の帳簿価額	233	267	400	900

② 2段階テスト

IAS第36号の設例では，個々のCGUに，コンピュータ・センターを配分することができない場合に実施が必要となる2段階のテストを説明している。ここでいう2段階のテストは以下で構成される。

(a) 配分済の全社資産を含む，個別CGUに関する通常の減損テスト
(b) 複数のCGUにまとめて配分される可能性のある残りの全社資産を含む当該複数のCGUに関する減損テスト

以下の設例は，ケーススタディⅣ－6－10の前提を用いてこの2段階のテストについて説明したものである。

ケーススタディⅣ－6－11 ▶ 全社資産の2段階テスト

前 提

ケーススタディⅣ－6－10を前提として，2段階のテストを実施する。
なお，3つのCGU（A，B，C）において，減損の兆候が生じているものとする。

ポイント

全社資産をCGUへ合理的に配分できない場合は2段階テストを実施する。

考え方

企業は最初にコンピュータ・センターを除く各CGUの回収可能価額と帳簿価額を算定し，各CGUについて減損テストを実施する。

回収可能価額は A，B および C についてそれぞれ250，230および350として算定された。

〈通常の（第1段階の）減損テスト〉　　　　　　　　　　　　　　　（単位：百万円）

資金生成単位（CGU）	A	B	C	合計
直接賦課可能な純資産	200	200	300	700
本社建物	33	67	100	200
純資産合計	233	267	400	900
使用価値（回収可能価額）	250	230	350	830
減損損失	-	37	50	87
減損後の純資産	233	230	350	813

　次に，減損損失を各 CGU の資産と本社建物の間で以下のように比例按分により配分する。

（単位：百万円）

資金生成単位（CGU）	B	C
本社建物への配分	9（＝37×67÷267）	12（＝50×100÷400）
CGU の資産への配分	28（＝37×200÷267）	38（＝50×300÷400）
	37	50

〈第2段階のテスト〉　　　　　　　　　　　　　　　　　　　　　　（単位：百万円）

資金生成単位	A	B	C	本社建物	小計	コンピュータ・センター	合計
純資産に直接賦課される帳簿価額	200	200	300	200	900	100	1,000
第1段階の減損テストから生じる減損損失	-	(28)	(38)	(21)	(87)	-	(87)
第1段階の減損テスト後の帳簿価額	200	172	262	179	813	100	913
使用価値（回収可能価額）							830
第2段階の減損テストから生じる減損損失							83

【第2段階のテストから生じる減損損失の配分】
　第2段階のテストから生じる減損損失83百万円は，全 CGU の資産（すなわち，

各CGU，本社建物およびコンピュータ・センター）に比例按分により配分する必要がある（IAS第36号第102項，第104項）。

減損損失の配分に際しては，資産の帳簿価額を下記のうち最も高い額を下回るように減額してはならない（IAS第36号第105項）。
- 処分コスト控除後の公正価値（算定可能な場合）
- 使用価値（算定可能な場合）
- ゼロ

この設例において，CGUのA，B，Cと本社建物の使用価値は既知であり，その額は830百万円である。CGUの帳簿価額はその使用価値（830百万円）を下回って減額することはできない点を考慮すると，減損損失83百万円は全額コンピュータ・センターに配分する必要がある。

4．日本の実務との差異

(1) のれんの配分

日本基準では，のれんの減損テストに際し，のれんの分割と配分という取扱いを設けている。企業結合で取得した事業単位が複数の場合には，以下の双方を満たす事業の単位にのれんを分割し帰属させる必要がある（固定資産の減損に係る会計基準 注解（注9））。
① 取得の対価がおおむね独立して決定されている
② 取得後も内部管理上独立した業績報告が行われる

日本基準では，この事業の単位に分割されたのれんのレベルで減損の兆候の把握を行う必要がある。減損の兆候があるとされたのれんについて，減損損失を認識するかどうかの判定も，原則としてのれんが帰属する事業に関連する複数の資産グループにのれんを加えた，より大きな単位で行うとしており，実務上も，これによることが一般的である（ただし，のれんの帳簿価額を関連する資産グループに合理的な基準で配分できる場合には，各資産グループにのれんを配分したうえで，減損損失の認識の判定を行うこともできる）（固定資産の減損に係る会計基準の適用指針第17項）。このように日本基準では，のれんは事業単位で把握し，各資産グループへの配分は行わないことを原則としている。

一方，IFRSでは，内部管理目的でのれんを監視している最小単位のレベルでの減損テストの実施を求めており，減損テストのレベルの決定方法が異なる。このため，IFRSへの移行にあたって十分な検討が必要となる領域であるといえる。

(2) 全社資産の配分

日本基準では，共用資産は原則として資産グループに配分しないが，配分したうえでの検討も可能である（固定資産の減損に係る会計基準 二 .7）。

一方，IFRSにおける全社資産は，合理的かつ首尾一貫した方法で配分できない場合を除き，CGUまたはCGUグループに配分しなければならない（IAS第36号第102項）。

そのため，日本基準において共用資産を配分していない場合は，IFRSへの移行に際して，全社資産の配分に関する方針の見直しを検討する必要がある。

(3) のれんの非支配持分の取扱い

IFRSでは，非支配持分を被取得企業の識別可能な純資産に対する比例持分で評価する場合，減損損失の算定において，非支配持分に帰属するのれんをCGUまたはCGUグループの帳簿価額に含めるよう増額（グロスアップ）してから，回収可能価額と比較する。

グロスアップしたのれんについて算定された減損損失は，持分比率により親会社持分に帰属する部分と非支配持分に帰属する部分に按分し，親会社持分に帰属する部分のみを減損損失として認識する。なお，非支配持分を公正価値で評価する場合には，グロスアップは不要である（IAS第36号C 4項，C 8項）。

この点，日本基準では，明確な指針等はない。

(4) のれんの償却

日本基準では，正ののれんは，資産に計上し，20年以内の効果の及ぶ期間に

わたって規則的に償却することとされている（企業結合に関する会計基準　第32項）。一方，IFRSでは，のれんの償却は行わない。

> **Short Break　のれんの償却をめぐる議論の動向**
>
> 　IASB「のれん・減損プロジェクト」において，のれんの事後の会計処理に関するアプローチとして，のれんの償却を行わず減損のみを実施する現行のアプローチとのれんの償却を再導入するアプローチについて，議論が行われた。のれんの償却の再導入を支持する主な主張は次のとおり。
> - 購入のれんは，費消される資産であり，償却せずに取得原価のまま計上し続けると，その中身は自己創設のれんに置き換わっている可能性がある。自己創設のれんの認識を禁止するIAS第38号「無形資産」の一般原則との整合性を確保するためにも，償却によって購入のれんの費消を反映することが有用である。
> - 購入のれんの償却は，その取得原価を費消が見込まれる期間にわたって配分するという点で，耐用年数を確定できる他の無形資産や有形固定資産に対するアプローチと整合している。
> - 購入のれんの耐用年数や費消パターンを精緻に予測することは困難だとしても，規則的な方法による償却は，許容可能なコストで健全性と実用性とのバランスを取り得る実務的な方法といえる。
>
> 　わが国の企業会計審議会（ASBJ）ものれんの償却の再導入を支持し，欧州財務報告諮問グループ（EFRAG）やイタリアの基準設定主体（OIC）と共同でディスカッション・ペーパーを作成し，また複数回にわたるリサーチ・ペーパーを公表するなど，必ずしも現行の減損のみのアプローチが最適な解決策ではないことについて意見発信を行ってきた。
>
> 　しかし，IASB会議においては減損のみアプローチへの支持が多数であり，のれんの償却額が購入のれんの耐用年数や費消パターンといった一般には予測できない要素に左右されてしまうこと，等を主な理由として，2017年12月のIASB会議においては，今後は償却再導入の検討を行わないことが，暫定的に決定されていた。
>
> 　また，上記決定と同時に，のれんの減損損失をより早期に認識しうるヘッドルーム・アプローチという方法が考案され，その導入を継続検討することが暫定決定されていた。
>
> 　しかし，その後のIASB会議では，一部のボードメンバーから，現行のIAS第36号における減損テストの有効性やコストに対する懸念に対し，ヘッドルーム・アプローチがその有効な解決策となる可能性は低いのではないか，といったアプロー

チそのものの有効性への疑問が呈され，また，関連する開示の議論を行う前に，のれんの償却の導入等を含め，全体的な観点から，他の改善方法について再考すべきではないか，との考えも示された。

　2018年7月のIASB会議では，のれんの償却を再導入するかどうかを検討していくことが，あらためて暫定決定されており，のれん償却の再導入を取り巻く議論は，依然として流動的で，予断を許さない状況といえるだろう。

第7章 減損損失の戻入れ

1．減損損失の戻入れ

(1) 戻入れの一般的な取扱い

　各報告日において，過去の期間にのれん以外の資産について認識した減損損失がもはや存在しないか，または減少している可能性を示す兆候の有無を評価しなければならない。そのような兆候が存在する場合には，企業は回収可能価額を見積もる必要がある。これは，のれん以外の個別資産にもCGUにも同様に適用される（IAS第36号第109項，第110項）。

① 減損損失の戻入れの兆候

　基準では，最低限，次の兆候を考慮しなければならないとしている（IAS第36号第111項）。

(図表Ⅳ－7－1)　減損損失の戻入れの兆候の検討にあたり考慮すべき事項の例

外部の情報源
① 資産の価値が著しく増加しているという観察可能な兆候がある。
② 企業が営業活動を行っている技術的，市場的，経済的もしくは法的な状況や資産が利用されている市場において，企業に有利な影響のある著しい変化が発生したか，または近い将来において発生すると予想される。
③ 市場金利などの市場投資収益率が当期中に下落し，その下落が資産の使用価値

の計算に用いられる割引率に影響することで資産の回収可能価額を著しく増加させる見込みがある。

内部の情報源
① 資産が使用されている（または使用されると見込まれる）程度または方法に関して，企業にとって有利な影響のある著しい変化が発生したか，または近い将来において発生すると予想される。…（*1）
② 資産の経済的成果が予想よりも良好である（または良好となるであろう）ことを示す証拠が内部報告から入手できる。

(*1) 資産が使用されている程度や方法に関する変化の例
・資産の性能の改善または拡張
・資産の属する事業のリストラクチャリング

　減損損失の戻入れの可能性を示す兆候は，通常，減損損失を当初に生じさせた兆候（第2章2.「減損の兆候」（232頁）を参照）と反対のものとなる（IAS 第36号第112項）。

　なお，基準で列挙している減損損失の戻入れの兆候には，減損損失の認識に関する兆候で示しているもののうち，含まれていないものが2つある。1つは，報告企業の純資産の帳簿価額が，その企業の株式の市場価値を超過しているという減損の兆候であり，もう1つは，資産の陳腐化または物的損害の証拠があるという減損の兆候である。

　ただし，これらの兆候はそれぞれ，他の兆候に事実上含まれているともいえる。例えば，陳腐化の兆候は，資産の価値が著しく増加しているという兆候に関連する。また，企業にとって有利な影響のある著しい変化が発生すれば，企業の株式の市場価値が増加することも期待される。企業は，減損損失の認識以降，減損損失がもはや存在しないかまたは減少している可能性を示す有利な事象または状況の変化があったかどうかを検討しなければならず，そのような兆候が存在する場合には，関連する資産またはCGUの回収可能価額を再度見積もらなければならない。

② 減損損失の戻入れの認識

　有形固定資産，（のれん以外の）無形固定資産および子会社，関連会社およ

びジョイント・ベンチャーに対する投資については，減損テストを最後に実施してから，当該資産の回収可能価額の算定に用いられた見積りに変更があった場合には，また，その場合にのみ，減損損失の戻入れを認識しなければならない。

i．潜在的な用益の増加

　減損損失の戻入れは，最後に実施した減損テスト以降における，当該資産について見積もられた使用または売却のいずれかによる潜在的な用役の増加を認識するものである。企業は，そのような潜在的な用役の増加を生じさせる見積りの変更を識別しなければならない。見積りの変更は，次の項目によって生じる場合がある（IAS第36号第114項，第115項）。

(図表Ⅳ－7－2)　見積りの変更（減損損失の戻入れ）を生じさせるケース

> ➢ 回収可能価額の基礎の変更（回収可能価額が，処分コスト控除後の公正価値または使用価値のいずれを基礎としているか）
> ➢ 回収可能価額が使用価値を基礎とする場合には，将来の見積キャッシュ・フローの金額または時期，もしくは割引率の変更
> ➢ 回収可能価額が処分コスト控除後の公正価値を基礎としている場合には，処分コスト控除後の公正価値の見積りの変更

ケーススタディⅣ－7－1 ▶ 減損損失の戻入れの兆候

前　提

　企業Oは南アメリカで事業を営んでおり，南アメリカでオレンジ・ジュースを生産し，そのほとんどを海外の顧客に販売している。3年前に，使用価値に基づき固定資産の減損損失を認識した。その当時，経営者は，その後4年間にわたって製品の価格は下落するであろうと見積もっていた。

　当期において，冬の非常に厳しい寒さにより，北半球のオレンジの収穫がほぼ壊滅的な状態となり，その結果，原料となるオレンジの品薄を受けて，オレンジ・ジュースの価格が急騰している。また，企業Oは，海外の顧客との間で，翌年度以降により多くの数量のオレンジ・ジュースを輸出する長期の契約を締結した。

> ポイント
>
> 企業にとって有利な影響のある著しい変化が，企業が営業している市場環境において発生していることは減損損失の戻入れの兆候となる（IAS第36号第111項(b)）。
>
> 考え方
>
> 本件事案においては，使用価値の計算におけるキャッシュ・フローの見積りのための基礎情報として使用した価格と数量の双方に変更があった。これは，過去の期間に認識した減損損失の戻入れの兆候となる。
> 経営者はキャッシュ・フローの見積りを見直し，当該資産の修正後の回収可能価額を算定しなければならない。

ii. 割引きの振戻しによる影響

期待将来キャッシュ・フローの現在価値を算出する際の割引部分の時間の経過による振戻しによって使用価値が増加する場合がある。その使用価値の増加は減損損失の戻入れとして認識すべきではない。これは単なる時間の経過によって生じたもので，過去に減損損失を認識した根本的な原因が解消されたわけではなく，資産の潜在的な用役は増加していないためである（IAS第36号第116項）。

なお，経済的状況の変化など他の減損の兆候によって戻入れが生じている場合に，時間の経過により生じた価値の増加を別個の要素として区別して認識する必要もない。

以下の設例で，割引きの振戻しによる影響について説明する。

ケーススタディⅣ－7－2 ▶ 割引きの振戻しによる影響

> 前 提
>
> 20X0年1月1日にある資産を100百万円で取得した。
> 予想耐用年数は5年であり，定額法で減価償却している。
> 20X0年12月31日に減損の検討を行い，その時の帳簿価額は80百万円であった。
> キャッシュ・フローの予測は以下のとおりである。

(単位：百万円)

	20X1	20X2	20X3	20X4
キャッシュ・フロー（割引前82，現在価値64）	13	22	23	24

　割引率を10％とすると，20X0年12月31日時点のキャッシュ・フローの現在価値（使用価値）は64百万円である。
　そのため16百万円の減損損失を認識している。

ポイント

　時間の経過に伴う割引きの振戻しによる影響（使用価値増加）を減損損失の戻入れの兆候と扱うべきではない。

考え方

　減損の計算に際して予測したとおりにキャッシュ・フローが実現していくと仮定すると，各年度末の帳簿価額と使用価値（残存キャッシュ・フローを割引率10％で割り引いた現在価値）は以下のとおりとなる。

(単位：百万円)

	20X0	20X1	20X2	20X3	20X4
帳簿価額	64	48	32	16	−
使用価値	64	57	41	22	−

　20X1年，20X2年および20X3年12月31日時点の使用価値が帳簿価額を上回っていることがわかる。これは，割引きの振戻し（将来キャッシュ・フローの現在価値は，その終期に近くなると増加すること）によるもので，単に時間の経過による影響である。経済的状況の変化など他の減損戻入れの兆候がない限り，過去の減損損失の戻入れは行わない。

③　減損損失の戻入れの金額

　減損損失の戻入れとして認識できる金額は，過去の減損損失が生じなかったとした場合の関連する資産の帳簿価額（つまり，減損損失が生じなかったとした場合に計上される通常の減価償却控除後の帳簿価額）までの金額に制限される（IAS第36号第117項）。そういう意味では，償却資産に係る減損損失の戻入れは，過去の減損損失の額ほど大きな額とはならない。
　なお，戻入れにより増額した資産の帳簿価額のうち，過去に認識した減損損

失がなかったとした場合の減価償却控除後の帳簿価額を超える部分は，再評価として扱われる（IAS 第36号第118項）。

また，戻入れの兆候がある場合には，資産の耐用年数，減価償却方法および残存価額を再検討しなければならない。たとえ結果的に戻入れが行われないとしても，この再検討が必要な場合がある点に留意が必要である（IAS 第36号第113項）。

ケーススタディⅣ－7－3 ▶ 減損損失の戻入れに関する制限

前　提

【20X1年12月31日】

特定の CGU について，IAS 第36号に従い減損損失を計上した。
- 減損損失額：227百万円
- 対象資産：減損前の帳簿価額6,500百万円（内訳は，償却資産6,400百万円，のれん100百万円）
- 償却資産の減価償却方法：定額法（20X1年12月末時点の残存年数 8 年）
- 減損損失の配分：まずのれんを全額減額し，次に，その他の資産に比例的に配分している。したがって，減損損失のうち100百万円が全額のれんに配分され，のれんの残高がゼロまで減額されている。

次に，残りの減損損失127百万円をその他の資産6,400百万円と相殺している。
減損損失計上の結果，20X1年12月31日現在，償却資産の帳簿価額は6,273百万円（＝6,400百万円－減損損失127百万円）である。

【20X2年12月31日】

CGU の帳簿価額は以下のとおり。
- 償却資産：5,489百万円（＝6,273百万円×残余耐用年数 7 ／ 8 年）
- のれん： 0 百万円（前期に全額減損済）

前年度に計上した減損損失の戻入れについて検討した結果，減損損失がもはや存在していないとの結論に至っている（回収可能価額：6,254百万円）。

ポイント

減損損失の戻入れとして認識できる金額は，過去の減損損失が生じなかったとした場合の関連する資産の帳簿価額までの金額に制限される。なお，のれんに関する減損損失をその後に戻し入れることはできない（後述の1．(2)「のれんに関する減損損失の戻入れ」（372頁）を参照）。

> 考え方
>
> 認識される可能性のある当初の損失の戻入額は以下のように算定される。
>
> （単位：百万円）
>
> | | |
> |---|---:|
> | 当初の減損損失 | 227 |
> | 戻入れできないのれんの減損損失 | (100) |
> | 残高 | 127 |
> | 減損していないと仮定した場合の，のれんを除く純資産の帳簿価額 | |
> | （6,500－100）×7年／8年⇒ | 5,600 |
> | 控除：減損後の，のれんを除く資産の帳簿価額 | 5,489 |
> | 可能性のある戻入れ | 111 |

上表からもわかるように，この状況では，111百万円だけ戻入れが行われることになる。減損損失127百万円を戻し入れてしまうと，純資産の当初の帳簿価額が，5,616百万円（＝5,489百万円＋127百万円）で計上されてしまい，当該資産の減損前で減価償却後の取得原価である5,600百万円を上回ることになるためである。

④ 再評価された資産に係る減損損失の戻入れ

減損損失の戻入れの会計処理は，減損の認識時に適用した会計処理と整合していなければならない。そのため，資産を取得原価で計上している場合には，過去の減損損失は純損益に計上されているため，減損損失の戻入れも当期の純損益に認識する必要がある（IAS第36号第119項）。

再評価している資産の場合，減損損失の戻入れは，純損益に認識した過去の減損損失の金額（減損損失および減価償却控除後の金額）の範囲内で純損益に認識する。過去の減損損失の一部がその他の包括利益に計上されている場合には，残りの減損損失の戻入額は，その他の包括利益に認識する必要がある（IAS第36号第120項）。

以下の設例で，再評価された資産の減損の戻入れの計算を示す。

ケーススタディⅣ-7-4 ▶ 再評価された資産の減損損失の認識および戻入れ

前　提

【20X1年12月31日】
100百万円で資産を購入した（予想経済的耐用年数は20年）。

【20X4年12月31日】
当該資産を136百万円に再評価した。

【20X6年12月31日】
当該資産について減損を検討し，回収可能価額65百万円まで減額した。

以下の表は，減価償却控除後の取得原価ベースの帳簿価額と，財務諸表に実際に計上されている帳簿価額の変動を示している。

(単位：百万円)

	減価償却控除後の取得原価	再評価後の帳簿価額
20X1年12月31日	100	100
減価償却費（3年分）	(15)	(15)
再評価	-	51
20X4年12月31日	85	136
減価償却費（2年分）	(10)	(16)
20X6年12月31日	75	120
減損損失	(10)	(55)
20X6年12月31日（減損損失計上後）	65	65

20X6年12月31日時点の減損損失55百万円については，以下のように，帳簿価額が減価償却控除後の取得原価に達するまではその他の包括利益に計上し，その残額を純損益に計上した。

(単位：百万円)

その他の包括利益	(※) 45
純損益	10
減損損失	55

(※)　減損損失は，その他の包括利益に計上された当該資産に係る再評価剰余金の範囲内で，その他の包括利益に計上する。本設例では，20X4年度に51百万円が再評価剰余金に貸方計上されている。IAS第16号第41項で許容されているように，ここでは，

再評価額に関する毎年の減価償却分について、再評価剰余金から利益剰余金への振替が行われていると仮定している。その金額は2年間で6百万円であり、その他の包括利益において再評価剰余金を51百万円から45百万円に減少させることとなる。

【20X8年12月31日】

経済的状況が改善し、当該資産の回収可能価額は90百万円になると見積もられた。

> ポイント

再評価している資産の場合、減損損失の戻入れは、純損益に認識した過去の減損損失の金額の範囲内で純損失に認識する。

> 考え方

減損損失が認識されなかったとした場合の20X8年12月31日時点の帳簿価額は104百万円（20X6年12月31日時点の帳簿価額120百万円からさらに2年分の減価償却費16百万円を控除した金額）であり、回収可能価額90百万円を上回っている。そのため、帳簿価額の増加は全額、過去の期間の減損損失の戻入れとして処理することができる。帳簿価額が104百万円より増加した場合は、当該超過額は減損損失の戻入れではなく、再評価として処理する（IAS第36号第118項）。

下表に示すように、減損損失を戻し入れることとなる。

(単位：百万円)

	減価償却控除後の取得原価 減損前	減損後	帳簿価額
20X6年12月31日	75	65	65
減価償却費（2年分）	(10)	(9)	(9)
20X8年12月31日	65	56	56
減損損失の戻入れ	-	9	34
20X8年12月31日（減損損失戻入れ後）	65	65	90

減損損失の戻入額34百万円は、以下のように計上される。

純損益	9
その他の包括利益	25
減損損失の戻入れ	34

純損益に計上される金額9百万円は、損益計算書に計上した過去の減損損失10百万円から、当該資産を減価償却控除後の取得原価で計上していた場合に計上さ

れたであろう追加的な減価償却費についての調整額1百万円を控除した金額を表す。この1百万円という金額は，資産を減価償却控除後の取得原価で計上していた場合に2年間で計上されたであろう減価償却費10百万円と実際に計上された減価償却費9百万円との差額として計算される。

残りの戻入額25百万円は，その他の包括利益に貸方計上する。

⑤ 戻入れ後の減価償却

減損損失の戻入れを認識した後の当該資産の減価償却費は，改訂後の帳簿価額から残存価額を控除した金額を残存耐用年数にわたって規則的に配分するように修正しなければならない（IAS第36号第121項）。

(2) のれんに関する減損損失の戻入れ

のれんの減損損失は，どのような状況においても戻入れは認められない。

IAS第38号「無形資産」では自己創設のれんの認識を禁止しているところ，減損後ののれんの回収可能価額の増加は，自己創設のれんによるものであることが多い。そのため基準は，のれんに関しては減損損失の戻入処理を認めないこととしている（IAS第36号第124項，第125項）。

これは，期中報告期間にのれんに関する減損損失を認識した場合も同様である。すなわち，期中報告期間に認識した減損損失について，事業年度末までにその全部または一部が回復している場合であっても，のれんに関して期中報告期間に認識した減損損失を戻し入れてはならない（IFRIC第10号第8項）。

2．減損損失の戻入れの配分

減損損失の戻入れの配分は，のれんに係る減損損失の戻入れが認識されないことを除いて，過去の減損損失の配分と同様の方法で処理する。

減損損失の戻入れは，のれん以外の資産に対して，CGU内の各資産の帳簿価額に基づいて比例的に配分するが（IAS第36号第122項），その配分によって資産の帳簿価額が次のいずれか低いほうを上回ることは認められない。

- 回収可能価額（測定可能な場合）
- 過去に認識した減損損失がなかったとした場合の金額から減損損失認識時以降の減価償却（または償却）を控除した帳簿価額

　この制限によって特定の資産に対する戻入れに余剰金額が生じた場合には，この余剰金額を当該CGUの他の資産（のれんを除く）へ比例的に配分しなければならない（IAS第36号第123項）。
　以下の設例で，減損損失の戻入れの配分について数値例を用いて説明する。

ケーススタディⅣ－7－5 ▶ 減損損失の戻入れの配分

| 前　提 |

【減損損失の認識……20X1年12月31日】
　CGUの帳簿価額1,395百万円（うち，のれん295百万円）から回収可能価額900百万円を差し引いた495百万円の減損損失を計上した。
　減損損失のうち295百万円をのれんに配分し，残額200百万円をのれん以外の資産に配分している。

【減損損失の戻入れの認識……20X5年12月31日】
　当該CGUの回収可能価額を1,000百万円と見積もった。現時点における減価償却費（または償却費）控除後の帳簿価額は800百万円であったため，減損損失の戻入れは200百万円である。
　過去の減損損失の配分，現在の帳簿価額および過去の減損損失が発生しなかったとした場合の資産の帳簿価額は，以下のとおりである。

（単位：百万円）

	20X1年12月31日			20X5年12月31日		
	帳簿価額	減損額	減損後の帳簿価額	帳簿価額（償却費控除後）		減損がなかったとした場合の帳簿価額（償却費控除後）
のれん	295	(295)	－	－		295
不動産A	505	(5)	500	480		480
機械A	90	(10)	80	60		70
機械B	125	(46)	79	65		100

機械 C	130	(48)	82	65	110
無形資産 A	250	(91)	159	130	230
合計	1,395	(495)	900	800	1,285

[ポイント]

減損損失の戻入れを配分した結果，資産の帳簿価額が次のいずれか低いほうを上回ることは認められない。
- 回収可能価額
- 過去に認識した減損損失がなかったとした場合の金額から減損損失認識時以降の減価償却を控除した帳簿価額

[考え方]

回収可能価額の改訂後の見積りと減損損失の戻入れの配分の詳細は，以下のとおりである。

回収可能価額は1つの数値で示されているが，これは処分コスト控除後の公正価値と使用価値のいずれか高い金額を表している。

(単位：百万円)

	帳簿価額	回収可能価額	戻入れの配分（1回目）	改訂後の帳簿価額	戻入れの配分（2回目）	改訂後の帳簿価額
のれん	-	30	-(1)	-	-	-
不動産 A	480	510	-(2)	480	-	480
機械 A	60	70	10(3)	70	-	70
機械 B	65	80	15(3)	80	-	80
機械 C	65	90	25(3)	90	-	90
無形資産 A	130	220	81(4)	211	9(4)	220
合計	800	1,000	131	931	9	940
改訂後の帳簿価額						940
配分されていない戻入れ						60(5)
回収可能価額						1,000

〈留意事項〉

(1) のれんの減損損失の戻入れは認められていないため，のれんに対する減損損失の戻入れは行わない。

(2) 不動産 A の帳簿価額は，過去の減損損失がなかったとした場合の減価償却控除後の取得原価と同額であるため，不動産 A に対する減損損失の戻入れの配分

は行わない。
(3) 各機械に配分される減損損失の戻入額の上限は，回収可能価額と過去の減損損失が発生しなかったとした場合に計算される減価償却控除後の帳簿価額のどちらか低いほうの金額となる。各機械の回収可能価額は後者の金額と同額または後者の金額を下回るため，戻入額の上限は，現時点の帳簿価額と回収可能価額との間の差額になる。
(4) 無形資産に対し減損損失の戻入れの比例配分額の全額が配分される。それでもなお，改訂後の帳簿価額211百万円は，回収可能価額220百万円と過去の減損損失がなかったとした場合の帳簿価額230百万円を下回る。よって，この2つの数値のより低いほうまで帳簿価額を増加させるため，2回目の配分で9百万円を配分する。

1回目の配分額81百万円（＝200百万円×130百万円／320百万円）は，減損損失の戻入額200百万円のうち，減損損失の戻入れによって帳簿価額を増加させることができる資産（機械A～Cおよび無形資産）の帳簿価額の合計額に対する，当該無形資産の帳簿価額の割合で算出している。
(5) のれん以外のすべての資産について，回収可能価額と，過去の減損損失が生じなかったとした場合の帳簿価額のいずれか低いほうの金額まで帳簿価額を増加させた後，減損損失の戻入れが配分されていない残額60百万円については，上記のポイントで示した制限のため，これ以上配分できない。

なお，配分できない戻入額は下表のとおり。

(単位：百万円)

機械A	27	＝（60×200／320）－10
機械B	26	＝（65×200／320）－15
機械C	16	＝（65×200／320）－25
小計	69	
（－）無形資産への再配分額	(9)	
	60	

配分は，各資産の帳簿価額に，減損損失の戻入額（C200）を乗じて，戻入れを配分可能な資産の帳簿価額（C320，すなわち，機械A，BおよびCと無形資産Aの帳簿価額の合計額）で除した値に基づいて行われている。

3．日本の実務との差異

(1) 減損損失の戻入れ

　IFRSでは，IAS第36号の適用範囲の資産（のれんを除く）について，過去に認識した減損損失がもはや存在しないこと，または減少していることを示唆する兆候の有無を各報告日に評価しなければならない。それらの兆候がある場合は，回収可能価額を再度見積もる必要がある。

　そのうえで，減損テストを最後に実施して以降，当該資産の回収可能価額の算定に用いられた見積りに変更があった場合には，また，その場合にのみ，減損損失の戻入れを認識することが要求されている（IAS第36号第110項，第114項）。

　一方，日本基準では，のれんを含むすべての資産について，減損の戻入れは認められない（固定資産の減損に係る会計基準 三. 2)。

第Ⅴ部

開　　示

　第Ⅴ部では，固定資産およびその減損に関して求められる注記事項について解説する。
　第1章では，有形固定資産および無形資産に関する注記について，IAS第16号および第38号の開示要求事項を解説し，第2章では，資産の減損に関するIAS第36号の開示要求事項を解説する。
　なお，具体的な開示イメージをつかめるよう，『国際財務報告基準（IFRS）に基づく連結財務諸表のひな型2018年12月末』からの抜粋に基づき作成した開示例を，文中に示している。

第1章 有形固定資産，無形資産に関する開示

1．有形固定資産に関する開示

(1) 一般的な開示要求事項

　IAS第16号では，採用した会計方針に加えて，取得原価または再評価額の増減，および減価償却額を示す表を，有形固定資産のクラスごとに開示することを求めている（IAS第16号第73項）。

(図表Ⅴ－1－1)　有形固定資産に関する注記（クラスごとの開示）

(a)　帳簿価額（減価償却累計額控除前）を決定するために用いた測定基礎
(b)　採用した減価償却方法
(c)　採用した耐用年数または減価償却率
(d)　期首および期末の帳簿価額（減価償却累計額控除前）および減価償却累計額（減損損失累計額との合計）
(e)　期首と期末の帳簿価額の調整表（下記項目を示す） 　(i)　増加 　(ii)　IFRS第5号「売却目的で保有する非流動資産及び非継続事業」に従って，売却保有目的に区分した資産，または売却目的保有の資産として区分した処分グループに含めた資産，その他の処分 　(iii)　企業結合による取得 　(iv)　IAS第16号第31項，第39項および第40項に基づく再評価，およびIAS第36号に従ってその他の包括利益に認識（戻入れ）をした減損損失から生じた増加

(減少)
(v) IAS第36号に従って純損益に認識した減損損失
(vi) IAS第36号に従って純損益に戻し入れた減損損失
(vii) 減価償却額
(viii) 機能通貨から別の表示通貨への財務諸表の換算から生じた正味の為替換算差額
(ix) その他の増減

<開示例-1　有形固定資産に関する会計方針>
(国際財務報告基準(IFRS)に基づく連結財務諸表のひな型2018年12月末より抜粋し作成)

	8　非金融資産
	(a)　有形固定資産
IAS 1.117	(iv)　再評価，減価償却方法および耐用年数
IAS16.73(a)	土地および建物は，外部の独立した鑑定人による定期的な評価(少なくとも3年ごとの評価)に基づいて，公正価値(建物の場合は，その後の減価償却累計額を控除した額)で認識しています。再評価剰余金は，資本における「その他の剰余金」に計上しています。その他の有形固定資産はすべて，取得原価から減価償却累計額を控除した額で認識しています。
IAS16.50, 73(b)	減価償却費は，それぞれの見積耐用年数(リースしている工場及び器具備品の場合には見積耐用年数とリース期間のいずれか短い方の期間)にわたって定額法により算定しています。それぞれの期間は，下記のとおりです。
IAS16.73(c)	・建物　　　　　　　　　　　　　　　25-40年 ・機械装置　　　　　　　　　　　　　10-15年 ・運搬具　　　　　　　　　　　　　　3-5年 ・工具，器具及び備品　　　　　　　　3-8年 ・リースしている工場および機械装置　10-15年 有形固定資産に関するその他の会計方針については，注記25(r)を参照。

IAS1.119		**25　重要な会計方針の要約**
		(r)　有形固定資産
IAS16.35(b)		土地および建物に関する当社グループの会計方針は，注記8
IAS16.17		(a)で説明しています。その他の全ての有形固定資産は，取得
IAS16.73(a)		原価から減価償却累計額を控除した額で計上しています。取
IAS39.98(b)		得原価には，当該資産の取得に直接起因するコストも含まれ
		ます。また，取得原価には，有形固定資産の外貨での購入に
		対する適格キャッシュ・フロー・ヘッジに関する利得または
		損失の資本からの振替額が含まれます。
IAS16.12		取得後コストは，当該項目に関連する将来の経済的便益が当
		社グループに流入する可能性が高く，かつ当該項目の取得原
		価が信頼性をもって測定できる場合には，当該資産の帳簿価
		額に含めるか，または適切な場合には個別の資産として認識
		しています。個別の資産として会計処理される構成要素の帳
		簿価額は，取替時に認識の中止を行っています。その他の全
		ての修繕と維持費は，発生した報告期間の純損益に計上して
		います。
IAS16.39		土地および建物の再評価により生じる帳簿価額の増加額は，
		税引後の金額でその他の包括利益（OCI）に認識し，資本に
		おける「その他の剰余金」に累積されます。ただし，当該増
		加額は，過去に認識した減少額の戻入れとなる範囲において，
		最初に純損益で認識しています。同じ資産の過去の増加額を
		戻入れることによる減少は，当該資産に起因する剰余金の残
		高の範囲で最初にOCIで認識しています。他のすべての減
		少は，純損益に費用計上しています。純損益に費用計上され
		た資産の再評価後の帳簿価額に基づく減価償却と，資産の当
		初の取得原価（税引後）に基づく減価償却との差額は，毎年，
		有形固定資産に係る再評価剰余金から利益剰余金に振り替え
		ています。
IAS16.50，73(b)		当社グループが使用する減価償却の方法と期間は，注記8(a)
		に開示しています。
IAS16.51		資産の残存価額と耐用年数は，各報告期間の末日に再検討し，
		必要があれば修正しています。

IAS36.59	資産の帳簿価額が見積回収可能価額を上回る場合，帳簿価額は，ただちに回収可能価額まで減額しています（注記25(j)）。
IAS16.68，71，IAS16.41	処分時の利得または損失は，収入と帳簿価額を比較することで算定し純損益に含めています。再評価した資産を売却する際，当グループの方針として，当該資産に関連するその他の剰余金に含まれる額を，「利益剰余金」に振り替えています。

＜開示例－2　有形固定資産に関する帳簿価額の調整表＞
（国際財務報告基準（IFRS）に基づく連結財務諸表のひな型2018年12月末より抜粋し作成）

(a) 有形固定資産

	非流動資産	土地 (百万円)	建物 (百万円)	工具，器具及び備品 (百万円)	機械装置及び運搬具 (百万円)	建設中の資産 (百万円)	合計 (百万円)
	20X7年1月1日現在（修正再表示後）						
IAS16.73(d)	取得原価（または公正価値）	11,350	28,050	27,480	70,860	-	137,740
IAS16.73(d)	減価償却累計額	-	-	(7,570)	(37,025)	-	(44,595)
	帳簿価額	11,350	28,050	19,910	33,835	-	93,145
	20X7年12月31日終了事業年度						
IAS16.73(e)	期首帳簿価額	11,350	28,050	19,910	33,835	-	93,145
IAS16.73(e)(viii)	為替換算差額	-	-	(43)	(150)	-	(193)
IAS16.73(e)(iv)	再評価剰余金	2,700	3,140	-	-	-	5,840
IAS16.73(e)(i), 74(b)	増加	2,874	1,490	2,940	7,198	3,100	17,602

参照	項目						
IAS16.73(e)(ii), IFRS5.38	売却目的保有への分類・その他の処分	(424)	–	(525)	(2,215)	–	(3,164)
IAS16.73(e)(vii)	減価償却費	–	(1,540)	(2,030)	(4,580)	–	(8,150)
IAS16.73(e) IAS16.74(b)	期末帳簿価額	16,500	31,140	20,252	34,088	3,100	105,080

20X7年12月31日現在

参照	項目						
IAS16.73(d)	取得原価(または公正価値)	16,500	31,140	29,852	75,693	3,100	156,285
IAS16.73(d)	減価償却累計額	–	–	(9,600)	(41,605)	–	(51,205)
IAS1.77	帳簿価額	16,500	31,140	20,252	34,088	3,100	105,080

20X8年12月31日終了事業年度

参照	項目						
IAS16.73(e)	期首帳簿価額	16,500	31,140	20,252	34,088	3,100	105,080
IAS16.73(e)(viii)	為替換算差額	–	–	(230)	(570)	–	(800)
IAS16.73(e)(iv)	再評価剰余金	3,320	3,923	–	–	–	7,243
IAS16.73(e)(iii)	子会社の取得	800	3,400	1,890	5,720	–	11,810
IAS16.73(e)(i), 74(b)	増加	2,500	2,682	5,313	11,972	3,450	25,917
IAS16.73(e)(ii), IFRS5.38	売却目的保有への分類・その他の処分	(550)	–	(5,985)	(1,680)	–	(8,215)
IAS16.73(e)(ix)	振替	–	–	950	2,150	(3,100)	–
IAS16.73(e)(vii)	減価償却費	–	(1,750)	(2,340)	(4,860)	–	(8,950)

第1章 有形固定資産，無形資産に関する開示 383

IAS16.73(e)(v) IAS36.126(a),(b)	減損損失 (iii)	–	(465)	(30)	(180)	–	(675)
IAS16.73(e)	期末帳簿価額	22,570	38,930	19,820	46,640	3,450	131,410
	20X8年12月31日現在						
IAS16.73(d)	取得原価(または公正価値)	22,570	38,930	31,790	93,285	3,450	190,025
IAS16.73(d)	減価償却累計額および減損損失累計額	–	–	(11,970)	(46,645)	–	(58,615)
IAS1.77, IAS16.74(b)	帳簿価額	22,570	38,930	19,820	46,640	3,450	131,410

　また基準は，有形固定資産に関して，特に説明すべき事項として，以下についても注記を求めている（IAS 第16号第74項）。

(図表Ⅴ-1-2)　有形固定資産に関する注記（その他の開示）

(a)　所有権に対する制限および負債の担保に供した有形固定資産の存在およびその金額
(b)　建設中の有形固定資産項目の帳簿価額に含めて認識した支出額
(c)　有形固定資産の取得に関する契約上のコミットメント
(d)　包括利益計算書に別個に開示されていない場合において，減損，滅失，放棄した有形固定資産項目に対して純損益に計上した第三者からの補填額

＜開示例 - 3　担保差入資産に関する注記＞
（国際財務報告基準（IFRS）に基づく連結財務諸表のひな型2018年12月末より抜粋し作成）

18　コミットメント 　(a)　資産の取得に関するコミットメント 　　報告期間の末日現在，契約しているものの連結財務諸表上で

負債として認識していない資産の取得に関する重要なコミットメントは，以下のとおりです。

		20X8年 （百万円）	20X7年 （百万円）
IAS16.74(c)	有形固定資産	4,200	800
IAS40.75(h)	投資不動産	520	1,250
IAS38.122(e)	無形資産	450	-

＜開示例-4　担保資産に関する注記＞
（国際財務報告基準（IFRS）に基づく連結財務諸表のひな型2018年12月末より抜粋）

24　担保資産
流動負債および非流動負債に含まれる借入金のための担保として差し入れた資産の帳簿価額は，以下のとおりです。

		注記	20X8年 （百万円）	20X7年 （百万円）
	流動			
	譲渡債権		3,250	-
	浮動担保			
IFRS7.14(a)	現金および現金同等物	7(e)	24,678	11,154
IFRS7.14(a)	債権	7(a)	12,410	9,542
IFRS7.14(a)	純損益を通じた公正価値測定の金融資産	7(d)	11,300	10,915
IFRS7.14(a)	デリバティブ金融商品	12(a)	1,088	640
	担保として差し入れた流動資産合計		52,726	32,251

		非流動			
		第一抵当権			
IAS16.74(a)		土地および建物	8(a)	24,950	23,640
IAS40.75(g)		投資不動産	8(b)	13,300	10,050
				38,250	33,690
		ファイナンス・リース			
IAS16.74(a)		工場および機械装置	8(a)	2,750	2,950
		浮動担保			
IFRS7.14(a)		債権－非流動	7(a)	1,300	700
IFRS7.14(a)		売却可能金融資産	7(c)	11,110	5,828
IFRS7.14(a)		満期保有目的投資	7(b)	1,210	–
IFRS7.14(a)		デリバティブ金融商品	12(a)	308	712
IAS16.74(a)		工場および機械装置	8(a)	6,150	4,100
				20,078	11,340
		担保として差し入れた非流動資産合計		61,078	47,980
		担保として差し入れた資産の合計		113,804	80,231

(2) 会計上の見積りの変更に関する開示

　IAS第8号に従い，当期に影響を及ぼすか，または将来の期間に影響を及ぼすと予想される会計上の見積りの変更について，その内容と金額の詳細を開示する必要がある。会計上の見積りの変更には，耐用年数，残存価額および減価償却方法の変更が含まれる（IAS第16号第76項）。

<開示例-5　会計上の見積りの変更に関する注記>
(国際財務報告基準（IFRS）に基づく連結財務諸表のひな型2018年12月末より抜粋)

IAS8.39, IAS16.76	**11(c)　工場および機械装置の耐用年数の変更** 当年度中，家具の製造に使用している，子会社の工場および機械装置の一部の見積耐用年数を変更しました。この変更が当事業年度に与える影響は，減価償却費980百万円の増加（純額）です。 当該資産を見積耐用年数の終了時まで保有すると仮定すると，当該資産に関する将来の年度における減価償却費は，次の金額に増加します。 12月31日に終了する年度　　　　　　　　　　　（百万円） 20X9年　　　　　　　　　　　　　　　　　　　　740 20X0年　　　　　　　　　　　　　　　　　　　　610 20X1年　　　　　　　　　　　　　　　　　　　　460 20X2年　　　　　　　　　　　　　　　　　　　　430

(3) 再評価額で計上している場合の開示

　有形固定資産を再評価額で計上している場合，IAS第16号は，IFRS第13号「公正価値測定」に規定される事項とは別に開示すべき，追加的な開示要求事項を定めている。これには，原価モデルに基づいて算定された有形固定資産の帳簿価額をクラス別に開示することが含まれる。なお，その際の取得原価には，資産化されたであろう借入コストが含まれる（IAS第16号第77項）。

(図表V-1-3)　再評価額で計上している場合の追加的な開示要求事項

(a)　再評価の実施日
(b)　独立した鑑定人の関与の有無
(c)　再評価したそれぞれの種類の有形固定資産について，これら資産を原価モデルに基づいて計上していたとした場合に認識していたであろう帳簿価額
(d)　再評価剰余金（当該期間の再評価剰余金の変動と株主への配当制限）

第1章 有形固定資産，無形資産に関する開示　　*387*

＜開示例-6　再評価額で計上している場合の追加的な開示＞
(国際財務報告基準（IFRS）に基づく連結財務諸表のひな型2018年12月末より抜粋)

IFRS13.93(g) IAS40.75(e) IAS16.77(a), (b)	(vi)　評価プロセス	当社グループは，投資不動産については年次ベースで，その他の土地および建物については3年毎に，資格を有する社外の独立鑑定人を用いて，公正価値を算定しています。20X8年12月31日現在の投資不動産の公正価値は，ABC Property Surveyors Limited によって算定されています。20X8年12月31日に有形固定資産として分類されている土地および建物については，取締役による評価が行われました。これらの土地および建物の独立鑑定人による最新の評価は，20X7年12月31日時点で実施されました。 当社グループが使用した主要なレベル3のインプットは，以下のとおり算定し評価しています。 ● リースしているオフィスビル―割引率，最終利回り，見積空室率，および賃料上昇率は，比較可能な取引および業種の情報に基づき，ABC Property Surveyors Limited または経営者によって見積っています。 ● 再開発中のオフィスビル―完成までの建設コストおよび利益マージンは，20X8年12月31日現在の市況に基づき ABC Property Surveyors Limited によって見積っています。この見積りは，経営者の経験や市況に関する知識に基づいて当社グループが内部で策定した予算と整合しています。 レベル2およびレベル3の公正価値の変動は，CFO，監査委員会（AC），および評価チームにより半年に1度の評価協議の際に，各報告期間末日現在の分析を行っています。この協議の一環として，当該評価チームは公正価値の変動の理由を説明した報告書を提出しています。
IAS16.77(e)	(vi)　土地および建物を取得原価で計上していた場合に認識したであろう帳簿価額	土地および建物を取得原価に基づき計上した場合に認識したであろう金額は，以下のとおりです。

		20X8年 (百万円)	20X7年 (百万円)
	土地		
	取得原価	16,100	13,350
	減価償却累計額	–	–
	帳簿価額	16,100	13,350
	建物		
	取得原価	37,322	27,790
	減価償却累計額	(3,715)	(1,850)
	帳簿価額	33,607	25,940

IAS1.79(b)	(i) その他の剰余金の性質および目的
	再評価剰余金 – 有形固定資産
IAS16.77(f)	有形固定資産に関する再評価剰余金は，非流動資産の再評価額の増加および減少を計上するために用いられています。資産の売却時には，当該資産に関連した剰余金の残高を利益剰余金に振り替えています。詳細については注記25(r)の会計方針を参照。

(4) 借入コストに関する開示

資産化された借入コストについては，次の事項の開示が必要である（IAS第23号第26項）。なお，この開示は，借入コストが無形資産として資産化された場合であっても同様に適用される。

(図表V－1－4) 借入コストに関する開示要求事項

(a) 資産化した借入コストの金額
(b) 資産化に適格な借入コストの金額算定に用いた資産化率

(5) その他の開示

IAS第16号では，開示が推奨される事項として下表のものを示している（IAS第16号第79項）。これらは必須の開示項目ではないが，財務諸表利用者のニーズに関連性のある情報と考えられる場合には，開示することが望ましいとされている。

(図表Ⅴ－1－5) 開示が推奨される情報

(a) 一時的に遊休状態にある有形固定資産の帳簿価額
(b) 減価償却が完了しているが，依然として使用中の有形固定資産の帳簿価額（減価償却累計額控除前）
(c) 活発な活動をやめているが，IFRS第5号に従って売却目的保有に分類していない有形固定資産の帳簿価額
(d) 原価モデルを採用している場合の有形固定資産の公正価値（帳簿価額と大きな差異がある場合）

2．無形資産に関する開示

(1) 一般的な開示要求事項

IAS第38号では，無形資産のクラスごとに，自己創設無形資産とその他の無形資産とを区別して開示することが求められる。

耐用年数が確定できるのか，また，確定できる場合には，採用している耐用年数または償却率を開示する必要がある。また，無形資産のクラスごとに，取得原価の変動や再評価額，償却額について説明する表が必要となる（IAS第38号第118項）。

なお，無形資産に係る会計上の見積りの変更が生じた場合，当期に影響を有するか，または翌期以降に影響を有すると予想される会計上の見積りの変更については，その性質および影響額を，IAS第8号に従って開示する必要がある。例えば，無形資産の耐用年数，残存価額，償却年数の変更がこれに該当する（IAS第38号第121項）。開示要求の内容および開示例については，本章1．(2)

「会計上の見積りの変更に関する開示」(385頁) を参照。

(図表Ⅴ-1-6) 無形資産に関する注記(種類ごとの開示)

(a)	耐用年数を確定できるか否か,確定できる場合は,採用した耐用年数または償却率
(b)	採用した償却方法(耐用年数を確定できる無形資産)
(c)	期首・期末の帳簿価額(償却累計額控除前)および償却累計額(減損損失累計額との合計)
(d)	無形資産の償却額を含んでいる包括利益計算書の表示科目
(e)	期首と期末の帳簿価額の調整表(下記項目を示す)
	(i) 増加額。内部開発による増加,個別の取得による増加,企業結合での取得による増加の金額を別々に表示する。
	(ii) IFRS 第5号「売却目的で保有する非流動資産及び非継続事業」に従って,売却目的保有に分類した資産,または売却目的保有に分類した処分グループに含めた資産,その他の処分
	(iii) IAS 第38号第75項,第85項および第86項に基づく再評価から生じた当期中の増加または減少,および IAS 第36号に従ってその他の包括利益に認識または戻し入れた減損損失に伴う当期中の増加または減少
	(iv) IAS 第36号に従って当期の純損益に認識した減損損失
	(v) IAS 第36号に従って当期の純損益に戻し入れた減損損失
	(vi) 当期中の償却額
	(vii) 財務諸表の表示通貨への換算,および在外営業活動体の財務諸表の企業の表示通貨への換算から生じた正味の為替換算差額
	(viii) その他の増減

＜開示例-7 無形資産に関する会計方針＞
(国際財務報告基準(IFRS)に基づく連結財務諸表のひな型2018年12月末より抜粋)

	8 非金融資産
	(c) 無形資産
IAS 1.117	(i) 償却方法および耐用年数
IAS38.118(a), (b)	当社グループは,耐用年数を確定できる無形資産を次の年数にわたって定額法を用いて償却しています。

	・特許,商標,ライセンス　　　　　3－5年
	・IT開発,ソフトウェア　　　　　　3－5年
	・顧客との契約　　　　　　　　　　1－3年

無形資産に関連するその他の会計方針については,注記25(t)を,また減損に関するグループの会計方針については,注記25(j)を参照。

(ii)　顧客との契約

IAS 1.119　顧客との契約は,企業結合の一部として取得したものです。それらは,取得日時点の公正価値で認識し,その後は,予想される契約上のキャッシュ・フローの時期に基づき,その見積耐用年数にわたって定額法で償却しています。

IAS 1.125
(iii)　重要な見積り：IT部門の無形資産の耐用年数

当社グループのITコンサルティング部門は,当期において,業務プロセスの分析に使用するソフトウェアの開発を完了しました。20X8年12月31日現在,このソフトウェアの帳簿価額は722百万円です（20X7年はゼロ）。当社グループは,このソフトウェアの耐用年数を,当該資産について見込まれる技術的な陳腐化を考慮して,ソフトウェアの耐用年数を少なくとも5年と見積っています。ただし,実際の耐用年数は,技術革新や競合他社の活動によって,短くなることも長くなることもあります。仮に耐用年数を3年と見積った場合,20X8年12月31日現在の帳簿価額は702百万円となり,8年と見積った場合には帳簿価額は732百万円になります。

IAS 1.119
25　重要な会計方針の要約

(t)　無形資産

IAS 1.119
(i)　のれん

IFRS 3.32,
IAS36.10
のれんは,注記25「(i)　企業結合」の記載のとおり測定しています。子会社の取得時ののれんは,無形資産に含めています。のれんは償却せず,毎年,もしくは減損している可能性を示す事象または状況の変化がある場合にはより高い頻度で減損テストを行い,減損損失累計額を控除した取得原価で計上しています。企業の処分による利得および損失は,売却した企業に関連するのれんの帳簿価額を含みます。

IAS36.80	のれんは、減損テストの目的で資金生成単位（CGU）に配分されます。この配分は、当該のれんが発生する企業結合から利益を得ることが見込まれるCGUまたはCGUグループに対して行っています。当該CGUまたはCGUグループは、のれんを内部管理目的で監視している最小のレベルで識別されており、それが事業セグメントとなっています。
IAS1.119	(ii) 商標権、ライセンスおよび顧客契約
IAS38.74, 97, 118(a), (b)	個別に取得した商標権およびライセンスは、取得原価により表示しています。企業結合により取得した商標権、ライセンスおよび顧客契約は、取得日の公正価値で認識しています。それらの耐用年数は確定することができ、その後、取得原価から償却累計額および減損損失累計額を控除した額で計上されます。
IAS1.119	(iii) ソフトウェア
IAS38.57, 66, 74, 97, 118(a), (b)	ソフトウェア・プログラムの保守に関連するコストは、発生時に費用認識しています。当社グループが管理している識別可能な独自のソフトウェア製品の設計およびテストに直接起因する開発費は、以下の要件がすべて満たされる場合に、無形資産として認識しています。 • ソフトウェアを使用できるように完成させることが技術的に実行可能であること • ソフトウェアを完成させ、それを使用または売却するという経営者の意図があること • ソフトウェアを使用または売却できる能力があること • ソフトウェアが蓋然性の高い将来の経済的便益をどのように創出するのかを立証できること • ソフトウェアの開発を完成させ、さらにそれを使用または売却するために必要となる適切な技術上、財務上およびその他の資産が利用可能であること • 開発期間中のソフトウェアに起因する支出を信頼性をもって測定できること ソフトウェアの一部として資産化される直接起因するコストには、ソフトウェア開発の人件費および関連する間接費の適切な部分が含まれています。

第1章　有形固定資産，無形資産に関する開示　393

	資産化された開発費は，無形資産として計上し，資産を使用する準備ができた時点より償却しています。
IAS 1.119	(iv)　研究および開発
IAS38.54, 71	上記(iii)で示した要件を満たさない研究費および開発費は，発生時に費用として認識しています。過去に費用として認識された開発費は，その後の期間において資産として認識することはありません。
IAS 1.119	(v)　償却方法と償却期間
	無形資産について当社グループが使用する償却方法および償却期間に関する詳細については，注記8(c)を参照。

＜開示例-8　無形資産に関する帳簿価額の調整表＞

(国際財務報告基準（IFRS）に基づく連結財務諸表のひな型2018年12月末より抜粋)

8　非金融資産
(c)　無形資産

	非流動資産	のれん（百万円）	特許・商標その他の権利（百万円）	自己創設ソフトウェア*（百万円）	顧客契約（百万円）	合計（百万円）
IFRS 3.B67 (d)(i)	20X7年1月1日現在					
IAS38.118(c)	取得原価	9,700	9,410	2,255	－	21,365
	償却累計額および減損損失累計額	－	(250)	(205)	－	(455)
	帳簿価額－純額	9,700	9,160	2,050	－	20,910

参照	項目					
IAS38.118(e)	**20X7年12月31日終了事業年度**					
	期首帳簿価額	9,700	9,160	2,050	–	20,910
IAS38.118(e)(i) IFRS 3 .B67 (d)(ii)	増加－取得	–	–	720	–	720
IFRS 3 .B67 (d)(vi) IAS38.118(e)(vii)	為替換算差額	45	–	–	–	45
IAS38.118(e)(vi)	償却費 **	–	(525)	(205)	–	(730)
	期末帳簿価額	9,745	8,635	2,565	–	20,945
IFRS 3 .B67 (d)(viii) IAS38.118(c)	**20X7年12月31日現在**					
	取得原価	9,745	9,410	2,975	–	22,130
	償却累計額および減損損失累計額	–	(775)	(410)	–	(1,185)
IAS 1 .77	帳簿価額	9,745	8,635	2,565	–	20,945
IFRS 3 .B67 (d)(i) IAS38.118(e)	**20X8年12月31日終了事業年度**					
	期首帳簿価額	9,745	8,635	2,565	–	20,945
IAS38.118(e)(i) IFRS 3 .B67 (d)(ii)	増加－自己開発	–	–	880	–	880
IAS38.118(e)(i)	事業の取得	1,115	3,020	–	3,180	7,315
IFRS 3 .B67 (d)(vi) IAS38.118(e)(vi)	為替換算差額	(145)	–	–	–	(145)

IFRS 3.B67 (d)(v) IAS36.130(b) IAS38.118(e)(iv)	減損損失 ***	(2,410)	-	-	-	(2,410)
IAS38.118(e)(vi)	償却費 **	-	(525)	(300)	(1,210)	(2,035)
	期末帳簿価額	8,305	11,130	3,145	1,970	24,550
IFRS 3.B67 (d)(viii) IAS38.118(c)	**20X8年12月31日現在**					
	取得原価	10,715	12,430	3,855	3,180	30,180
	償却累計額および減損損失累計額	(2,410)	(1,300)	(710)	(1,210)	(5,630)
IAS1.77	帳簿価額	8,305	11,130	3,145	1,970	24,550

IAS38.118(e)(i)	*	ソフトウェアは，資産計上した開発費（自己創設無形資産）で構成されています。
IAS38.118(d)	**	償却費は，製品売上原価に1,050百万円（20X7年は450百万円），サービス提供コストに475百万円（20X7年は125百万円），販売費に310百万円（20X7年は45百万円），一般管理費に200百万円（20X7年は110百万円）含まれます。
IAS36.126(a), 130(c)(i), (d)(i)	***	欧州における家具製造CGUの帳簿価額は，のれんの減損損失の認識を通じて回収可能価額まで減額されています。この損失は，純損益計算書の製品売上原価に含められています。
IAS38.126		VALUE IFRSエレクトロニクス・グループは，現行のスマートフォンとタブレット製品シリーズに代わる新たな機器を研究しています。当事業年度に発生した1,215百万円の研究開発費（20X7年は1,010百万円）は，連結損益計算書の一般管理費に含めています。

(2) 耐用年数を確定できない無形資産に関する開示

耐用年数を確定できない無形資産については，追加の開示が要求される。図表Ⅴ-1-7は，その追加で開示が要求される項目を示している（IAS第38号

第122項)。

(図表Ⅴ-1-7) 耐用年数を確定できない無形資産に関する注記

(a)	当該資産の帳簿価額および耐用年数を確定できないという判定の根拠となる理由
(b)	耐用年数を確定できないと判断した際に重要な役割を果たした要因

＜開示例-9 耐用年数を確定できない無形資産に関する注記＞
(国際財務報告基準（IFRS）に基づく連結財務諸表のひな型2018年12月末より抜粋)

	耐用年数を確定できない無形資産
IAS38.122(a)	識別され区別された商標（製品名）の帳簿価額は2,345百万円で，その法的残存年数は5年ですが，確立された商標であり，ほとんど費用をかけずに10年ごとに更新可能となっています。当社グループは，当該商標を継続的に更新する意図であり，更新する能力を裏付ける証拠もあります。製品寿命の研究ならびに市場・競争トレンドの分析は，この商品が当社グループに対し確定できない期間にわたり正味キャッシュ・インフローをもたらすことを裏付けています。したがって，当該商標を償却せずに取得原価で計上し，注記「25 重要な会計方針の要約(j)」に従い減損テストを行っています。

(3) 再評価額で計上される無形資産に関する開示

再評価額で計上される無形資産については，追加の開示が要求される。これには，無形資産のクラスごとに，原価モデルで算定した場合の帳簿価額などが含まれる（IAS第38号第124項）。

(図表Ⅴ－1－8)　再評価額で計上している場合の追加的な開示要求事項

> (a) 無形資産の種類ごとの次の情報
>   (i) 再評価の実施日
>   (ii) 再評価した無形資産の帳簿価額
>   (iii) 再評価した無形資産を，認識後に原価モデル（第74項）で測定していたとした場合に認識されていたであろう帳簿価額
> (b) 無形資産に係る再評価剰余金の期首・期末の金額。期中の変動およびその残高の株主への分配に対する制限をあわせて示す。

(4) 研究開発支出に関する開示

　期中に費用として認識した研究開発支出の合計額を開示しなければならない（IAS 第38号第126項）。なお，研究開発支出額に含まれる支出の種類については，第Ⅲ部第3章「無形資産の認識と測定」（126頁）で解説している。

(5) その他の開示

　IAS 第38号では，次のような項目の開示も要求している。

(図表Ⅴ－1－9)　その他の開示項目

> ● 企業の財務諸表上，重要性がある個々の無形資産の詳細，帳簿価額および残存償却期間
> ● 政府補助金を使用して取得し，かつ公正価値で当初認識した無形資産（第44項参照）に関する次の情報
>   (i) これらの資産について当初認識した公正価値
>   (ii) 資産の帳簿価額
>   (iii) 認識後の測定について，原価モデルと再評価モデルのいずれを採用するか
> ● 権利が制限されている無形資産の存在およびその帳簿価額，ならびに負債の保証として担保となっている無形資産の帳簿価額
> ● 無形資産の取得に関し約定した金額

　IAS 第38号ではまた，開示が推奨される事項として次の表のものを示してい

る(IAS第38号第128項)。これらは必須の開示項目ではないが,財務諸表利用者のニーズに関連性のある情報と考えられる場合には,開示することが望ましいとされている。

(図表Ⅴ-1-10) 開示が推奨される情報

(a)　現在使用中の償却済みの無形資産についての説明
(b)　IAS第38号の認識規準を満たさなかったかまたは1998年公表のIAS第38号の発効前に取得または創出されたために,資産として認識されていないが,企業が支配している重要な無形資産に関する簡潔な記述

第2章 資産の減損に関する開示

1. 資産の減損に関する開示

(1) 判断や見積りに関する一般的な開示（IAS第1号）

減損テストで用いる判断および見積りは重要となる場合が多い。そのため，IAS第1号「財務諸表の表示」に従って採用している具体的な会計方針を開示し，減損テストの過程で行った経営者の判断のうち財務諸表に重要な影響を与えているものを説明しなければならない。

また，翌事業年度に資産や負債の帳簿価額に重要な修正が生じる要因となるリスクを伴う将来に関する主要な仮定，および貸借対照表日におけるその他の見積りの不確実性に関する主な情報を開示する必要がある（IAS第1号第112項，第122項，第125項）。

(2) 減損損失に関する一般的な開示

上記の開示要求に加えて，IAS第36号では，減損または減損の戻入れがあった場合に必要となる開示要求について，より具体的な規定を設けている。

まず，次の表に示す事項については，資産の種類ごとに開示することが求められている（IAS第36号第126項）。

(図表Ⅴ-2-1) 資産の種類ごとに開示する減損(または戻入れ)に関する情報

(a) 当期中に純損益に認識した減損損失の金額とこれらの減損損失を含んでいる包括利益計算書の表示項目
(b) 当期中に純損益に認識した減損損失の戻入れの金額とこれらの減損損失の戻入れを含んでいる包括利益計算書の表示項目
(c) 当期中にその他の包括利益に認識した再評価資産に係る減損損失の金額
(d) 当期中にその他の包括利益に認識した再評価資産に係る減損損失の戻入額

　ここでいう資産の種類とは,企業の業務において性質や使用目的が類似した資産のグループと規定されている。上記の情報は,資産の種類について開示している他の情報とともに開示することもできる(例えばIAS第16号に従った期首および期末現在の有形固定資産の帳簿価額の調整表—第1章**開示例-2**参照)(IAS第36号第127項,第128項)。なお,第1章**開示例-2**,**開示例-8**では,種類ごとの減損に関する情報を他の情報とともに開示する例を示している。

(3) セグメントごとの開示

　企業がIFRS第8号「事業セグメント」に従ってセグメント情報を開示している場合は,報告セグメントごとに,次の事項を開示しなければならない(IAS第36号第129項)。

(図表Ⅴ-2-2) 報告セグメントごとに開示される事項

(a) 当期中に純損益に認識した減損損失とその他の包括利益に認識した減損損失の金額
(b) 当期中に純損益に認識した減損損失の戻入れとその他の包括利益に認識した減損損失の戻入れの金額

(4) 減損が認識された資産またはCGUに関する情報

　減損を認識または戻し入れた場合,その金額に加えて,認識や戻入れに至っ

た状況の開示が求められる。また，回収可能価額の評価技法（処分コスト控除の公正価値か使用価値か）も開示しなければならない（IAS第36号第130項）。

具体的に開示が必要となる項目は次表のとおりである。

(図表Ⅴ－2－3) 減損を認識したCGUについて必要となる開示項目

減損損失または戻入れの金額
(a) 減損損失の認識，または減損の戻入れに至った事象や状況
(b) 認識した減損損失の金額，または減損損失の戻入金額
減損等の対象資産
(c) 個別資産について
(i) 当該資産の性質
(ii) 企業がIFRS第8号に従ってセグメント情報を報告している場合には，当該資産が所属する報告セグメント
(d) 資金生成単位について
(i) 当該資金生成単位に関する記述 　　（例えば，生産ライン，工場，事業，地域，またはIFRS第8号に定義されている報告セグメントのうち，どれに該当するか）
(ii) 資産の種類ごとに，認識した減損損失の金額，または減損損失の戻入金額。また，企業がIFRS第8号に従ってセグメント情報を報告する場合，報告セグメント別に，認識した減損損失の金額，または減損損失の戻入金額
(iii) 当該資金生成単位を識別するための資産の集約が，以前の資金生成単位の回収可能価額の見積りから変更されている場合には，現在と以前の資産集約方法の記述，および資金生成単位の識別方法を変更した理由
回収可能価額の評価技法
(e) 資産または資金生成単位の回収可能価額，および当該回収可能価額が処分コスト控除後の公正価値と使用価値のどちらであるか。
(f) 回収可能価額が処分コスト控除後の公正価値である場合には，企業は以下の情報を開示する。
(i) 当該資産（資金生成単位）の公正価値測定が全体として区分される公正価値ヒエラルキー（IFRS第13号参照）のレベル（「処分コスト」が観察可能かどうかは考慮に入れない）
(ii) 公正価値ヒエラルキーのレベル2およびレベル3に区分される公正価値測定について，処分コスト控除後の公正価値の測定に用いた評価技法の記述。

評価技法の変更があった場合には，当該変更およびその理由を開示しなければならない。
(iii) 公正価値ヒエラルキーのレベル2およびレベル3に区分される公正価値測定について，経営者が処分コスト控除後の公正価値の算定の基礎とした主要な各仮定。主要な仮定とは，資産（資金生成単位）の回収可能価額が非常に敏感に反応する仮定をいう。企業は，処分コスト控除後の公正価値を現在価値技法を用いて測定している場合には，最新の測定および過去の測定に使用した割引率も開示しなければならない。
(g) 回収可能価額が使用価値である場合には，使用価値の現在および過去の見積りに用いた割引率

なお，上述のIAS第36号第130項に従って開示される情報がない場合（個々の減損損失または戻入れが重要ではない場合）には，当期中に認識または戻入れをした減損損失の合計について，次の情報を開示する。

（図表Ⅴ－2－4） 個々の減損損失または戻入れが重要でない場合の開示事項

(a) 減損損失の影響を受ける主な資産の種類および減損損失の戻入れの影響を受ける主な資産の種類
(b) 減損損失の認識および減損損失の戻入れを生じさせた主な事象および状況

＜開示例－1　減損を認識した資産またはCGUに関する注記＞
（国際財務報告基準（IFRS）に基づく連結財務諸表のひな型2018年12月末より抜粋）

	4　重要な損益項目
	(b)　その他の資産の減損
IAS36.129(a), 130(a), (b), (c)	20X8年3月に発生した火災により，家具製造セグメントに含まれる日本の子会社が所有する主要な事務所および倉庫が損害を被りました。この火災により，倉庫に保管していた棚卸資産および設備も被害を受けました。
IAS36.130(e), (f)	当社グループはこの事務所および倉庫を回収可能価額1,220百万円まで評価減しました。当該金額は，処分コスト控除後の公正価値を参照して決定したものです。評価に際して使用

	した主なインプットは，独立鑑定人により算定された1平方メートル当たりの市場価格（105千円）と経営者の見積りによる修繕コスト（約430百万円）です。この修繕コストの見積りは重要な観察不能インプットに該当するため，当該事務所および倉庫の公正価値は，レベル3の公正価値に分類しています。 棚卸資産および設備については，損傷がひどく修繕不能となったため，処分コスト控除後の公正価値はゼロとなりました。
IAS36.126(a)	この火災による減損損失は，損益計算書の「その他の費用」に含まれています。
IAS16.74(d)	受け取った保険金収入の300百万円は，「その他の収益」に認識されています。
	8　非金融資産及び非金融負債 **(3)　無形資産** **(vi)　重要な見積り：減損損失**
IAS36.129(a), 130(a), (b), (d), (e)	中国の家具製造CGUにおいて，のれんについて2,410百万円の減損損失が生じました。これは，有利な市況から利益を獲得することを目的として，すべてのCGUにわたってグループの生産量の配分を見直した結果，当該CGUの事業については生産量の配分を削減することを決定したことによるものです。当社グループは，この決定を受けて，中国における有形固定資産の減価償却の方針についての見直しを行いましたが，この決定による有形固定資産の耐用年数への影響はないものと判断しています。なお，のれん以外の資産に減損はありませんでした。

(5) 未配分ののれんがある場合の開示

　当期中に発生した企業結合で取得したのれんの一部について，報告期間の末日現在で資金生成単位（単位グループ）への配分が完了していない場合には，配分していないのれんの金額を，当該金額を配分しないままとしている理由とあわせて開示する必要がある（IAS第36号第133項）。

2．のれんまたは耐用年数が確定できない無形資産を含むCGUに関する開示

(1) 回収可能価額の算定に用いた見積りの開示

IAS 第36号は，のれんまたは耐用年数を確定できない無形資産（以下，「のれん等」という）を含むCGUの回収可能価額の見積りに関して，特に開示すべき事項を規定している。

例えば，減損テストの過程で予測に用いた主要な仮定，経営者がどのように値を算定したか，キャッシュ・フローの予測期間，用いた成長率などである。

また，当該CGUの回収可能価額の算定に際して使用した主要な仮定に合理的な変更の可能性があり，仮にその変更が生じれば当該CGUの回収可能価額が帳簿価額を下回ることになる場合には，感応度分析を開示しなければならない（IAS 第36号第134項）。

これらは，当該CGUに配分されたのれん等の帳簿価額が企業全体ののれん等の帳簿価額に比べて重要な場合に求められる開示であり，具体的には下表の事項につき開示が求められる（このうち，上記の感応度分析の開示に該当するのは，(f)である）。

(図表Ⅴ－2－5) のれん等を含むCGUの回収可能価額の見積りに関する開示事項

のれん等の帳簿価額
（a） 当該CGU（CGUグループ）に配分したのれんの帳簿価額
（b） 当該CGU（CGUグループ）に配分した耐用年数を確定できない無形資産の帳簿価額
採用した算定基礎
（c） 当該CGU（CGUグループ）の回収可能価額の算定基礎（すなわち，使用価値か処分コスト控除後の公正価値か）
使用価値の算定方法
（d） 当該CGU（CGUグループ）の回収可能価額が使用価値に基づいている場合には，以下の事項を開示しなければならない。

(i) 直近の予算や予測が対象としている期間のキャッシュ・フローの予測について，経営者が基礎とした主要な仮定。主要な仮定とは，当該 CGU（CGU グループ）の回収可能価額が非常に敏感に反応する仮定をいう。
(ii) 各々の仮定に割り当てた値を算定した経営者の手法の記述。それらの値が過去の経験を反映したものかどうか，または（該当があれば）外部の情報源と整合的であるかどうか。そうでない場合には，過去の経験または外部の情報源と異なる程度およびその理由
(iii) 経営者が，CGU（CGU グループ）について，承認した財務上の予算・予測に基づいてキャッシュ・フローの予測を行った期間，その期間が 5 年よりも長い場合には，そのような期間が正当である理由についての説明
(iv) 直近の予算・予測が対象としている期間を超えてキャッシュ・フロー予測を推定するために用いた成長率
　　成長率として，当該企業が事業を営む製品や産業もしくは国の長期の平均成長率，または当該 CGU（CGU グループ）が属する市場の長期の平均成長率を超えた成長率を用いている場合には，その正当性の説明
(v) キャッシュ・フロー予測に適用した割引率

処分コスト控除後の公正価値の算定方法
(e) 当該 CGU（CGU グループ）の回収可能価額が，処分コスト控除後の公正価値に基づいている場合には，処分コスト控除後の公正価値を測定する際に用いた評価技法。企業は IFRS 第13号で要求している開示を提供することを要求されない。処分コスト控除後の公正価値が，同一の CGU（CGU グループ）の相場価格を用いて測定されていない場合には，企業は次の情報を開示しなければならない。
(i) 経営者が処分コスト控除後の公正価値の算定にあたって基礎とした主要な仮定。主要な仮定とは，資金生成単位の回収可能価額が非常に敏感に反応する仮定をいう。
(ii) 主要な仮定のそれぞれに割り当てた値を算定した経営者の手法の記述。それらの値が過去の経験を反映したものかどうか，または該当があれば，外部の情報源と整合的であるかどうか。そうでない場合には，過去の経験または外部の情報源と異なる程度およびその理由
(iiA) その公正価値測定が全体として区分される公正価値ヒエラルキーの中のレベル（IFRS 第13号参照）（「処分コスト」の客観性については考慮しない）
(iiB) 評価技法の変更があった場合は，その変更の旨および変更を行った理由

処分コスト控除後の公正価値が，割引キャッシュ・フロー予測を用いて測定されている場合には，企業は次の情報を開示しなければならない。
  (iii) 経営者がキャッシュ・フローを予測した期間
  (iv) キャッシュ・フロー予測を延長するために用いた成長率
  (v) キャッシュ・フロー予測に対して適用した割引率

主要な仮定の変更による影響
(f) 経営者が当該CGU（CGUグループ）の回収可能価額の算定の基礎とした主要な仮定に関する合理的に考えうる変更により，当該CGU（CGUグループ）の回収可能価額が帳簿価額を下回ることになる場合には，次の事項を開示しなければならない。
  (i) 当該CGU（CGUグループ）の回収可能価額が帳簿価額を上回っている金額
  (ii) 主要な仮定に割り当てた値
  (iii) 当該CGU（CGUグループ）の回収可能価額を帳簿価額と等しくするには，主要な仮定に割り当てた値がどれだけ変化しなければならないか（その変化が回収可能価額の測定に使用される他の変数に与える影響を反映した後）

＜開示例 - 2　CGUへ配分したのれんの帳簿価額に関する注記＞
（国際財務報告基準（IFRS）に基づく連結財務諸表のひな型2018年12月末より抜粋）

	8　非金融資産
	(3) 無形資産
	(iv) のれんの減損テスト
IAS36.134	のれんは，注記2「セグメント情報」で示した6つの事業セグメントのレベルで経営者により監視されています。
IAS36.134(a)	このセグメントのレベルに配分されたのれんの残高は，以下のとおりです。

20X8年	日本 （百万円）	米国 （百万円）	中国 （百万円）	欧州 （百万円）	合計 （百万円）
ITコンサルティング	-	4,200	-	2,870	7,070
家具製造	120	-	-	-	120
電子機器	1,115	-	-	-	1,115
	1,235	4,200	-	2,870	8,305

20X7年	日本 (百万円)	米国 (百万円)	中国 (百万円)	欧州 (百万円)	合計 (百万円)
IT コンサルティング	-	4,200	-	3,015	7,215
家具製造	120	-	2,410	-	2,530
	120	4,200	2,410	3,015	9,745

＜開示例-3　使用価値の算定で用いられた主要な仮定に関する注記＞
(国際財務報告基準（IFRS）に基づく連結財務諸表のひな型2018年12月末より抜粋)

	(v) 重要な見積り：使用価値の算定で用いた主要な仮定
IAS36.134(c), (d) (i), (iii), (iv)	当社グループは，のれんの減損テストを毎年実施しています。資金生成単位（CGU）の回収可能価額は，使用価値に基づいて算定しています。使用価値の算定には，経営者により承認された予算に基づく5年間のキャッシュ・フロー予測を使用しています。5年を超えるキャッシュ・フローについては，下記の予想成長率を使って推定しています。当該成長率は，各CGUに関する業種固有の報告書に含まれる予測と整合しています。
IAS36.134(d)(i)	以下の表は，重要なのれんが配分されたCGUに関する主要な仮定を示しています。

	家具製造	IT コンサルティング		電子機器
20X8年	中国	米国	欧州	日本
販売量の年間成長率（％）	2.7	3.2	4.1	2.9
販売価格の年間成長率（％）	1.4	1.7	1.8	1.8
予算上の粗利益率（％）	47.0	60.0	55.5	40.0
その他の営業費用（百万円）	9,500	8,400	5,600	1,650
年間資本的支出（百万円）	1,900	500	230	150
長期成長率（％）	3.5	2.2	2.0	3.1

(IAS36.130(g),
134(d)(i), (iv), (v))

税引前割引率（％）	14.7	14.0	14.8	16.0
20X7年				
販売量の年間成長率（％）	2.5	3.0	3.9	-
販売価格の年間成長率（％）	1.3	1.6	1.8	-
予算上の粗利益率（％）	44.0	60.0	54.0	-
その他の営業費用（百万円）	9,300	8,300	4,350	-
年間資本的支出（百万円）	1,850	580	225	-
長期成長率（％）	3.2	2.2	1.8	-
税引前割引率（％）	14.3	14.4	15.1	-

IAS36.134(d)(ii), (iv) 当社グループは，上記の主要な仮定をそれぞれ以下のように算定しています。

仮定	算定方法
販売量	過去の実績と経営者による市場動向の予測に基づき，5年の予測期間にわたる平均年間成長率を算定。
販売価格	現在の産業動向に基づき，各地域の長期インフレ予測を考慮し，5年の予測期間にわたる平均年間成長率を算定。
予算上の粗利益率	過去の実績と経営者による将来予測に基づいて算定。
その他の営業費用	CGUの固定費であり，販売量または販売価格に大きく左右されないもの。経営者は，これらの費用を現在の事業構造に基づいて予測し，物価上昇を調整しているが，将来のリストラクチャリングやコストの削減策は反映していない。上記の金額は，5年の予測期間

第 2 章 資産の減損に関する開示

		にわたる平均営業費用である。
	年間資本支出	CGU の見積現金コスト。これは，経営者の過去の経験と改修予定の支出に基づいている。使用価値モデルではこうした支出による増分収益やコストの削減は仮定に含めない。
	長期成長率	予算期間を超えるキャッシュ・フローを推定するために用いる加重平均成長率であり，業種固有の報告書に含まれる予測と整合している。
IAS36.55	税引前割引率	関連するセグメントと事業活動を行っている国に関連する特定のリスクを反映している。
	顧客の集中／依存度－IT コンサルティング CGU －欧州	
IAS36.134(d)(ii)		欧州の IT コンサルティング CGU では，各事業年度の総収益の20％をフランスの主要顧客 1 社から得ています。この顧客との契約は 5 年間であり，この顧客は2001年から当該 CGU との取引を行っています。経営者は，当該 CGU の回収可能価額を算定するための使用価値の計算に，この主要顧客との契約の更新を織り込んでいます。

Short Break 主要な仮定の開示―規制当局が注目している事項

　主要な仮定の開示は，規制当局が注目している領域である。彼らは，CGU に関して集約した開示ではなく，より詳細な開示の必要性を強調している。

　また，各国の規制当局のうち，いくつかは，キャッシュ・フロー予測を推定する際に使用する成長率や税引前割引率について，重要な情報ではあるが，直近の予算や予測が対象としている期間のキャッシュ・フローを予測する際に基礎とする「主要な仮定」には必ずしも該当しないとしている。

　「主要な仮定」は，それらの成長率や税引前割引率は，キャッシュ・フローを予測する際ではなく，一定期間のキャッシュ・フロー予測を作成した後に適用するものであるとの整理によるものである。

　IAS 第36号には，成長率と割引率を，キャッシュ・フロー予測が基礎とする主要な仮定とは区分して（そして追加として）開示することを求める要求事項がある。

この観点から，各規制当局は，そうした「成長率」だけでなく，売上高，マージン，コストなどの項目を識別し，主要な仮定として開示することが重要であるとしている。

＜開示例 – 4　主要な仮定についての合理的に考えうる変動の影響＞
（国際財務報告基準（IFRS）に基づく連結財務諸表のひな型2018年12月末より抜粋）

	8　非金融資産及び非金融負債 (3)　無形資産 (vii)　重要な見積り：主要な仮定についての合理的に考えうる変動の影響
IAS36.134(f) IAS1.129(b), IAS36.134(f)	**家具製造 CGU －中国** 中国の家具製造 CGU について，その使用価値の算定に用いた予算上の粗利益率が20X8年12月31日時点の経営者の見積りよりも5％低く，47％ではなく42％であったとした場合，当社グループは，有形固定資産の帳簿価額に対して1,300百万円の減損損失を認識しなければなりませんでした。合理的に考えうる予算上の粗利益率の5％下落の変化は，販売価格の0.2％の下落に相当し，年間成長率は1.4％ではなく1.2％となります。 このCGU のキャッシュ・フロー予測に適用した税引前割引率が，経営者の見積りより1％高く，14.7％ではなく15.7％であったとした場合，当社グループは，有形固定資産について600百万円の減損損失を認識しなければなりませんでした。なお，過年度に，中国の家具製造 CGU において減損損失が生じるような，主要な仮定についての合理的に考えうる変更はありません。
	IT コンサルティング CGU －欧州
IAS36.134(f)(i), IAS1.38	欧州におけるIT コンサルティングCGU の回収可能価額は，20X8年12月31日において，CGU の帳簿価額を388百万円上回ると見積っています（20X7年は463百万円）。
IAS36.134(f)(ii), (iii), IAS1.38	このCGU の回収可能価額は，主要な仮定が以下のように変化する場合に帳簿価額と等しくなります。

	20X8年		20X7年	
	変更前	変更後	変更前	変更後
販売量の年間成長率（％）	4.1	3.5	3.9	2.5
予算上の粗利益率（％）	55.5	49	54.0	46
長期成長率（％）	2.0	1.5	1.8	1.3
税引前割引率（％）	14.8	15.5	15.1	15.9

当社グループは，その他の主要な仮定について合理的に考えうる変更を検討し評価した結果，欧州ITコンサルティングCGUの帳簿価額が回収可能価額を上回る原因となりうるいかなる事象も識別しておりません。

(2) 各CGUに配分された金額が重要でない場合の取扱い

のれん等の帳簿価額の一部または全部が，複数のCGUまたはCGUグループにわたって配分されており，各CGU（CGUグループ）に配分された金額が，企業全体ののれん等の帳簿価額に対して重要ではない場合には，①その旨，および②当該CGU（CGUグループ）に配分されたのれん等の帳簿価額の合計を開示しなければならない。

加えて，それらのCGU（CGUグループ）の回収可能価額が同じ主要な仮定に基づいていて，それらに配分されたのれん等の帳簿価額の合計が，企業全体ののれん等の帳簿価額に対して重要な場合には，当該事実を次表の情報とともに開示する必要がある（IAS第36号第135項）。

(図表Ⅴ-2-6) のれん配分額が個々に重要ではない複数のCGUについて、回収可能価額が同じ主要な仮定に基づく場合の開示事項

> **のれん等の帳簿価額**
> (a) 当該CGU（CGUグループ）に配分したのれんの帳簿価額の合計
> (b) 当該CGU（CGUグループ）に配分した耐用年数を確定できない無形資産の帳簿価額の合計
>
> **主要な仮定の説明**
> (c) 主要な仮定の記述
> (d) 主要な仮定のそれぞれに割り当てた値を算定した経営者の手法に関する記述（それらの値が過去の経験を反映したものかどうか、または外部の情報源と整合的であるかどうか、そうでない場合には過去の経験や外部の情報源と異なる程度およびその理由について記述する）
>
> **主要な仮定の変更による影響**
> (e) 経営者が当該CGU（CGUグループ）の回収可能価額の算定の基礎とした主要な仮定に関する合理的に考えうる変更により、当該CGU（CGUグループ）の帳簿価額が回収可能価額を上回ることになる場合には、次の事項を開示しなければならない。
>   (i) 当該CGU（CGUグループ）の回収可能価額が帳簿価額を上回っている金額
>   (ii) 主要な仮定に割り当てた値
>   (iii) 当該CGU（CGUグループ）の回収可能価額を帳簿価額と等しくするには、主要な仮定に割り当てた値がどれだけ変化しなければならないか（その変化が回収可能価額の測定に使用される他の変数に与える影響を反映した後）

(3) 直近の詳細な計算結果を使用する場合の開示

のれんまたは耐用年数を確定できない無形資産の減損テストに関しては、一定の要件を満たす場合に限り、過去の期間に行われた回収可能価額に関する直近の詳細な計算結果を引き継いで、当期に使用することができる（第Ⅳ部第3章2．(4)「直近の詳細な計算結果の利用」（266頁）を参照）。その場合、本章2．(1)および(2)で示した開示に含まれる情報は、引き継いだ回収可能価額の計算に係るものとなる（IAS第36号第136項）。

索　引

英数

2段階アプローチ……………343
CGU………………………243, 247
CGUの帳簿価額………………252

あ行

一般借入れ………………52, 55～59
インフレーション……………292, 308
運転資本………………………285
オーバーホール…………………24, 25

か行

開業準備コスト…………………30
回収可能価額…………………260
蓋然性規準……………………126, 127
開発（局面）…………………132, 134, 135
開発費…………………………137
果実生成型植物………………14
間接費…………………………290
企業結合で引き受けたリース契約…181
企業結合により取得した識別可能な
　無形資産……………163, 165, 185
期中財務報告…………………232
級数法…………………………96
クラス…………………………186, 187
契約に基づく無形資産…………173
契約法律規準…………………163, 164
欠損金…………………………303
減価償却の省略…………………80
減価償却方法………92～94, 100～102
原価モデル………69, 70, 78, 162, 186
研究（局面）…………………132, 133, 135
研究開発プロジェクト…………145, 158

減損損失………………………224
減損テスト……………………224
減損の兆候……………………232
交換………………………148～151, 160
広告費…………………………143
更新……………………………205, 206
公正価値………………………269
顧客関係……………………168, 170, 199
顧客基盤………………………171
顧客リスト…………120, 139, 141, 170, 197
個別借入れ………………52, 53, 58, 59

さ行

再評価額………………………386, 396
再評価された資産………………369
再評価に係る損失………………192
再評価に係る利得………………191
再評価の頻度…………………189, 190
再評価モデル
　……69, 71, 73, 78, 162, 186, 188～190
残存価額…90, 99, 101, 102, 210, 211, 220
自家建設資産……………………31
資金生成単位…………………243
自己創設のれん………………131, 144
自己創設無形資産……121, 125, 131, 132,
　　　　　　　　139, 153～156, 160, 161
資産化の開始日…………………60
資産化の中断……………………64
資産のクラス……………………70
資産の構成部分………………18, 85, 108
資産の性能を改善または拡張する
　将来の支出…………………298
支配……………………………119
集合的な人的資源……………175

重要な構成部分 ………… 83, 84, 86, 108
取得後コスト ………………… 19～23
使用価値 ………………………261, 270
償却 ………………………… 193～195
償却可能額 ………………… 79, 80, 193
将来キャッシュ・フロー …………271
初期コスト …………………… 19, 20
処分コスト ……………………………269
処分コスト控除後の公正価値 …261, 269
信頼性規準 ……………………………126
生産高比例法 ……………………………95
成長率 ……………………………………277
税引後割引率 ……………………………310
税引前割引率 ……………………………310
政府補助金 ………………… 42, 130, 152
全社資産 ……………………………354
相互補完的な無形資産 ………………184

た行

ターミナル・バリュー ………………276
耐用年数
　…… 87, 98, 99, 101, 102, 195～201, 209
耐用年数を確定できない無形資産
　 … 198, 208, 209, 217, 220, 229, 259, 395
調整表 ……………………………381, 393
直接起因する原価 …………… 146, 153
直接起因するコスト …………… 25～30
定額法 ………………………………94
定率法 ………………………………94
適格資産 …………………… 12, 48, 49
デリバティブ ……………………………290

な行

二重計算 ……………………………311

日常的な保守 ……………………………291
認識の中止 …… 103～105, 108, 217, 218
年金法 ………………………………96
のれんおよび特定の無形資産 ………228
のれんの配分 …………………………328

は行

廃棄コスト …………………… 35～37
廃棄債務 ……………………… 35, 37, 44
売却目的保有 ……………… 227, 264, 324
売却目的保有に分類される有形固定
　資産 ……………………………108
非支配持分 ……………………………347
物理的実体の欠如 ……………………122
振替価格 ……………………………282
不利な契約 ………………… 178～180
分離可能性規準 ……………… 163, 164
変動対価 ……………………… 43, 147
防御的資産 ……………………………207
補填 ……………………………… 106～108

ま行

無形資産の処分 ………………………217
戻入れ ……………………………363

ら行

リース ……………………………254
リストラクチャリング ………………293
ロックアップ資産 ……………………207

わ行

割引きの振戻し ………………………366
割引率 ……………………………304

〈編者紹介〉
PwC あらた有限責任監査法人

PwC あらた有限責任監査法人は，卓越したプロフェッショナルサービスとして監査を提供することをミッションとし，世界最大級の会計事務所であるPwCの手法と実務を，わが国の市場環境に適した形で提供しています。さらに，国際財務報告基準（IFRS）の導入，財務報告にかかわる内部統制，また株式公開に関する助言など，幅広い分野でクライアントを支援しています。

PwC Japanグループ

PwC Japanグループは，日本におけるPwCグローバルネットワークのメンバーファームおよびそれらの関連会社（PwC あらた有限責任監査法人，PwC 京都監査法人，PwC コンサルティング合同会社，PwCアドバイザリー合同会社，PwC 税理士法人，PwC 弁護士法人を含む）の総称です。各法人は独立した別法人として事業を行っています。

複雑化・多様化する企業の経営課題に対し，PwC Japan グループでは，監査およびアシュアランス，コンサルティング，ディールアドバイザリー，税務，そして法務における卓越した専門性を結集し，それらを有機的に協働させる体制を整えています。また，公認会計士，税理士，弁護士，その他専門スタッフ約6,300人を擁するプロフェッショナル・サービス・ネットワークとして，クライアントニーズにより的確に対応したサービスの提供に努めています。

PwCは，社会における信頼を築き，重要な課題を解決することをPurpose（存在意義）としています。私たちは，世界158カ国に及ぶグローバルネットワークに236,000人以上のスタッフを有し，高品質な監査，税務，アドバイザリーサービスを提供しています。詳細はwww.pwc.comをご覧ください。

本書は，一般的な情報を提供する目的で作成したものであり，いかなる個人または企業に固有の事案についても専門的な助言を行うものではありません。本書に含まれる情報の正確性または網羅性について保証は与えられていません。本書で提供する情報に基づいて何らかの判断を行う場合，個別に専門家にご相談ください。PwC あらた有限責任監査法人ならびにPwCグローバルネットワークの他のメンバーファームおよびそれらの関連会社は，個人または企業が本書に含まれる情報を信頼したことにより被ったいかなる損害についても，一切の責任を負いません。

なお,本書の内容は，2018年10月31日現在で入手可能な情報に基づいています。したがって，基準書または解釈指針が新たに公表された場合，本書の一部がこれらに置き換えられる可能性があります。

© 2018 PricewaterhouseCoopers Aarata LLC. All rights reserved.
PwC refers to the PwC network member firms and/or their specified subsidiaries in Japan, and may sometimes refer to the PwC network. Each of such firms and subsidiaries is a separate legal entity. Please see www.pwc.com/structure for further details.
This content is for general information purposes only, and should not be used as a substitute for consultation with professional advisors.

Copyright © International Financial Reporting Standards Foundation
All rights reserved. Reproduced by PricewaterhouseCoopers Aarata LLC. This publication contains copyright material of the IFRS Foundation in respect of which all rights are reserved. Reproduced by PricewaterhouseCoopers Aarata LLC with the permisson of the IFRS Foundation. No permission granted to third parties to reproduce or distribute, For full access to IFRS Standards and the work of the IFRS Foudation please visit http://eifrs.ifrs.org.
The International Accounting Standards Board, the International Financial Reporting Standards Foundation, the authors and the publishers do not accept responsibility for any loss caused by acting or refraining from acting in reliance on the material in this publication, whether such loss is caused by negligence or otherwise.

IFRS「固定資産」プラクティス・ガイド

2018年12月25日　第1版第1刷発行	編　者　PwCあらた有限責任監査法人
2023年12月5日　第1版第2刷発行	

発行者　山　本　　　　継

発行所　㈱中央経済社

発売元　㈱中央経済グループ
　　　　　パブリッシング

〒101-0051　東京都千代田区神田神保町1-35
電話　03 (3293) 3371 (編集代表)
　　　03 (3293) 3381 (営業代表)
https://www.chuokeizai.co.jp
印刷／三英グラフィック・アーツ㈱
製本／誠　製　本　㈱

© 2018
Printed in Japan

＊頁の「欠落」や「順序違い」などがありましたらお取り替えいたしますので発売元までご送付ください。(送料小社負担)

ISBN978-4-502-27151-9　C3034

JCOPY〈出版者著作権管理機構委託出版物〉本書を無断で複写複製(コピー)することは，著作権法上の例外を除き，禁じられています。本書をコピーされる場合は事前に出版者著作権管理機構(JCOPY)の許諾を受けてください。
JCOPY〈https://www.jcopy.or.jp　eメール：info@jcopy.or.jp〉